비평과 이데올로기

CRITICISM
&
IDEOLOGY

비평과 이데올로기

마르크스 문학 이론의 한 연구

테리 이글튼 지음 | **윤희기** 옮김

최신판
New Edition

인간사랑

비평과 이데올로기(최신판)
–마르크스 문학 이론의 한 연구

발행일 초판 1쇄 2012년 10월 20일
지은이 테리 이글튼
옮긴이 윤희기
펴낸이 여국동

펴낸곳 도서출판 인간사랑
출판등록 1983. 1. 26. 제일–3호
주소 경기도 고양시 일산동구 백석동 1178–1번지 2층
전화 031)901–8144(대표) | 977–3073(영업부) | 031)907–2003(편집부)
팩스 031)905–5815
전자우편 igsr@naver.com | igsr@yahoo.co.kr
블로그 http://blog.naver.com/igsr
인쇄 인성인쇄 **출력** 현대미디어 **종이** 세원지업사

값 17,000원
ISBN 978-89-7418-813-9 93800

CONTENTS

서문

『비평과 이데올로기』가 처음 출간된 때는 중대한 역사적 변혁이 정점에 달하던 시기였다. 안타깝게도 저자인 나는 그 사실을 모르고 있었다. 이 책이 처음 모습을 드러낸 해인 1976년은 서구에서 급진적 기운이 아직 왕성하던 때였다. 그러나 그해는 좌파가 변화의 기미를 충분히 감지하지 못하는 가운데 정치의 역사가 이미 우파 쪽으로 선회하는 결정적인 시기였다. 승리를 만끽하는 경우에도 과거를 돌아보는 일이 중요하지만 그에 못지않게 패배를 인정하는 경우에도 과거를 회고하는 일은 중요하다. 베트남에서의 미국의 패퇴, 현대 여성운동의 출현, 시민권 쟁취를 위해 투쟁하는 활동가들이 이뤄놓은 역사적 업적들, 유로 코뮤니즘의 융성, 포르투갈 혁명 및 광부들의 파업에 의한 영국 보수당 정권의 퇴진 등 일련의 사태에 기분이 한껏 고조되어 있었던 사회주의자들은 1970년대 초에 일기 시작한 다른 기류들, 특히 석유위기로 인해 형성된 기류들이 1970년대 말에 이르러 자본주의 체제를 더 큰 목소리를 내는 정치적 반동의 세력으로 키우리라는 사실을 예견할 수 없었다.

1974년—포르투갈에서 격변이 일어난 해이면서 동시에 영국 히스 정부가 무너진 해—에 장기간 이어지던 전후의 벼락 경기가 끝나면서 표면적으로는 좌파 정치학이 여전히 기운차게 세력을 떨치고 있었지만 수면 아래의 경제적 동향은 미래가 더 암울하리라는 신호를 보내고 있었다. 외부적 요인으로 수세에 처한 자본주의는 좌파에게는 늘 위험이자 기회이기도 하다. 그런데 1970년대의 경우엔 자본주의가 좌파에게 기회라기보다는 훨씬 더 위험한 힘이라는 것이 입증되었다. 『비평과 이데올로기』가 처음 출간되던 해에 페리 앤더슨이 좌파의 미래에 대해 전반적으로 희망적인 전망을 제시한 주요 저서인 『서구 마르크스주의에 대한 고찰』*Considerations on Western Marxism*(이하 『고찰』이라 표기함. 이현 옮김, 『서구 마르크스주의 읽기』, 이매진, 2003)을 내놓았다. 앤더슨은 1970년대 중반은 정치적 패배의 산물이라 할 수 있는 서구 마르크스주의와 보다 구체적이고 유물론적인 마르크스주의 사상이 갈라서는 시점이라고 주장했다. 그러나 앤더슨이 『고찰』에서 기대하던 대중적 혁명운동에서의 마르크스주의 이론과 실천의 통합이 눈에 띄게 현실화되지 못한 것은 사실이다.

그로부터 7년 뒤 앤더슨은 지난 역사에 대한 실망감을 『역사적 유물론의 자취를 따라』*In The Tracks of Historical Materialism*에 기록하면서 일군의 후기 구조주의 비평가들을 통렬히 비난했다. 앤더슨은 자신의 초기 연구활동 시기 이후로 후기 구조주의의 글쓰기가 정치적으로 퇴보하기 시작했다고 주장했다. 한때 학생봉기의 중심지였던 파리가 유럽의 반동 지식인 세력의 중심지가 되었으며, 미국인들이 동남아시아에서 굴욕적으로 내쫓기긴 했지만 바로 그 시기에 전후 반反식민주의 혁명—현대에 들어 가장 성공을 거둔 유일한 급진적 운동—도 거의 막바지에 다다랐던 것이다.

1970년대 중반에 이르러서는 1968년의 제전祭典이 다 끝난 상태였으나 그 여운은 아직 완전히 사라지지 않고 싱싱한 기운으로 남아 있었다. 따라서 그 당시 유토피아가 어두운 밤에 희망의 배처럼 찾아왔다가는 1970년대 말에 이르러서는 로널드 레이건과 마가렛 대처가 지배하는 긴 어두운 밤에 다시 휩싸이라고는 아무도 생각하지 못했던 것이 아닌가 싶다. 그래서 어스름이 몰려들자 영국의 노동자 계급은 1980년대 초 광부들의 파업이라는 형식으로 노동자 계급 역사상 가장 투쟁적인 행동을 내보이기 시작했다. 그러나 그때의 파업이 1974년의 광부들이 보여주었던 공격성과는 성격이 달랐으므로 그 당시 사람들은 그들이 목격하고 있는 것이 새 시대가 요란한 소리를 내며 탄생하는 모습이 아니라, 구시대가 시끄러운 소리를 내며 물러가는 광경이라고 생각했던 것이다. 그 당시 노동자들은 투쟁적으로 앞으로 전진하기보다는 후위에 서서 위험에 처한 자신들의 노동조건이나 삶의 조건을 보호하는 데 전력을 다했다고 볼 수 있다. 공격적으로 세력을 재편한 자본주의는 이전의 역사적 시기를 완전히 떠나보내려는 희망 하에 자신감을 가지고 싸움을 걸었다. 그러나 다른 시대에서도 그렇듯이 1970년대 이전의 시대가 고분고분 물러나지는 않았다. 자신의 시대가 마감되는 순간을 기리기 위해 그 시대는 자신들의 가장 뛰어난 결과물을 유지·보존했던 것이다.

1970년대 중반까지 아직 힘을 잃지 않은 좌파의 비전과 저변의 역사적 흐름 사이의 충돌은 분명 그 자체로도 이론적 관심을 끌 만한 것이었다. 『정신의 현상학』*Phenomenology of Spirit*을 저술하던 시기의 헤겔에게는 인간 주체의 자기 이해와 실제 사회적 · 역사적 위치 사이의 괴리가 역사를 움직이는 동력이었다. 이 괴리는 달리 말하면 인간의 의도와 그 의도가 실행되는 과정, 불가피하게 우리가 앞서 알 수 없는 그 과정 사이의 간극 혹은 생산적 소외라 할 수 있다. 인간의 자기 이해가 역사적 진실을 어느 정도는 파악할 수 있다. 그러나 궁극적으로는 인간의 자기 이해가 역사적 진실보다 늘 뒤처지게 마련이다. 우리의 삶은 앞을 향하고 있지만 이해는 늘 뒤를 돌아다보는 구조다. 자크 라캉의 작업은 지식과 진실이라는 헤겔식의 대립항을 자아와 타자 혹은 상상계와 상징계 사이의 대립으로 전환하는 일이었다. 여기서 전자, 즉 자아와 상상계는 우리 자신과 욕망의 대상에 대한 관성적인 대응, 대체로는 착각 속에서 이루어지는 환상적인 대응이라고 이해되는 반면에 후자, 즉 타자와 상징계는 인간 주체의 진실이 자리하는 공간이라 할 수 있는 타자의 영역이 인간의 의식을 제자리에 자리 잡게 하면서도 그 의식의 미약한 손길을 영원히 뿌리치고 있음을 보여준다. 자아가 가장 먼저 자아를 구성한 것을 총체화하거나 재현하지 못한다는 것, 그렇지만 그렇게 하기 위해 끊임없이 노력하는 것이 역사를 계속 움직이게 하는 한 부분이라는 것이 모더니티가 지닌 특징적인 통찰력의 한 예이다.

1970년대로 접어드는 시점에서 문제가 된 것은 정치적 기후의 변화, 즉 사회적 삶의 표면을 따라 흐르는 기류가 좌파에서 우파로 전환되리라는 예측 가능한 변화라기보다는 한 형태의 자본주의에서 다른 형태의 자본주의로의 전환이라는 보다 깊은 곳에서 이루어진 변혁이었다. 전후의 벼락 경기가 종식되고 있는 것에 대한 자본주의의 대응은 전자통신의 혁명을 이용하여 제조업을 저임금 노동력의 주변국으로 이전시키면서 중심국은 서비스, 금융 및 통신 산업의 중심지로 전환하는 전全 지구적 공간의 재편이었다. 산업혁명이 오히려 후진 기어를 넣어 뒤로 진행되는 격이었다. 동시에 노동운동이 형벌 성격의 입법에 의해 제한되어 동력을 잃게 되고 실업률 상승과 임금수준의 하락, 복지비용 삭감, 시장의 규제가 풀어지게 되는 등의 변화가 일어났다. 그 때문에 불과 몇 년이 지나지 않아서 사회민주주의조차 대담한 급진적 선택으로 보일 정도가 되었다. 이와 같은 탈산업화 조건 속에서 몇몇 논평자들은 마르크스주의가 이제 한물 간 것은 다른 이유가 아니라 사회의 계급이 사라졌기 때문이라고 생각했던 것 같다. 이를테면 광산에서의 노동이냐 아니면 콜센터에서의 노동이냐 하는 식의 존재론적인 차이만 있을 뿐이지 사회적인 차이는 없다는 식이었다.

이러한 사회변동의 결과로 나타난 것 중의 하나가 이론적 양상에 있어서의 큰 변화이다. 서구의 마르크스주의가 지속적으로 고전의 반열에 속하는 주요 지적 결과물을 생산했던 것은 사실이다. 하지만 이 책이 처음 출간되고 불과 5, 6년이 지나지 않은 시점에 이르자 서구 마르크스주의는 급격히 빠른 속도로 정치적으로 회의론에 가까운 후기 구조주의에게 그 자리를 내주기 시작했고, 그러다 1980년대가 다가오면서는 포스트모더니즘에 자리를 내주게 되었다. 1970년대 초의 알튀세를 추종하는 많은 마르크스주의자들이 후기 마르크스주의라는 회전문을 통과하여 정치적 우파라는 불모의 영역으로 진입했다. 정치비평은 오늘날까지도 그런 것처럼 페미니즘과 탈식민론이라는 형식으로 살아남았다. 그러나 특히 후자, 즉 탈식민론의 경우는 전반적으로 세계 자본주의에 대한 '문화적' 비판의 성격이 농후한 것으로 국가, 계급투쟁, 세계적인 규모의 새로운 노동분화, 혁명적 민족주의 등에 대한 고려보다는 정체성이나 인종문제 등에 대한 문제에 더 관심을 두고 있다. 만일 탈식민론이 고전적인 반식민운동의 편협한 민족주의적 관점을 벗어난 '그 이후의'post 논의라면 그것은 또한 반식민운동의 혁명적 열기도 '다 식은 뒤의'post 일이다. 이런 상황 속의 '이론'이 1990년대가 지평선 위로 그 모습을 드러낼 때쯤에는 새로운 형태의 실용주의에 포획된 꼴이 되고 말았으며, 그 '이론'이라는 단어 자체가 많은 학생들의 어휘목록에서 사라지고 말았다.

놀라울 정도로 짧은 기간에 『비평과 이데올로기』의 배경이 되었던 정치적 · 이론적 풍경이 우리가 거의 알아볼 수 없을 정도로 변화되었다. 당연히 사회주의자들의 투쟁은 계속되었고, 그들의 지적 작업 역시 꾸준히 이어졌다. 하지만 레이먼드 윌리엄스식으로 얘기하면 1970년대 초의 전체적인 감성의 구조, 즉 그 시기만의 독특한 분위기와 감수성은 시간이 흐를수록 점점 더 희미한 기억이 되고 말았다. 분명한 것은 이 책이 출현할 즈음에는 이미 그 시대의 감수성이 시들해지고 있었다는 것이다. 이 책이 출간되던 해, 그러니까 내가 프레드릭 제임슨과 함께 캘리포니아 대학교 샌디에이고 캠퍼스에서 학생들을 가르치고 있을 때 우리는 여전히 교정에서 허버트 마르쿠제의 모습을 볼 수가 있었다. 그는 1960년대 말 그 대학에서 일어난 학생들의 반란에 어느 정도 역할을 했던 인물이었다. 그러나 내가 가르치고 있던 당시 새로운 세대의 학생들은 그처럼 영향력이 대단한 인물이 실제로 누구인지 잘 알지 못했던 것이다.

물론 이전 시대에 관련되어 있던 사람들 모두가 전형적인 정식 마르크스주의자들은 아니었다. 오히려 그 마르크스주의 신조에 대항하는 격렬한 도전이 있었으며, 많은 경우 그 도전이 마르크스주의에 심정적으로 동조는 하면서도 비판의 칼날을 예리하게 세웠던 페미니스트들이나 후기 구조주의자들에게서 나왔던 것이다. 이런 의미에서 아무리 범위를 좁혀 말한다 해도 우리가 상실한 것은 바로 어떤 사회주의적 공통의 감각이었다. 당시는 급진적인 사상들이 아무리 심하게 논박당한다 해도 아직은 격동 속에 있는 역사와 명백한 연관이 있다는 이유 때문에 그나마 큰 반향을 불러일으키는 그런 문화적 풍토가 지배적이었다. 그러나 그로부터 10년이 지나서는 더 이상 그러지 못했다. 마르크스주의가 해답을 제시하지 못하는 것이라기보다는 아예 논외의 사상이 되었던 것이다. 가장 무자비한 리얼리즘과 어떻게 어울려 작동하는지 그 과정을 다 털어놓았던 마르크스주의라는 정치적 운동을 점성학만큼이나 시대와 관련 없는 것으로 만들었던 것이 바로 신자유주의가 거둔 승리의 하나였다.

이러한 사회주의 문화의 쇠퇴는 안타까운 일이다. 『비평과 이데올로기』를 쓰던 시기가 약 40여 년에 이르는 나의 지적 경력 가운데 개인적으로는 가장 생산적이고 기분이 좋았던 시기였음을 감안할 때 더욱 그렇다. 이론을 두고 말하면 『비평과 이데올로기』를 쓰던 시기 이후에 일어난 그 어떤 일도 그 시기의 상황과 견줄 수 있는 것은 아무것도 없었다. 당시는 좌파 진영에 속한 학생들의 토론과 분석의 수준이 굉장히 높았다—오늘날 학생들의 수준보다 훨씬 뛰어난 수준이었다. 학생 신분으로서 정식 과업이 알렉산더 포프의 시를 공부하거나 펠로폰네소스 전쟁을 연구해야 하는 학생들도 인상적일 정도로 부하린의 글에서 비교적 중요하지 않은 글이나 그리스 공산당의 역사 등 그들의 전공을 벗어난 분야에도 상당히 정통해 있었다. 1968년에 뒤이은 격동의 시기에 새로운 이론들—브레히트, 푸코, 크리스테바, 하버마스, 델라 볼페, 마슈레, 러시아 형식주의, 기호학, 현상학, 이야기학, 영화 이론, 『텔켈』, 해석학, 수용 이론, 마르크스주의-페미니즘, 소비에트 전위주의—이 봇물처럼 쏟아져 나왔다. 그 이전 10년 전에 케임브리지 대학교에 다닐 때 나는 레이먼드 윌리엄스가 진행하는 한 소설 세미나에 참석한 적이 있었다. 그때 참석했던 우리들 대부분이 들어서 알고 있는 유일한 마르크스주의 비평가가 바로 게오르그 루카치였다. 그런데 1970년대에 들어서는 정치발전의 압박 속에서 진정으로 중요한 저술들이 거의 매달 쏟아져 나왔던 것이다.

또한 새로운 좌파 학술지와 잡지들—『스크린』, 『레드 레터스』, 『m/f』, 『이데올로기와 의식』, 버밍햄 대학교 현대 문화연구센터의 『노동 증명서』 등—이 다발적으로 출현하기도 했다. 에식스 대학교에서는 야심차게 문학과 사회에 관한 연례 학술대회를 개최하기 시작했고, 그 회의에 문학을 전공하는 수많은 선생과 학생들이 참가하기도 했다. 1930년대 이후 처음으로 새롭게 길을 개척하는 주요 비평작업이 정치적 좌파에서 이루어졌으며, 대도시의 출판업자들도 이러한 경향에 신속하게 대응하기 시작했다.

급진적 문화작업을 위해 마련된 여러 무대 가운데 내가 1969년에 옥스퍼드 대학교의 교수가 되고 난 직후에 시작한 마르크스주의 비평에 관한 주례 세미나가 있었다. 모든 지배계층의 기관에는 내부에 의견을 달리하는 무리들이 있기 마련이다. 그 당시 옥스퍼드에서 나의 역할은 그곳에서 공부하고 있거나 아니면 이런저런 자격으로 거쳐가는 사람들 가운데 그 대학의 구조와 이데올로기의 한계를 벗어나 공부하고 싶은 사람들을 위해 포럼을 제공하는 것이었다. 나 자신을 포함하여 많은 사람들이 또한 당시엔 정치적 행동주의자들이었다. 『비평과 이데올로기』는 이런 배경 하에 나온 책이다. 아마 그런 배경이 없었더라면 이 책을 쓰지 못했을지 모른다. 이런 의미에서 이 책은 진정으로 공동 작업의 산물이다. 마르크스주의 비평의 일반 이론의 제 요소들이 가까이에 있었고, 그러기에 분명한 것은 그 여러 요소들을 어느 지점에서 한데 모아 어느 정도는 일관된 모양으로 만들 필요가 있었다는 점이다.

공교롭게도 그 임무가 나에게 주어졌다. 물론 그렇다고 그 임무를, 이를테면 반드시 누군가가 해내야 할 작업이기에—마치 1600년경에 복수를 둘러싼 비극적 사건을 누군가가 글로 남겨야 하는 것처럼—실제로 누가 그 역할을 할 것인지의 문제는 부차적인 문제라고 주장한다고 해서 그것이 거짓으로 겸손한 척하는 것은 아니며, 그렇다고 단순히 역사주의자의 태도라고 볼 수도 없다. 이런 점에서 이 책의 생산이 한 개인으로서의 저자를 '탈중심화'하려는 나름의 노력이라고 보는 것은 어느 정도 맞는 얘기다. 내가 이 책 제2장의 제사題詞로 사용한 폴 발레리의 말, 즉 모든 작품은 저자 이외의 많은 것들이모여 이루어진 것이라는 주장에 동조하는 것은 특정 텍스트 편에서 보면 이 텍스트의 배후에는 전반적인 정치문화는 말할 것도 없고 공동 작업이라는 든든한 배경이 있다고 시인하는 것과 같다.

그렇다면 『비평과 이데올로기』는 역사적 중요성을 지닌 작품으로 당연히 그에 수반되는 장점과 한계를 분명히 지니고 있다고 봐야 한다. 한편으로 이 책은 배후에 한 사람 이상의 세력을 두고 있으며, 다른 한편으로 보면 이 책은 지금이야 과거를 돌아보며 쉽게 할 수 있겠지만 당시로서는 객관화시킬 수 없었던 어떤 특정의 이론적 분위기에 갇혀 있었다. 그럼에도 이 책이 나올 수 있었던 것은 내 생각에 '과학적'이라는 말과 같이 그 의미가 지극히 명확하기에 아무 문제가 없다는 식으로 중요 단어들을 과감하게 사용하는 지나치다 싶을 정도의 지적 자신감 때문이 아니었나 싶다. 내가 보기에 역사 연구와 관련해서는 과학이란 용어가 결코 텅 빈 용어가 아니며, 더욱이 그 용어를 순전한 객관적 탐구형식이라고 풍자적으로 묘사하는 '문화주의자'들의 시각은 과학적 지식보다는 포스트모던적인 무지를 더 드러낸 것이라 할 수 있다. 그럼에도 이 책이 보지 못한 것은 모든 구조적 분석이라는 게 실은 선험적인 해석의 순간에 달려 있다는 사실이었다. 여기서 선험적인 해석의 순간은 생활세계에 뿌리를 두고 있는 것으로, 그 자체로는 완전히 형식화시킬 수 없고 또한 늘 논쟁의 대상이 될 수밖에 없다. 지나친 자신감은 또한 가끔은 글의 어조에서 나타나기도 한다. 이 글의 어조는 분명 역사가 자기 편에 있지 않다고 보는 정치적 좌파의 어조로, 그 당시에는 그런 시각이 결코 터무니없는 것은 아니었지만 한편으로는 그것이 안고 있는 압박감을 그대로 독자에게 강요하는 측면이 있었다.

이 책이 승리주의자의 태도를 보인다고는 생각하지 않는다. 오히려 이 책의 배경이 된 역사적 상황 속에서 이 책은 성공뿐만 아니라 실패를 통해서도 정치적 이득을 거둘 수 있다는 사실을 인식하지 못했을 수도 있다. 확실히 해둘 것은 실패를 너무 부풀려서는 안 된다는 것이다. 미국의 제국주의에 맞서 전 세계적으로 수백만의 사람들이 거리로 쏟아져 나오지 않았는가. 그리고 이 글을 쓰고 있는 지금도 사회주의는 대륙 전체에 산불처럼 확산되고 있지 않은가. 그러나 오늘

날의 젊은 세대와는 달리 나는 다행히도 눈에 띌 정도로 좌파 세력이 상승가도를 달리고 있을 시기에 성장해서 일찍부터 정치적으로 가능한 것이 무엇인지 경험했으며, 그 경험에서 평생 동안 지속될 나름의 신념과 희망을 얻어낼 수 있었다. 그 경험의 부정적인 측면이 있다면 그것은 어느 정도의 순수주의와 절대주의, 선물을 받아도 심할 정도로 반드시 흠을 잡아야 한다는 태도, '부르주아'적 사고를 참지 못하는 기질, 윤리학이나 형이상학을 대수롭지 않게 다루는 태도, 좌파 내의 사소한 이견이라도 부풀려 평가하는 방식, 그리고 인류의 해악에 관심을 갖기 위해서는 아무리 혁명적인 성격의 것이라도 정치가 필요하다는 식의 정치의 힘에 대한 전반적인 과대평가 등이다.

이 책이 처음 세상에 나왔을 때 좌파가 그랬던 것처럼 정치적 침체기를 잘 버텨야 한다는 것, 이것은 물론 그리 권장할 만한 일이 아니다. 하지만 대부분의 부정적인 경험이 그런 것처럼 침체기를 잘 이겨내는 일에도 긍정적인 면이 없지는 않다. 시련을 헤쳐나가다 보면 어느 정도의 겸손함도 생기게 되고, 실패와 몰락에 대해서 더 잘 이해하게 되며, 정치의 한계에 대해 보다 냉철하고 현실적으로 생각하게 된다. 이 책이 출간되고 난 뒤의 이후의 시기는 그런 한계를 다른 식으로 조명해 준 시기였다. 가령 인간과 자연과의 관계, 양성 간의 관계, 인종적 · 민족적 정체성이라는 난해한 문제 등 어느 것 하나 단순히 변증법을 동원해서 쉽게 처리할 수 없는 다루기 힘든 문제에 시대의 관심이 있었던 것이다.

『비평과 이데올로기』는 당시에는 '알튀세류'의 이론작업으로 간주되었다. 사실 내가 특별히 알튀세를 신봉하는 것도 아니고 또 실제로는 루이 알튀세의 거의 모든 이론에 대해 주저함도 있었지만, 범박하게 말해 알튀세의 생각이 이 책의 이론적 구유가 된 것은 사실이다. 따라서 이런 배경에 대해 한마디 하지 않을 수 없을 것 같다. 내가 이 책을 쓸 당시 알튀세는 분명 탁월한 마르크스주의 철학자였다. 『마르크스를 위하여』*For Marx*, 『자본론 읽기』*Reading Capital*, 『레닌과 철학』*Lenin and Philosophy* 등의 저서가 학문세계 전반에 영향을 끼치긴 했지만 그의 저작은 특히 나와 같이 인문학을 하는 사람들에게 각별한 호소력을 지니고 있었다.

그 이유는 내가 보기에 알튀세의 이론이 문화 분석에 특징적으로 동원되는 일련의 개념들을 그런 문화 분석에는 전혀 어울리지 않는 이론적 엄밀성, 철저한 반反이상주의, 예리한 정치적 견해 등과 결합시킨 듯 보였기 때문이 아닌가 싶다. 프랑크푸르트학파에서 영국의 신좌파에 이르기까지 '문화'는 비교적 쉽게 다룰 수 있는 온건한 대안이었다. 그래서 누구도 테오도르 아도르노, 루시앙 골드만 혹은 초기의 레이먼드 윌리엄스를 혁명적 열정과 결부시키지 않았으며, 레닌주의자였던 안토니오 그람시는 과학기술 문화 연구 강연자의 이미지로 남을 수 있었다. 반면에 알튀세주의는 문화 이론과 좌파 개혁주의 사이의 연결고리를 끊겠다고 공언했다. 어떻게 보면 문화(특히 이제 막 생겨나기 시작한 여성운동과 미디어 연구의 성장이라는 형태 속에서)가 좌파의 전면에 부각되었지만, 다른 한편으로는 좌파 개혁주의를 넘어서는 정치적 기회가 출현하던 시기에 이 알튀세주의의 입장은 상당히 매력적인 데가 있었다.

그런 개혁주의와 대조해 보면 알튀세가 만일 정치적으로 투사(레닌주의자이면서 비밀 마오이스트)가 되지 않았다면 그는 사실 아무것도 아닌 존재였을지도 모른다. 그는 프랑스 공산당의 좌파에서 반대파에 속하는 인물이면서 아울러 이론적 엄격함으로도 추앙받던 사람이었다. 그러나 아직 혁명적 활동이 활발했던 그 시기에 당연히 매력적인 것으로 와 닿았던 그의 입장이 그의 글에서는 이상하리만치 주체의 문제에 적극적으로 개입하는 일과 연계되어 있었다. 따라서 당시 지적으로 빈곤한 상태에 있던 좌파 문화사상가들은 알튀세의 이러한 결합에서 강력한 동력을 발견할 수 있었다. 또한 과학 혹은 이론의 자율성에 대한 이 프랑스 철학자의 주장은 전문적으로 사상을 연구하면서 다른 한편으로는 적극적으로 활동에 나서는 동료들에게 부채의식에 사로잡혀 있던 좌파 이론가들에게도 반가운 소식이 아닐 수 없었다. 그들은 자신들의 입장을 정당화하기 위해 알튀세의 이론을 활용할 수 있었던 것이다. 한편으로 알튀세의 글에서는 이 이론중심주의가 계급투쟁, 정치적 전위주의vanguardism, 국가 등과 같은 중심주제들에 대한 반反공산당적인 주장과 긴밀하게 연결되어 있었고, 그런 점이 혁명적 정신을 지닌 이론가들 가운데 전투적 성격이 강한 사람들도 만족시킬 수 있었다.

그러나 여기에서 우리는 참으로 기이한 생각을 갖지 않을 수 없다. 왜냐하면 만일 알튀세가 자신의 연구를 통해 이론의 자율성을 강조하고, 그래서 역사유물론이라는 과학을 '실제' 역사와 꼼꼼하게 구분지어야 한다고 했다면, 그의 연구가 어떤 역사적 상황에서 비롯된 것인지 알지 못하는 프랑스 밖의 많은 사람들이 알튀세의 그런 주장을 자기네들에게 유리한 식으로 해석했기 때문이다. 그를 열렬히 떠받드는 영국의 일부 추종자들은 이론의 자율성에 관한 알튀세의 주장이 사실은 프랑스 공산당에서 자신의 반대파들과 싸움을 벌이던 그가 당내 주요 이론가로서의 자신의 권위를 더욱 공고히 하고 당내에서의 자신의 정치적 입장을 정당화하는 데 이용하고자 하는 전략적인 정치적 계산에서 나온 것임은 생각도 못했던 것이다. 자율성의 주장이 대개는 스스로의 자율성의 확보와 연관이 있는데도 말이다.

재미있는 것은 "그렇게 말하는 너야말로 그렇다"라는 말이 있듯이 나와 알튀세 사이에는 묘하게 닮은 구석이 있다는 사실이다. 나도 그렇지만 그도 이전에는 가톨릭 신자였다. 절대적으로 신뢰하는 자기 정당화의 징표인 이성이라는 상표로 무장한 이론가들이 지배하는 정당이란 알튀세가 보기에는 사제단에 의해 지배되는 로마 가톨릭 교회와 다를 바가 없었다. 이러한 합리성의 양식은 역사성이 아니라 영원성을 지닌 합리성이다. 로마 가톨릭 교회가 그 교리는 절대 바꾸지 않으면서 한 단계의 확실성에서 다른 단계의 확실성으로 이동해 가듯이 알튀세는 인간 역시 하나의 역사적 구조나 생산양식에서 또 다른 구조와 생산양식으로 이동해 간다고 보았던 것이다. 물론 그 이동의 경로는 모호한 것으로 남아 있다는 것이 그의 주장이다. 가톨릭 교도나 알튀세와 같은 이론가들은 개인을 크게 존중하지 않는다. 알튀세의 입장에서 보면 인간 주체가 지니고 있다는 통일성이나 일관성은 허구에 지나지 않는다. 인간 주체가 아무리 자신의 중요성을 당당하게 인식하고 있다 하더라도 그 인간 주체는 일련의 사회관계의 재생산에 기여하기 위해 존재할 뿐이다. 이것은 가톨릭에서 개인이 하나님의 더 큰 영광을 위해 존재한다고 보는 것과 마찬가지라는 것이다.

알튀세의 이데올로기 이론은 실천이 의식에 선행한다는 가톨릭의 전제에서 비롯된 것이 분명하다. 이 전제란 당신이 만일 어떤 물질적 실천행위를 하고 있다면 당신은 그 일을 믿게 된다는 뜻이다. 이것은 이데올로기를 내면화의 개념으로 보는, 그래서 각 개인의 마음과 정신을 아주 중요하게 여기는 프로테스탄트에 대한 강력한 반발이다. 이와 같은 '좌파'와 바티칸 사이의 성스럽지 못한 동맹에는 물론 긍정적인 측면이 있기도 하다. 그리고 내가 처음 알튀세의 이론에 관심을 두게 된 것도 바로 그런 부분 때문이었다. 가톨릭 교도로 성장한 사람들은 엄밀한 개념 분석을 회의의 눈길로 보는 앵글로 색슨 자유주의자들에 동조하지 않는다. 중산층 자유주의자들은 엄밀함이라는 것을 늘 사악하고 삶을 부정하는 그 어떤 것으로 바라보는 것 같다. 반면에 가톨릭 교조주의를 역으로 보면 거기에는 이성에 대한 존중이라는 태도가 담겨 있다. 그런 태도는 더 이상 지식을 구할 필요가 없을 만큼 특권을 지닌 사람들에게는 별반 인상적이지 못한 태도이다.

가톨릭 교도들은 또한 자유주의적 개인주의 정신이라는 입장에서 제도나 관습을 무기력하고 억압적인 것으로 보기보다는 인간 삶에 어떤 제도적 본성이 내재되어 있다고 보는 경향이 있다. 그들 신앙에는 어떤 물질성이 있는데, 그것은 알튀세의 이데올로기 이론에서와 같이 사람이 느끼는 것보다는 행동하는 것을 강조하는 속성이다. 그들은 순진한 국교 폐지론자들과는 달리 권위나 전통이라는 개념을 내재적으로 유해한 개념으로 보지 않는다. 그리고 그들은 각 개인이 교회의 협동생활 속에서 자신의 존재 의미를 끌어오는 것이지 이 공동체 이전의, 공동체와는 별개의 실재를 지니는 것은 아니라고 본다. 알튀세가 알제리인으로서 정통 프랑스 문화와 갈등을 빚었다면 가톨릭 신자로서도 역시 프랑스 문화와 갈등을 빚었다고 할 수 있다. 나에 관해서도 이와 비슷하게 말할 수 있을 것 같다. 아일랜드 시골의 가톨릭 환경에서 자란 나는 영국의 관습적인 정통적 관행과 삐딱한 관계를 유지하고 있기 때문이다.

알튀세가 이 책에 미친 영향은 아마 제2장과 제3장에서 분명하게 드러나지 않을까 싶다. 그 부분에서 나는 처음에는 유물론적 비평절차의 제 요소들을 개진하고, 그 다음에는 꼼꼼한 텍스트 분석방법의 개요를 말하고자 하였다. 제2장에서 내가 다룬 문학적 생산양식이라는 개념은, 그 개념을 전개할 때 어려움이 없었던 것은 아니지만, 그래도 그 개념 덕택에 이 책이 후에 레이먼드 윌리엄스가 말한 문화유물론의 방향으로 조금씩 나아갈 수 있었다. 윌리엄스는 이상하리만치 '이론'에 대해 늘 모호한 태도를 견지해 왔으며, 내가 알기로는 실제로도 그 '이론'이란 단어를 사용하지 않았다. 그는 1970년대의 이른바 유물론적 비평이라 불리는 것의 상당 부분이 아직도 텍스트에 굳건히 뿌리를 내리고 있으며, 따라서 그 유물론적 비평이 사실은 그 스스로가 몰아내고자 하는 그런 종류의 분석을 반영하고 있다는 사실을 깨달은 몇 안 되는 비평가 가운데 한 사람이었다. 윌리엄스가 소위 말하는 '꼼꼼한 글읽기'를 불신했던 것은 아니었다. 그보다는 '텍스트'라는 용어—이 역시 그의 글에서 나타나지 않는 용어다—가 그 용어가 지닌 실제적이고 사회적인 울림에도 불구하고 '작품'이라는 용어보다는 열등한 개념으로 다가왔던 것 같다.

간단히 말해 윌리엄스의 관심은 새로운 글읽기의 방법을 제공하는 것뿐만 아니라, 문학비평의 전반적인 문제를 흔히 말하는 '이데올로기 비판'에서 끌어올려 좀 더 유물론적이고 역사적인 지형 위에 올려놓는 데 있었다. 『마르크스주의와 문학』*Marxism and Literature*에서 『사회에서의 글쓰기』*Writing in Society* 및 『모더니즘의 정치학』*The Politics of Modernism*에 이르기까지 후기의 저작에서 윌리엄스가 관심을 두었던 부분은 사회적 관습과 관계의 다양한 틀로서의 문학—청중의 구성과 장르의 역사적 기반, 극장의 물질적 하부구조와 문화 테크놀로지의 권력, 모더니즘의 지정학, 문화시장의 역할 및 언어의 사회사 등—이었다. 윌리엄스의 이 선구자적인 저작에 비교해 보면 『비평과 이데올로기』는 사실 텍스트 중심의 저술이다. 물론 제2장에서 이런 한계를 넘어서려는 몇 가지 양상을 내보이긴 한다. 또한 이 책은 비록 마지막 장에서 독서행위에 대한 반성과 함께 언급하고는 있지만 전체적으로 변화하는 역사적 환경 속에서 문학작품이 어떤 효용을 지니는지의 문제에 대해서는 거의 언급하고 있지 않다.

제2장에서 생산이라는 개념이 문자 그대로 사용되었다고 한다면 제3장 '텍스트학을 위하여'에서는 그 개념이 문학작품과 그것을 둘러싼 이데올로기적 환경 사이의 관계를 설명하는 하나의 방법으로서 은유적으로 사용되었다. 문학작품과 이데올로기적 환경과의 관계라는 이 특정의 주제는 온갖 인식론적인 문제들이 포함된 주제로, 철학적인 문제에는 지나가는 식의 관심만 기울였던 윌리엄스로서는 깊이 빠져들 주제는 아니었다. 그러나 이 주제는 루카치와 사르트르에서 골드만과 아도르노에 이르기까지 서구의 주요 마르크스주의 비평가들이 거듭해서 다룬 주제다. 그런데 이런 지적 전통이 지닌 헤겔적인 성향 탓이겠지만 이 주제는 보통 매개의 문제로 불쑥 그 모습을 드러낸다. 즉 작품, 이데올로기, 그리고 유물론적 역사를 한데 융합시키지 않고 어떻게 연관지을 것인가 하는 문제로 나타난다. 이 복합 매개의 개념은 문학작품이 역사를 소극적으로 '반영한다'고 보는 속류 마르크스주의자들의 시각에 대한 정교한 대응이지만 이것 역시 그 나름의 어려움이 있다. 그러나 나는 알튀세와 그의 동료인 피에르 마슈레에게서 빌려와 사용한 생산이라는 개념이 어쩌면 이 문제에 창조적인

빛을 던져줄지도 모른다고 생각했던 것 같다.

제3장에서 또한 나는 비록 짧긴 하지만 프로이트의 꿈의 작업이라는 이론을 언급하였다. 제3장 전체의 이면에는 하나의 제안으로서 문학작품을 문제 해결의 전략으로 바라보자는 생각이 깔려 있다. 이를테면 문학작품 속에서 이데올로기적 모순이 심미적 장치에 의해 '처리되고', 그 처리되는 방식에서 새로운 문제가 텍스트에 나타나는 식으로 상호작용의 과정이 지속적으로 이루어진다는 것이다. 이 모델에서 피해야 할 것은 심미적인 것과 이데올로기적인 것, 혹은 더 오래된 항목으로서 '형식'과 '내용'을 단순하게 대립시키는 일이다. 대신에 이 모델에서 설명하고자 하는 것은 심미적 양식과 형식이라는 것이 이데올로기적이라는 보다 폭넓은 의미의 용어 속에 포함되어 있다는 것, 그리고 이데올로기적 갈등이라는 것이 '생경한 채로' 텍스트에 다가가는 것이 아니라, 마슈레의 표현을 차용하자면 잠재적인 해결의 형식으로 다가간다는 것이다. 이런 점에서 내가 이 책을 우회적인 형식으로 끌고 간 면이 없지는 않다. 물론 지금이라면 아마 내가 그 부분을 좀 더 명증하게 틀을 잡으려 노력했을 것이지만, 지금도 나는 그 우회적인 방법이라도 붙들고 늘어질 가치는 있었다고 생각한다.

마슈레는 알튀세를 따른 최초의 비평가라 할 수 있으며, 그가 쓴 『문학생산 이론을 위하여』*Towards a Theory of Literary Production*는 영국의 문화적 좌파에 흥분과도 같은 감동을 주었다. 그 마슈레가 바로 이 책에 영향을 미친 또 한 명의 비평가이다. 그는 알튀세의 특정 개념들을 통합하여 그것을 러시아 형식주의의 모티브를 통해, 특히 '낯설게 하기'라는 개념을 동원하여 문학작품 분석에 처음으로 적용하였다. 문학작품이 그 자체의 이데올로기적 내용과는 거리를 두어야 한다, 혹은 그 내용을 객관화시켜야 한다, 혹은 낯설게 하여야 한다는 식의 생각은 이 책에서 다소 비판적으로 다루었지만 어떤 점에 있어서는 상상력이 풍부한 생각이 아닐 수 없다. 그러나 그 이론은 결국에는 형식이라는 개념에 너무나 많은 비중을 두게 되면서 형식 그 자체도 항상 이데올로기적으로 의미작용을 한다는 사실을 인식하지 못하고 말았다.

이 책의 마지막 장에서 나는 그 생각을 유물론적 가치 이론의 근간으로 삼았다. 이런 나의 태도는 이 글을 쓸 당시에는 아주 대담한 태도였다. 왜냐하면 가치라는 개념이 문학의 좌파 사이에서는 그리 평판이 좋지 않은 개념이고, 더불어 그것이 '이데올로기적' 의미를 지니는 것에 지나지 않는다는 혐의를 받고 있었기 때문이다. 더욱이 내가 도덕성의 문제까지 제기했으니 아마 무모하기 짝이 없어 보였을 것이 분명하다. 이런 나의 태도로 인해 강성 성향의 동료들 가운데 일부는 어쩌면 내가 여전히 부르주아 이데올로기의 올가미에 걸려 무기력한 글쓰기를 계속하고 있다고 확신했을지도 모른다. 지금이라면 이 마지막 장에서 언급하고 있는 가치 이론을 나는 주저없이 옹호했을 것이다. 예를 들자면 모든 이데올로기가 사실은 무력하고 퇴화된 반면에 그것이 어떤 특정의 난맥상황 속에 던져져 무엇인가를 생산해낼 때에만 문학작품 속에서 유효하다는 전제가 그것이다. 그러나 모든 문학작품이 이데올로기적으로 대립적인 것은 아니다. 그렇다 하더라도 이 마지막 장에서 나는 문학적 가치의 본질에 관해 언급하였고, 내 생각에는 그와 같은 언급이 그것의 배경이 된 이론보다도 더 오래 버텨내리라 본다. 가치의 문제 전체를 경멸하는, 그러면서 정치적 좌파에 속해 있는 당시의 이론가들은 자신들이 처해 있는 모순된 상황을 인식하지 못했다. 그 모순이란 이론가들이 스스로를 보통 사람들을 지지하고 옹호한다고 하지만 실제로 보통 사람들에게는 문화 작업에 대한 가치평가를 포함하여 이런저런 가치매기기가 그들의 일상적인 사회적 실존의 한 부분이라는 점이다. 진짜 문제는 문학적 가치판단을 명료하게 설명할 수 있느냐의 문제가 아니다. 그것은 우리가 숨을 쉬어야 하느냐 마느냐를 묻는 것과 마찬가지이다. 그보다 문제는 그런 평가의 역사적 근거가 무엇이냐의 문제일 것이다.

전통적인 비평가들은 그들이 말하는 이론적 분석의 '구체적 적용'을 강하게 옹호해 왔다. 이것은 곧 이론적 분석에 강한 반감을 내보이지 말라는 주문과 다름없다. 그러나 사실 이론이 어떤 특정의 대상만을 조명한다면 그 이론이 정당하다고 생각될 이유가 없다. 미셸 푸코의 작업이 어떤 특정 감옥 내부의 관리체제를 밝히는 데 유효하다는 이유만으로 그의 작업이 중요시되는 것은 아니다. 문학 이론은 문학 비평의 시녀가 아니다. 문학 그 자체보다는 이론에 더 관심을 내보이는 사람들이 있다고 불평하는 사람들의 주장에는 나름대로 일리가 있긴 하다. 그러나 그들이 잊고 있는 것은, 예를 들자면 프로이트의 이론이 실제로 킹슬리 에이미스의 시보다 더 흥미롭다는 사실이다.

그럼에도 이 책의 제4장은 19세기의 개별 작가들에 대한 일련의 분석을 제공함으로써 구체성을 강조하는 사람들에게 일부 양보를 한 셈이다. 이 분석들 각각은 앞으로 더 나은 분석을 위한 주해에 불과하다고 할 수 있다. 여기서 각 분석을 아우르는 주제가 있다면 그것은 아리스토텔레스에서 리처즈Ivor Armstrong Richards에 이르기까지 끈질기게 이어져 내려오는 하나의 전제, 즉 예술작품을 하나의 유기적 전체로 보는 생각에 대한 비판이다. 알튀세와 마슈레의 작업에서 가장 매력적인 부분 가운데 하나는 그들의 작업이 소비에트와 바이마르 아방 가르드로부터 소위 말하는 '표현적 총체성'에 대한 의심이라는 태도를 물려받았다는 점이다. 알튀세가 사회구성체를 자율성이 어느 정도 보장된 여러 '지역'으로 해체하였듯이 바흐친, 브레히트, 아이젠스타인, 피스카토르는 예술작품을 놓고 그와 똑같은 작업을 하였으며, 그렇게 함으로써 예술작품에서 맹목적 숭배의 대상이 되는 아우라를 벗겨내는 데 도움을 주었던 것이다.

발터 벤야민의 경우도 마찬가지이다. 그는 유대인이라는 특성에 맞게 온전함의 회복은 신의 문제로 간주했으며, 그래서 예술작품을 유기적인 전체나 완벽함의 총체로 보는 것을 그러한 신의 구원을 안타깝게도 아주 미성숙한 시각에서 변형시킨 것으로 보았다. 벤야민은 폐허, 파편더미, 인양해낸 조각들, 분열된 비유적 기의 등에서 즐거움을 찾았으며, 그의 동료인 테오도르 아도르노도 조화로운 예술작품을 역사적 위안을 얻어내고자 허위로 만들어낸 것에 불과하다고 평가절하했다. 피에르 마슈레의 작업은 그 줄기가 다르긴 하지만 총체성에 대한 비판과 궤를 같이하는 부분이 있으며, 그 점이 내가 이 책을 쓸 때 아주 유용하게 보았던 부분이다.

에드워드 사이드는 그의 초기 저작인 『시작들』*Beginnings*에서 작가가 진정한 작가로서 출발하기 위해서는 전통을 추방하거나 전복시킬 필요가 있다고 하였다. 비평가인 헤롤드 블룸은 정신분석학적 용어로 비슷한 취지를 밝히면서 압도적인 영향력을 행사하는 선임 작가들과 관련해서 작가가 자신의 힘으로 자신의 공간을 분명히 해둘 필요가 있다고 하였다. 이런 측면에서 보면 내가 나의 스승이자 친구이며 동료인 레이먼드 윌리엄스뿐 아니라 영국 내의 선임자들에게 진 빚을 청산하는 일로 시작해서 이 책을 써내려간 것도 우연은 아닌 것 같다.

당시에는 윌리엄스의 작업에 대한 다소 날선 나의 비판을 괘씸하게 바라보는 사람들도 있었고, 그래서 나도 이따금씩 내보인 나의 신랄한 어조에 대해 지면상으로 사과한 바가 있다. 그러나 나는 윌리엄스의 작업에 대해 찬사를 보낼 부분에 대해서는 아낌없는 찬사를 보냈었다. 그런데 이 사실을 일부 비평가들이 잊었거나(부정적 비평이 긍정적인 것보다 더 오래 기억된다) 아니면 의도적으로 무시했을 수 있다. 또 한 가지는 정확히 어떤 것인지 기억나지는 않지만 윌리엄스 자신도 그의 글에 대한 나의 비판 가운데 일부는 인정했다는 사실이다.

그렇다면 30년의 세월이 지난 뒤에 바라본 이 책은 어떤 모습일까? 분명 미숙한 젊은이가 쓴 책의 모습이다—말수가 적은, 다분히 순수한 면을 지니고 있으면서도 강경한 성격을 지닌, 그리고 곳곳에서 좀 지나치게 확신에 찬, 정치적 경험보다는 개념 분석에 경도된 젊은이의 모습이 연상된다. 요즘 나는 농담을 섞지 않고 책을 쓴다는 것이 얼마나 기이한 일인가 하고 생각한다. 1976년의 이 책의 독자들이 만일 이 책의 저자가 20-30년이 지난 뒤에 단독 연기의 코미디언에 불과했다고 비난을 받는다는 사실을 알게 되면 필시 대단히 놀랐을 것이다. 어떤 점에 있어서는 나도 많이 바뀌었지만 또 다른 점에 있어서는 여전히 그때의 생각을 초지일관 지니고 있다. 이 책에서 표현된 정치적 신념은—물론 요즘엔 이 책에서처럼 아주 정확하게 표출하지는 않지만—내가 아직까지 굳건히 견지하고 있는 신념이다. 내가 정말 이해할 수 없었던 것은, 자본주의 체제가 전 지구적으로 확산되고 더 공격적이 되면서 사회주의가 전보다 더 우리 삶과 밀접한 관계를 맺어야 하는데—이것이 더 합리적으로 끌어낼 수 있는 결론인 것 같은데—왜 갑자기 아무 연관이 없는 것처럼 보이게 되었는지 그 이유이다. 『비평과 이데올로기』는 다른 시대의 문체와 분위기를 현재로 끌고 왔기에 독자들이 이 책과 더욱 더 거리감을 느끼게 될 것은 당연한 일이다. 그러나 이 책이 나온 시기는 아직도 우리가 많은 것을 배울 수 있는 시기다. 나로서는 새로 나온 이 책이 우리가 더 많은 것을 배우는 데 도움을 줄 수 있기를 바랄 뿐이다.

2006년 더블린에서

테리 이글튼TERRY EAGLETON

저자의 말

유물론적 미학을 구축하려는 영국의 마르크스주의자라면 누구든지 괴로운 일이긴 하지만 자신의 무능력을 깨달아야 한다. 이 말은 그 분야에 관한 많은 논의들이 아직도 많은 문제점들을 안고 있고, 미해결 상태로 남아 있을 뿐만 아니라, 영국에서 그 분야에 개입한다는 것이 거의 자동적으로 토론의 자격을 박탈당하고 있는 것과 마찬가지라는 뜻이다. 유럽에서 인정해 준 손님으로서, 조숙하긴 하지만 아직 많은 것을 의지해야 하는 이방인으로서 전통의 상실을 뼈저리게 느끼지 않을 수 없다. 앞으로 전개될 이 글은 그러한 어려움 속에서 이루어낸 것이다. 나의 이러한 노력은 아마 문학의 가치문제를 다룬 마지막 장에서 가장 두드러지게 나타날 것이지만 나로서는 그러한 문제들에 관한 진정한 논의가 이루어질 수 있도록 터를 닦아 놓은 것에 불과한 것으로밖에 여겨지지 않는다. 물론 제4장(『신좌익평론』 *New Left Review*지에 처음 실렸던 논문을 수정 · 보완한 것임)의 극도로 난해하고 생략적인 언어 가운데서도 나의 어려움이 여실히 드러난다. 복잡한 문학사의 전 영역을 단 하나의 체계 속에 압축시키려고 애쓰는 가운데 어쩔 수 없이 부정확한 설명과 비유적인 표현을 사용할 수밖에 없었으며, 부분적이고 축소된 해석으로 빠져들어가 버렸다. 덧붙여 말하자면 4장은 이 책에서 제일 먼저 쓰여진 부분이며(분명히 너무 도식적이고 단순하다는 비난을 감수하면서) 내가 좀 더 엄밀한 설명을 하려고 노력했던 제2장, 제3장에 대한 판단에 따라 어느 정도 그 위치가 설정된 것이다. 그러나 이 책을 오류와 탈락된 부분이 많은 채로 그대로 놔두는 것이 나로서는 최선의 방책이다. 그것은 내 자신의 한계이기도 하며, 영국에서는 이 글이 이를 뒷받침해 줄 만한 어떤 것도 아직 존재하지 않는 분야에 관한 글이기 때문에 불가피한 것이다.

내가 이 책을 쓰는 데 귀중한 충고와 격려를 아끼지 않았던 많은 이들에게 깊은 감사의 말을 전한다. 특히 페리 앤더슨, 프란시스 베이커, 마이크 에워크, 존 구드, 존 해리슨, 퀸틴 호어, 프란시스 멀허언, 폴 티켈, 앨런 월, 그리고 조오지 워튼에게 감사의 뜻을 표한다. 그들 모두는 자신들의 일이 바쁜 가운데서도 나의 원고를 비판하는 데 많은 시간을 할애해 주었다. 나는 또한 옥스퍼드 대학의 마르크스주의 비평회의 옛 회원과 현재 회원들에게 여러 해에 걸쳐 많은 도움을 받았다. 그들은 어려운 상황 하에서도 이런 종류의 나의 이야기가 지속적이면서도 흥미를 가져다 주고 생산적이 되도록 그 틀을 잡아주었다. 만약 유물론적 비평에 관한 그들의 헌신적인 노력이 없었다면 이 책은 쓰여질 수 없었을 것이다. 또한 이러한 논의를 나와 함께 토의해 주고 나에게 도움을 준 여러 단체의 여러분들에게도 감사의 뜻을 전한다.

테리 이글튼

나의 아버님 프란시스 이글튼의

영전에 바칩니다.

우리가 할 수 있는 최선의 일은

사람들을 욕구에 눈멀게 하는 그런

두려움을 가셔주는 언어를 키우고,

말 못하는 자의 혀가 되고,

악에 물든 동료들 가운데

살아있는 목소리가 되는 것.

비평은 순수한 분야가 아니며, 결코 그랬던 적도 없었다. 비평사 자체를 탐구하는 것, 즉 어떤 상황에서 어떤 목적을 위하여 하나의 문학비평이 발생하였는가 하는 문제를 제기하는 것이 마르크스주의 비평의 한 부문이다. 왜냐하면 비평도 역사를 갖고 있고, 또 그 역사란 비평행위들을 되는 대로 배열해 놓은 것 이상의 것이기 때문이다. 비록 문학이 비평의 대상이긴 하지만 비평의 유일한 발생점은 아니다.

1

비평 이데올로기의 변천*

우리의 사유는 우리가 살고 있는 곳에서 시작된다.
– 레이먼드 윌리엄스(Raymond Williams)

비평을 전혀 순수한 분야가 아니라고 여기기는 어렵다. 그 기원은 자연발생적인 것같이 보이며, 그 존재 역시 자연스러운 것처럼 보인다. 문학이 존재하고 우리가 문학을 이해하고 감상하기를 원하기 때문에 비평 역시 존재한다. 문학의 시녀로서의 비평, 문학의 '그림자'이자 유령과 같은 공범자인 비평은 『네 개의 사중주』*Four Quartets*의 한 구절을 빌려 말하자면 '어디서나 문학을 보호해 준다' prevents it everywhere.[역주1] 그러나 여기서 'prevents'라는 단어는 '보호하다'라

* 제1장을 번역하는 데는 김남영·김명환·장남수 옮김, 『문학이론입문』의 "비평이데올로기의 변천"을 많이 참조하였음을 밝힌다.

는 고전적 의미뿐만 아니라 '방해하다'라는 일반적인 의미도 지닌다. 만일 비평의 임무가 텍스트와 독자 사이에 가로놓인 거친 길을 매끄럽게 하고 텍스트가 더 쉽게 읽혀질 수 있도록 정성 들여 다듬는 것이라면, 그러는 가운데 비평이 생산물과 소비자 사이로 그 본때 없는 몸집을 들이밀게 되는 것을, 그 대상을 순종하듯이 '붙어다니는' 중에 오히려 그 대상을 '그림자로 가려버리게' 되는 것을 어떻게 피할 수 있을 것인가?

여기에서 비평은 해결할 수 없는 모순 속에 빠져 있는 듯이 보인다. 왜냐하면 만약 비평의 임무가 우리에게 텍스트의 자생적인 실재를 보여주는 것이라면 비평은 자기가 중재하여 전달하고자 하는 텍스트와 자기 자신의 일부가 티끌만큼도 뒤섞이게 되는 것을 허용해서는 안 되기 때문이다. 그러한 뒤섞임은 자칫 텍스트를 도용하여 제것인 양 하는 엄청난 범죄의 전조가 될 것이기 때문이다. 그러나 비평이 기생충의 삶과 같은 본래의 존재양식을 따르지 않고서 어떻게 그 임무를 다할 수 있을까? 단지 스스로를 폐기처분하는 것에 불과한 자기투영적 형식, 다시 말해 텍스트의 생명에 겸허한 자세로 순응하는 것을 어떻게 피할 수 있을까?

모든 비평은 자신의 한계를 인정해야 한다. 그렇지만 부르주아 비평은 그 자신의 한계점을 불필요하게 언급할 때가—자신의 이론들이 편파적이고, 주제넘게 나서며, 잠정적인 속성을 지니고 있다고 자학적으로 주장할 때가—오히려 가장 자신만만한 듯이 보인다. 부르주아 비평이 내세우는 이론들이 정교하고 정치한 이론이긴 하지만 텍스트 자체의 무한한 신성 앞에서는 결국 지푸라기처럼 하찮은 것에 지나지 않는다. 그러나 너무 불필요하게 장황하게 자신의 이야기를 늘

어놓는 것과 침묵을 지키는 것은 별개의 문제이다. 비평은 무력한 담론이 될 수도 있겠지만 그렇다고 간단히 스스로 해체되기에는 때가 너무 늦어버렸다. 그렇게 하기에는 실질적으로나 학문적으로나 너무나 많은 문제가 얽혀 있기 때문이다.

비평의 자기 회의는 너무나 철저한 것이어서 비평이 '아마추어적' 연구인지 아니면 '전문적' 연구인지조차 모를 지경에 이르고 있다. 확신하건대 비평은 '전문적'인 것이 될 수가 없다. 왜냐하면 독서보다 자연스러운 것은 없기 때문이다. 독서는 책장을 하나하나 넘기며 끝까지 다 읽어 내려가는 일이다. 물론 각별히 주의집중을 기울이면서 책장을 넘기긴 하지만, 그 주의집중이라는 것이 훈련되고 함양될 수 있다고 하더라도 궁극적으로 가르침으로 얻어지는 것은 아니다. 그렇다고 비평이 아마추어적인 것도 아니다. 왜냐하면 노동집약적인 문학 연구 산업—학교, 대학, 학부, 출판사, 문학단체들—이 화학실험보다는 포도주 감식에 더 가까운 인식방식에 의존하고 있다고 생각할 수는 없기 때문이다. 영국에서 영문학 연구가 처음 학문적으로 제도화되었을 때 이러한 난관은 그 두 방식을 현명하게 혼합시킴으로써 '해결'되었다. 분명히 말하자면 영문학은 별로 중요치 않은 과목이었다. '유서 깊은' 대학에서 초창기 교수직을 맡았던 영국 신사들은 굳이 집안의 하인들에게 명령하는 법을 배울 필요가 없었던 것처럼 자기네 문학을 어떻게 읽을 것인지 그것을 배울 전문적인 과정이 필요치 않았던 것이다. 그러나 어쨌든 그들은 영문학 교수들이었으며, 따라서 아주 호방하게 자신들의 직업을 별것 아닌 것으로 치부할 수도 없었다. 결국 그들이 취할 수 있었던 간단한 해결책은 영문학을 연구하되 다른 어떤 것을 연구하는 체하는 것, 즉 체계적으로 영문학을 '고전'이라고 호도하는 것이었다. 교수라는 명망 있는 직업의 그 고상한 외투가 교수들의 이러한 의도를 잘 감출 수 있었던 것이다. 사람들이 카툴루스Catullus역주2에 대하여 개인적인 의견들을 지녔던 것처럼 크랩Crabbe역주3에 대해서도 개인적인 의견들을 갖는 것은 당연한 일이었다.

그러나 생각해 보면 영문학 연구라는 것이 한 개인의 사사로운 의견을 공공연히 천박하게 떠벌리는 일일 수는 없었다. 예이츠역주4가 언급했듯이 그러한 공공연한 떠벌림은 상점 주인들이나 할 짓이었다. 그런데 우연히도 역사적으로는 상점 주인의 아들인 F. R. 리비스역주5가 이에 해당되었다. '아마추어적'인 사사로운 의견들은 보존되었지만 문학에 '대하여' 알고자 하는 전문적인 일과는 격리된 채 보존되었다. 이것이 바로 현대 비평에서 아직 유력하게 남아 있는 실증주의와 주관주의의 전통적인 조합이었다.

그러한 입장은 필연적으로 반발을 불러일으켰다. 학문적으로는 막강한 권력을 지니고 있었지만 역사적으로는 퇴화되어 버린 사람들, 즉 그들 스스로가 드러내놓고 불신했던 분야의 '선구자'가 되었던 귀족계급이면서 상층 부르주아 계급에 속했던 사람들은 어느덧 처음으로 '유서 깊은' 대학에 진출했던 사회계급이 내세운 이데올로기에 의해 축출될 처지에 놓이게 되었다. 대학에 진출한 새로운 사회계급은 이념적으로 파산한 전임자들과는 달리 당대 역사에 의해 설정된 비평의 실제적인 임무들을 수행할 수 있는 능력을 갖춘 계급이었다. 학문적으로는 아직 소외되고 종속적인 위치에 놓여 있었지만 지적인 관점에서는 점점 주도권을 장악해 가고 있던 소부르주아 계급의 자유주의적 휴머니즘이 하나의 반대세력으로서 내부로부터 반동적 비평의 요새들을 구축했던 것이다. '기성학계'가 명쾌하게 내세웠던 미학적 전제와 이데올로기적 전제의 통합에 대해 매우 급진적으로 맹렬히 공격했던 이 소부르주아적 · 비국교도적 휴머니즘은 당대의 이데올로기적 상황이 요구했던 문학적 변화의 주도자임을 자처했고, 대담하게도 자신의 모습에 맞추어 영문학사 전체를 다시 쓰기 시작했던 것이다. 영국 비평사를 통해 이보다 더 전투적이고 용감하며 일관된 작업은 찾아볼 수 없었다.

그러나 우리는 여기서 단순히 '계급 이데올로기'들 간의 충돌을 다루고자 하는 것이 아니다. 오히려 문제가 되는 것은 『스크루티니』 *Scrutiny*지[역주6]의 이데올로기가 당시의 지배적인 미학적 · 이데올로기적 구조 속에 삽입되어 버린 모순된 방식이다. 그 운동을 '소부르주아적'이라고 칭하는 것이 먼저 그 사회적 기원에 관해 언급하자는 것은 아니다. 왜냐하면 그 기원들이(비록 어떤 연관성은 있다 하더라도) 필시 다양할 것이기 때문이다. 여기서 그 운동을 '소부르주아적'이라 부르는 것은 그보다는 오히려 그 운동의 이데올로기적 영역의 모순들을 나타내고자 하는 데 있다. 그 공식화된 설명들에 있어서 '급진적'이고 때로는 대중주의적이며 학문적 지배계층의 두려움과 멸시의 대상이 되었던 『스크루티니』의 역사적 기능은(비록 복합적이고 변동적인 것이었지만) 어느 한 단계에서는 어느 정도 명확한 것이었다. 그 역사적 기능이란 역사적으로 심각한 위기의 시기에 지배적 이데올로기 전체를 다시 활성화시키고 재생산하는 이데올로기의 미학적 영역 내에서 형식, 가치, 언술, 계보 등을 근본적으로 재구성하는 것이었다. 실제로 그것은 이데올로기의 미학적 영역을 단순히 재형성하는 문제를 훨씬 넘어서는 것이었다. 오히려 이데올로기 자체를 미학적 영역으로 효과적으로 '대체하는' 문제였던 것이다. 어떤 전통적인 하부구조들(특히 종교)의 부분적인 몰락과 역사적으로 분명히 드러나듯 다른 하부구조들(특히 충분히 발전된 사회학)의 부재로 인해 영국 사회 내에 야기된 이데올로기적 진공상태는 어떻게 하든 채워져야만 했다. 『스크루티니』지가 매슈 아놀드Matthew Arnold역주7의 전통 하에서 시도한 것이 바로 이 일이었다. 그러나 그러한 시도는 아놀드와 마찬가지로 '진보적'이면서 동시에 '반동적'인 것이었다. 다시 말해 '현대성'의 요소와 새로운 이데올로기적 요구들에 대해서는 매우 민감했지만 그 요구들을 충족시키는 데 있어서는 안타깝게도 시대에 뒤떨어지고 이상주의적인 '해결책'만을 보여주었을 뿐이었다. 바로 그 해결책으로 내세운 것이 신화처럼 되어버린 지난날 영국의 '유기체적 공동체'나 사회구조의 정신적 정수라 할 수 있는 '대학 영문학과'였다. 바로 여기에서 『스크루티니』지가 지니고 있는 본질적인 소부르주아적 성격의 한 단면이 분명하게 드러났던 것이다. 왜냐하면 만일 그 청교도적·비국교도적 전통이 (혁명적 유산이 결정적으로 부재해 있는 상황 하에서) 도덕적 전투성, 지적 진지성 그리고 사회적 리얼리즘을 가지고 사회적으로 부적절하고 정체된 학문주의academicism의 구조를 '진보적'으로 재형성할 수 있는 유일하게 가능한 힘이었다면, 그 전통은 또한 자본주의 이전의 과거가 지닌 향수 어린 '장인적'artisanal 이미지로 되돌아가고 '모더니즘 문학'을 포용하면서 [『황무지』*The Waste Land*의 경우] 동시에 '전통주의적'인 관점에서 모더니즘 문학을 거부하는 [『율리시즈』*Ulysses*의 경우] 종속적이면서 역사적으로는 대가 끊겨버린 계보 속에 속하는 것이기 때문이었다. 『스크루티니』가 문학적 전통들을 '진보적으로' 재평가한 이유는 그러한 전통들을 당시의 자본주의 발달과정에서 잔인하게 짓밟혀 버린 '인간적' 가치들을 보존하는 특권적 저장소로 여겼다는 데 있었다. 따라서 『스크루티니』는 그 자유주의적 휴머니즘의 단계를 명확하게 넘어서는 과정 속에서 자본주의의 무기력한 이상주의적 양심으로서의 역할을 했던 것이다.

『스크루티니』가 지니고 있는 역사적 주변성과 '정신적' 중심성은 엘리트주의élitism라는 한 가지 범주로 귀착된다. 여기서 다시 한 번 그 운동의 소부르주아적 성격이 드러난다. 왜냐하면 니코스 풀란차스 Nicos Poulantzas역주8가 주장했듯이[1] 엘리트주의는 소부르주아 계급의 구조적 특징이기 때문이다. 자신의 중요한 사회적 · 경제적 조건들로 인해 지배적인 권력구조나 '규범'과 '지도력'에 의탁할 수밖에 없는 이 소부르주아 계급은 그 아래의 계급에서 나타나는 민주주의적 '무정부 상태' 뿐만 아니라, 그 위의 계급이 보여주는 실제적 권위의 무력감도 동시에 거부한다. 『스크루티니』의 입장이 바로 이것이었다. '실제적으로는' 중심에서 벗어나 있고 학문적 지배계층으로부터 대부분 소외되어 있었음에도 불구하고 『스크루티니』는 정신적으로 '진정한' 엘리트로서의 자신의 '존재'를 주장했다. 한편으로 『스크루티니』는 기성학계와의 격렬한 투쟁에 뛰어든 진보적인 '전위'였으며, 이 투쟁을 위해 종속적인 집단들과 계급들이 지닌 '급진적'이고 자유주의적인 이데올로기의 요소들을 동원했다. 다른 맥락에서 볼 때 『스크루티니』는 소위 레이몬드 윌리엄스Raymond Williams역주9가 말하는 그러한 사회세력과의 '부정적 동일시'[2]라는 결과를 초래했는데, 심지어 초기에는 "어떤 경제적 공산주의 형태'가 '바람직'하다는(물론 사변적이고 학문적인 방식이기는 하지만) 생각을 품고 있을 정도였다.[3] 그러나 이 '전위' 역시 개념상으로는 문학적 기성세대 내의 정신적 권위에서부터 파급된 규범들을 전파하는 '엘리트'였다. 그러한 '전위'와 '엘리트'의 혼동이 바로 자신이 정신적으로 공박했던 그 사회에 스스로가 연루되어 버린 한 이데올로기적 세력으로서의 『스크루티니』가 지니는 내재적 모순의 결과였다.

실제로 『스크루티니』가 그 비판의 이론적 토대들을 체계화시키는 데 방해가 된 것이 바로 이 연루관계였다는 것은 주지의 사실이다. '실제비평'practical criticism의 행위 속에 잘 요약되어 있는 『스크루티니』의 순수한 감각적 경험주의는 체험된 실제 경험의 직접성과 대비하여 미학적 범주들을 '점진적'으로 시험하는 것이었다. 다시 말해 일반적 개념들을 '체험' 속에 용해시키는 것으로서 이것은 엘리엇T. S. Eliot이 명료한 의미들을 시적 구체성으로 전위轉位시켜 놓은 것만큼이나 이데올로기적으로 강력한 것이었다. 그러나 다른 한편으로 그것은 단지 자신의 무능력을 고백하는 데 지나지 않았다. 즉 잠재적으로 더욱 더 파괴적인 수준의 이론적 언술을 성취하는 것이 이데올로기적으로 금지된 데서 비롯된 비판론의 공허감이었다. '이데올로기'와 싸우기 위해 『스크루티니』는 '경험'을 내세웠는데, 이는 마치 경험이 이데올로기와는 아무 관련이 없다는 식이었다. 그러나 『스크루티니』의 '철학'은 감각적 경험주의를 넘어서는 것이었고, 또 그럴 수밖에 없었다. 엘리엇이 그러한 경험주의가 이데올로기적으로 불충분하기 때문에 교리적 기독교 신앙에로의 승화를 요구했듯이, 『스크루티니』는 그 이론적 명료성과는 반비례하는 직관력을 가진 형이상학을 객관적으로 요구했던 것이다. 그러한 형이상학은 로렌스D. H. Lawrence의 작품에 의해 제공되었다. 로렌스의 관념주의는 감각적 경험주의를 결코 저해하지 않았으며, 오히려 감각적 경험주의에 존재론적 지위를 부여했다. 이러한 형이상학으로 무장한 『스크루티니』는 절대적 관념주의의 입장에서 여러 가지 다양한 공리주의적 경험주의를 공격할 수 있었으며, 동시에 철저한 '영국적'인 자유주의적 경험주의의 입장에서 '절대주의적' 체제들을(물론 마르크스주의를 포함해서) 공격했다. 이러한 입장이 그것이 지니는 비합리성에 정비례하여 반박될 수는 없었다. 이 형이상학적 지주는 개념 정의상 언어의 그물을 빠져나가기 때문에(따라서 그것을 증명하기를 요구하는 것은 스스로가 갱생되지 못했음을 드러내는 일이다) 검토의 대상이 되지 않았다. 그러나 바로 그러한 이유로 인해 이론적으로는 빈약한 것이 되었다. 할 수 있는 일이란 고작 어떤 현상이 '삶'을 나타내고 어떤 현상이 그렇지 않은가를 지적하는 정도였다. 왜냐하면 이러한 입장이라는 것이 사실상 자기제한적이고 자기지시적이기에 그 내부의 진정한 발전 가능성이 개념 정의상 불가능하기 때문이었다. 산업자본주의의 특정한 단계에서 나타나는 자유주의적 · 휴머니즘적 가치들이 그 자본주의의 발전된 형태들과 더 깊은 모순관계로 빠져들어 가게 됨에 따라 문제는 그러한 입장을 거듭 반복하는 일이었으며, 그때마다 점점 더 귀에 거슬리고 추상적이 될 수밖에 없었다. 따라서 이러한 모순의 논리적 결과는 자유주의적 휴머니즘 자체가 진부한 보수반동으로 가치 이전되는 것이었다.

이제는 『스크루티니』가 기념비적으로 이룩한 비평업적이 그 자체 내의 반동을 불러일으켰다. 비평이 근본적인 가치의 문제들을 추구하는 작업이라는 사실은 '문학'과 '삶'을 연결시키는 데 관심을 두고 있는 학생들에게는 매력적이고 직관적으로 타당한 것으로 여겨졌다. 그러나 이른 새벽 곰곰이 생각해 보면 그러한 낙천적 휴머니즘이 수반하는 몇몇 주장들은 다소 과장된 것처럼 보인다. 예를 들어 문학이라는 극히 교화적인 분야에 접해보지 못한 사람들—사회적으로나 역사적으로 대다수를 구성하고 있음에는 틀림없으나 그들 스스로가 자진하여 강탈이나 약탈을 하지 않았던 사람들, 혹은 그들이 그러했다 하더라도 그것은 그들이 헨리 제임스Henry James를 몰랐기 때문이라고 감히 말할 수 없는 그런 사람들—이 문제가 되었다. 더욱 곤란한 문제는 분명히 심오한 문학적 교양은 지니고 있으면서도 이 문학적 교양과 유태인 학살을 주도하는 행위가 양립될 수 있는 듯이 생각하는 사람들이었다. 따라서 자유주의적 휴머니즘의 시각은 마치 그 그림자인 양 붙어다니는 자기 부정을 낳았다. 즉 자유주의적 휴머니즘의 전제들이 지닌 구조를 공유하고 있기에 그 구조가 부분적으로 붕괴하고 있음에도 어떤 조치를 취하기보다는 그냥 암울한 역사적 리얼리즘의 탈을 쓴 귀족적 반동의 태도로 옮아갈 수밖에 없었던 비평가들이 보여준 수사학적인 환멸이 바로 그것이었다. 부르주아 휴머니즘이라는 요새가 부분적으로 와해되어 감에 따라 비평은 점차 그 경험주의적 · 직관주의적 관행을 초월하여 어떤 '원대한 관점'을 채택하게 되었다. 그러나 그와 같은 관점은 경험주의와는 어느 정도 양립 가능하면서 동시에 지극한 희망이나 그릇된 주관주의라는 비난은 면할 수 있는, 그런 문제성 있는 태도였다. 현재 영국에서는 장르, 문체론, 신학, 정신분석, 구조주의 등의 기획들이 비록 시험적인 단계에 있기는 하지만 그 체제 정립이 한창 진행되고 있다.

물론 역사적 유물론도 포함된다. 적어도 1968년 이래로 우리가 서구에서 목격해 왔던 마르크스주의 비평에 대한 관심이 고조된 데에는 이데올로기적 결정요인들이 있었다. 이는 의심의 여지가 없는 사실이다. 자기 자신을 역사적으로 결정지우는 제 요소들을 인식하면서 다른 한편으로는 자신의 타당성이 그러한 제 요소들과 일치하지 않는다는 것을 증명하는 것이(사실은 내가 앞에서 간단하게 열거한 모든 비평적 방법들도 마찬가지이지만) 마르크스주의 비평의 임무이다. 그러나 마르크스주의의 경우 이러한 증명이란 특히 어려운 일이다. 왜냐하면 역사적 유물론은 그 자체가 이데올로기가 아닐 뿐만 아니라, 이데올로기들의 생성과 구조 및 쇠퇴를 다루는 과학적 이론을 포함하고 있다는 주장에 의하여 지속되거나 소멸되기 때문이다. 간단히 말하자면 역사적 유물론은 자신들의 존립을 가능하게 해주는 조건들을 이론화시키기 위하여 그에 필적하는 '원대한 관점들'의 영역 밖에 스스로를 위치시킨다. 의심할 바 없이 이것은 다른 대안적 방법들을 지지하는 사람들에게 내세울 수 있는 다소 불공평하면서도 상당히 편리한 장점처럼 보인다. 또한 마르크스주의 비평은 단순히 그것이 경험주의적 · 직관주의적 기법들과 양립할 수 없다고 해서 더욱 더 대중적으로 되는 것은 아니다. 오히려 마르크스주의 비평은 이데올로기적으로 아주 중요한 가치들을 편법으로 삽입하거나 혹은 분리시킨 채 보존하는 것에 대해 다른 '원대한 관점들'보다 더 엄격한 태도를 보이고 있다.

비평은 순수한 분야가 아니며, 결코 그랬던 적도 없었다. 비평사 자체를 탐구하는 것, 즉 어떤 상황에서 어떤 목적을 위하여 하나의 문학비평이 발생하였는가 하는 문제를 제기하는 것이 마르크스주의 비평의 한 부문이다. 왜냐하면 비평도 역사를 갖고 있고, 또 그 역사란 비평행위들을 되는 대로 배열해 놓은 것 이상의 것이기 때문이다. 비록 문학이 비평의 대상이긴 하지만 비평의 유일한 발생점은 아니다. 바꾸어 말하면 비평은 그것이 조명하는 대상인 텍스트와의 유기적인 관계 속에서 텍스트의 실존적 사실에 대한 자연발생적인 즉각적 응답으로서 생겨나는 것이 아니다. 비평은 그 나름대로의 비교적 자율적인 생명과 그 자신의 법칙과 구조들을 갖고 있다. 비평은 문학적 체계의 단순한 반영이라기보다는 문학적 체계와 연결된 내적으로 복잡한 하나의 체계를 형성하는 것이다. 비평은 어떤 일정한 조건들을 기반으로 하여 출현하고, 그러다가는 다시 사라진다. 모든 문학이 다 그것을 보호해 줄 비평을 필요로 하는 것은 아니다. 그러나 그럼에도 불구하고 시詩가 변호되어야 할 순간이 있을 수도 있는 것이다. 비평의 역사를 구성할 때 우리는 설혹 그 안에 불규칙적인 것이 있다 해도 역사를 직선적인 변천과정으로 보고 그 역사를 통해 드러나는 것들을 추적하는 것이 아니다. 문제가 되는 것은 '비평들'의 역사이다. 우리는 그러한 사물(비평)의 출현을 우선적으로 가능하게 하고 또 그것이 동시대의 다른 언술들과 맺는 관계를 결정하는 특정한 역사적 '공간들'의 결정요인들을 찾고 있는 것이다. 비평들의 역사를 연구하는 과학은 그러한 비평들을 생산하는 역사적 형식들을 연구하는 과학이다—그리고 이 비평들을 다시 그 대상으로서, 즉 '비평을 위한 텍스트'로서 문학 텍스트를 생산해낸다.

물질적 혹은 지적인 어떤 행위가 '스스로를 생각하기' 시작하는 순간, 즉 스스로를 지적 탐구의 대상으로 삼기 시작하는 순간은 분명히 그 행위의 발전과정에서 아주 중대한 의미를 지닌다. 그러나 그 행위는 다시는 예전과 같은 것이 되지 않을 것이 틀림없다. 그러한 행위를 자기 반성으로 몰아붙이는 것은 단지 내부의 압력뿐만 아니라, 그 행위가 동위同位의 언술행위들과 함께 형성하는 복합적인 통일체이다. 역사의 서술, 비평 혹은 정신분석, 정치경제학이나 낙하물체 혹은 약속행위 등의 연구 등은 '자연스럽게' 이루어진 행위들이 아니며, '인간적인 호기심'이 제멋대로 발동되어 이루어진 결과들도 아니다. 그러한 행위들은 역사적으로 결정된 자기 반성의 공간들 내에서 일어나며, 이 공간들의 상호 접속은 지식의 대상이 될 수 있는 것, 따라서 통제와 이데올로기 구성체의 대상이 될 수 있는 것을 구별하고 결정한다. 물론 이것이 그러한 모든 행위들을 이데올로기적인 것으로 '환원하는' 것은 아니다. 예를 들어 중력법칙의 타당성은 18세기 영국의 이데올로기적 구조와 관계가 없는 것이다. 오히려 이 법칙은 이데올로기의 내부로부터 생산된 과학적 언술행위의 산물이며, 그 이데올로기 구성체 내에서 역할을 한다. 그러한 자기 반성의 순간들이 반드시 '과학'의 출생지를 나타내는 것은 아니다. 역사가 역사서술로서, 물질적 생산이 정치경제학으로서, 그리고 일상적 행위가 철학이나 심리학으로서 '스스로를 생각하기' 시작할 때, 그럼으로써 생겨난 사상과 현실 사이의 괴리는 지식의 전제조건이긴 하지만 지식을 보증해 주는 것은 아니다. 그것은 당연히 '잠정적인' 괴리, 즉 행위가 그것 자체와 더욱 밀접하게 일치하는 데로 이르는 통로에 불과하다. 실제로 그러한 것은 비평의 경우 더욱 명확히 드러난다. 왜냐하면 비평이 그 대상으로부터 자기 분리를 시도하는 것은 일종의 거짓 꾸밈이자 그 대상과 더욱 완벽하게 재결합하기 위한 서곡일 뿐이기 때문이다. 비평이 그 대상을 분석하기 위해 유지하는 거리는 어떤 지식에 대한 패러디—대상을 더욱 가까이서 '소유하고' 대상과 하나가 되기 위해 스스로를 용해하는 수단—와 같다. 비평의 목적은 텍스트 자체의 '자연스러움'을 이끌어내는 힘으로, 그 스스로가 매끄럽지 못한 자신의 '인위성'을 자연스럽게 만들면서 텍스트 앞에서 스스로가 소멸되는 것이다. 나선적인 상호 강화과정 속에서 문학 텍스트는 경험을 자연스럽게 하고, 실제의 비평행위는 텍스트를 자연스럽게 만들며, 이러한 비평행위의 이론은 비평의 '자연스러움'을 합법화한다. 비평은 하나의 메타문학적 행위, 즉 텍스트의 '메타포'로서, 자신의 가능성의 조건들을 사유하지 못하는 텍스트의 무능함을 부각시키고, 지식을 가장하여 그 무능함을 재생산한다. 조명이라는 모습을 지닌 비평은 텍스트의 필연적인 '자기 무지'를 자연스러운 것으로 만든다. 비평과 텍스트의 외형상의 관계는 부족의 음영吟詠 시인과 그로부터 역사적인 승리들에 관한 자세한 이야기를 듣는 왕과의 관계, 혹은 부르주아 정치경제학자와 자본주의자인 제조업자 사이의 관계와 흡사하다. 각각의 경우의 언술행위와 현실의 '분리'는 단지 그렇게 보이는 것일 뿐이다. 사실 언술의 기능이라는 것은 그 역사적 상황의 자기 의식 이상의 것이 되지 못하기 때문이다. 텍스트가 알지도 못하고 알 수도 없는 것이 드러날 수 있는 조건보다는 텍스트가 스스로를 알 수 있게 해주는 조건들을 제공하는 것, 이것이 바로 비평의 기능이다.

시가 무엇 때문에 옹호되어야 하는가 하는 문제는 영문학사에서 고전적으로 필립 시드니 경Sir Philip Sidney(1554-1586)의 『시의 옹호』*Apology for Poetry*에서부터 비롯된다.역주10 시드니가 옹호하는 시는 물론 명확한 이데올로기적 가치들—당시의 드라마에서 사회계급들이 뒤섞이는 것과 같은 예술적 감각의 타락에 반감을 내보이는 고상한 고전적 휴머니즘의 가치들—과 분리될 수 없는 제도이다. 시드니에게 있어서 문학은 그가 대변하고 있는 주도적 계급에 적합한 가치들을 끈덕지게 주입시키기 위한 강력한 이데올로기적 도구이다. 문학이 공격적인 부르주아 청교도주의의 비판들로부터 보호되어야 하는 것은 무엇보다도 바로 이런 이유에서이다. 시드니의 글은 이데올로기적 강도가 쇠퇴하는 순간, 즉 궁정적인 요소들과 청교도적인 요소들의 통합이 성취된 순간을 나타낸다. 그러나 시에 대한 '옹호'의 발단이 되었던 최초의 압력들은 그 이후 경제적으로 불안정하고 종교적으로 문제가 산적해 있던 1590년대에 폭발하여 그 이데올로기적 통합을 점차 문제 삼게 된다. 이 폭발이 혁명적 위기로까지 커졌다가 내전[역주11]의 와중에서 수그러진 다음에야 그 다음의 주요한 비평, 소위 '신고전주의' 비평이 등장한다. 다시 한 번 비평은 중요한 이데올로기적 도구가 된다. 그러나 이번에는 비평이 주도권을 쥐고 있는 진영을 구성하고 있는 사회계급들이 서로의 모순을 봉합하고 일체감을 이룰 수 있도록 이데올로기적 구성체를 안정시키려는 노력에 쓰이는 도구가 된다. 질서와 조화 및 예법의 추구, '자연'과 '이성'이라는 사회적으로 응집력 있는 범주들에 대한 요구, 그리고 사회생활을 일련의 질서정연한 실천행위들로 환원하고 체계화할 필요 속에서 역사는 다시 한 번 그러한 구상의 범례이자 도구로서 비평을 선택한다. 새로운 계급들과 계층들을 문화적 통일체 속에 합병시키고 사회적 취향의 일치를 확립하여 공통의 전통을 구축하고 단일한 예의범절을 전파할 필요가 있는 가운데 비평은 전체 이데올로기적 제도들—정기 간행물들, 커피하우스들, 미학과 사회에 관한 논문들, 고전의 번역, 예절과 도덕의 안내서들—의 하나의 지주가 된다. 또 하나의 독특한 비평체계가 출현하게 되는 것은 18세기를 마감하는 혁명의 혼란 속에서 신고전주의의 구성체가 점진적으로 와해되면서부터이다. 낭만주의의 '탈인습적'이고 평등주의적이며 대중주의적이고 개인주의적인 미학에 있어서 비평은 다시 한 번 계급투쟁이 이데올로기적으로 수행되는 특권적 영역이 된다. 콜리지[역주12]의 후기 작품이 증명하듯이 신보수주의가 형성되는 데 있어서—19세기에 남겨줄 중요한 유산으로서 예술로부터 사회에 대한 유기론적인 이미지들을 이끌어내는 데 있어서—비평은 마찬가지로 중요한 역할을 한다.

여기서의 나의 의도는, 이 책의 4장에서 그 몇몇 측면들이 논의될 것이지만, 그러한 과정을 추적하자는 것이 아니다. 또 지금까지의 이 간략한 논평의 의도가 비평이 그 이데올로기적 요인의 반영에 지나지 않는다는 것을 제안하고자 하는 데 있는 것도 아니다. 비평은 이데올로기의 미학적 영역에 속하며, 그 영역은 그 나름대로 총체로서의 적절한 정도의 자율성을 지닌 영역이다. 그러나 어느 한 비평의 출현은(르네상스 휴머니즘의 비평, 신고전주의 비평, 낭만주의 비평, 자유주의적 휴머니즘의 비평) 그 영역과 다른 영역들 사이의 어떤 결합을 의미하며, 그러한 결합 속에서 미학적 영역이 전체 이데올로기 구성체 속에서 보통 이상의 지배력을 갖고 있음을 상정하는 것이다. 그렇다고 이 말은 미학적 영역이 이데올로기의 유일한 지배적 영역이 된다는 것을 뜻하는 게 아니라, 그 이데올로기 구성체가 숙고하는 주제들을 특권적으로 다루는 영역으로서 '전면에 부각된다'는 것을 의미한다. 물론 이것은 그러한 결합의 순간에 미학적 영역이 마치 그 고유의 장식들을 벗어던지듯 '원색적인 이데올로기'가 된다는 것은 아니다. 그러한 현상은 일어나지 않는다. 그와는 반대로 비록 문예미학이 그러한 때에 자기 자신 이상의 것을 말하기 시작하고 종종 정치적 · 윤리적 · 종교적 영역들과 공공연한 제휴관계를 맺기 시작한다 할지라도 그것은 그들 자신의 내적인 토론과 요구 및 전통을 통해서 이루어진다. 그들의 이데올로기적 효능은 '미학적'인 것으로 남으며, 실제로 여기에 그들의 힘이 있는 것이다. 왜냐하면 미학적인 것은 여러 가지 이유로 보아 각별히 효율적인 이데올로기적 매체이기 때문이다. 다시 말해 미학적인 것은 사실적이고, 직접적이며, 경제적이고, 본능과 정서에 깊이 작용하면서도 감각의 표면에도 또한 작용하며, 자연발생적 경험이라는 줄기와 언어와 제스처라는 뿌리에 스스로가 얽혀 있기 때문이다. 바로 이러한 이유로 인해 미학적인 것은 이데올로기의 정치적 · 사법적 영역에서는 용이하지 않은 방식으로 자신을 자연스럽게 하며 자신을 이데올로기적으로 결백한 것으로 내세울 수 있는 것이다. 이데올로기의 역사 내에서 미학적인 것이 상대적으로 종속적인 위치에 있다는 사실은 그것이 원래부터 소수의 위치에 있다는 사실에 의해서가 아니라, 사회구성체 내의 다른 요소들—가장 두드러지게는 예술로부터 대중을 배제시키도록 지시하는 물질적 · 이데올로기적 세력들—에 의해서 설명되어야 한다.

그러므로 '비평의 역사'는 일련의 특수한 이데올로기적 구성체들의 역사의 한 측면이며, 각 구성체들은 특정의 비평행위에 다른 단계에서 독특하게 다중규정된 사례라는 특권적 지위를 부여할 만큼 내적으로 서로 연결되어 있는 것이다. 비평사를 연구하는 학문은 문학적 · 미학적인 것의 이 다중규정성을 역사적으로 규정하는 요소들에 대한 과학이다.

이러한 일반적인 고찰들로부터 20세기 영문학 비평에 관한 논의로 되돌아가면 어쩔 수 없이 다시 한 번 『스크루티니』지가 대표하는 강력한 이데올로기적 시기를 생각하지 않을 수 없다. 그러나 특히 1930년대에는 『스크루티니』지에게는 단편적이고 아주 공정치 못한 체계를 지닌 유물론적 비평이라는 형태의 경쟁자가 있었다. 비록 적어도 한 사람의 이름이 그 시기로부터 살아남긴 하였지만, 거기에 속하는 많은 글들이 지금은 단지 역사적인 관심거리밖에 못 된다는 것이 현재 우리가 처해 있는 딜레마의 한 측면이다. 영국에서 주목할 만한 마르크스주의 비평가는 누구인가? 애석하게도 크리스토퍼 코드웰 Christopher Caudwell(1907–1937)이다. 바로 이와 같은 즉각적인 질문과 대답 가운데서 현재 영국 마르크스주의 비평의 문제가 아주 교묘히 제기된다. 왜냐하면 비록 코드웰이 주요한 선조이긴 하지만—적어도 그의 구상이 아주 대담하고 야심만만하다는 의미에서 '주목할 만한'이라는 뜻이다—그로부터는 부정적인 측면을 제외하고는 거의 배울 것이 없다는 것 또한 사실이기 때문이다. 그렇다고 해서 우리가 영국인에게서만 배울 수 있다는 것은 아니며, 코드웰의 한계가 순전히 그 자신만의 한계라는 것도 아니다. 유럽의 대부분으로부터 격리되어 있었고, 지적으로는 그 자신의 사회로부터도 고립되어 있었으며, 스탈린주의와 이상주의가 스며들어 있었고, '상부구조들에 대한 이론'이 없었음에도 불구하고 코드웰은 그 불리한 여건 속에서도 어연번듯한 마르크스주의 미학을 만들어내는 과업에 정진했다. 그러나 그 과업은 역사적으로는 절망적인 작업이었다. 그의 저작은 자기모순적인 작업이 지니고 있는 모든 상처들을 다 드러내놓고 있다. 즉 사변적이고, 불규칙적이며, 여기저기 제멋대로의 통찰력이 보이며, 다른 영역으로 홍분한 듯이 침입했다가는 갑자기 빠져나오기도 하고, 곳곳에서 섬뜩한 이론적 천박함을 보여주고 있다. 만일 코드웰에게 마르크스주의 미학의 전통이 없었다면 그 뒤를 이어가고 있는 우리 역시 그 전통을 누리지 못한다. 이런 사실이 영국에서의 마르크스주의 미학 전통의 부재를 가늠하게 해주는 척도이다.

그러나 이해할 수 없는 역사상의 어떤 굴곡으로 인해 마르크스주의 비평이 과거의 것과는 연속성을 통해서가 아니라 그것을 무시함으로써 발전할 수 있게 될는지도 모르는 일이다. 1950년대 초 레이몬드 윌리엄스Raymond Williams가 저작활동을 시작했을 때, 1930년대 비평의 기풍은—비록 그것이 속류 마르크스주의와 부르주아 경험주의 및 낭만주의적 이상주의가 혼합된 것이었지만—그에게 거의 아무것도 남겨줄 수 없었다. 예를 들어 윌리엄스가 『문화와 사회 1780−1950』*Culture and Society 1780−1950*에서 냉소적으로 말했듯이 코드웰은 대체로 "잘못된 만큼 그렇게 독특하지도 않았다." 마르크스주의는 필연적으로 윌리엄스에게 영향을 미쳤다. 실제로 마르크스주의와 『스크루티니』지는 양자 사이에서 윌리엄스가 초기 발전의 틀을 형성하게끔 영향력을 제공했다. 그러나 『스크루티니』지는 그것이 엘리트주의로 귀착되었기 때문에 전체적인 입장으로서는 거부되어야 했으며, 마르크스주의는 더 흥미로운 이유들 때문에 거부되어야 했다.

> 마르크스에 대해 말하자면 역사와 변화에 대한 강조, 계급과 문화 간의 필연적이고 밀접한 관계에 대한 강조는 받아들여졌다. 그러나 그러한 강조가 도출된 방식은 또 다른 측면에서 볼 때는 받아들일 수 없는 것이었다. 이 입장에는 한쪽에는 경제생활, 다른 한쪽에는 문화라는 양극화와 추상화가 자리 잡고 있으며, 이것은 내가 보기에는 다른 사람들은 이미 체험했고 또 어떤 사람들이 스스로 체험하고자 하는 문화의 사회적 경험과는 부합되지 않는 것 같다.4)

마지막 부분의 진술이 흥미롭다. 분명히 어느 누구도 토대와 상부구조의 구분을 '경험'의 문제로 여기지는 않았다. 그러나 윌리엄스의 저작에서 나타나는 중심적이고 통일적인 주제들 중의 하나를 보여주는 것은—바꾸어 말해 그의 저작이 지니고 있는 막강한 힘과 근본적인 한계를 동시에 보여주는 것은—바로 이 경험에 대한 강조, 즉 '체험된 것'에 이렇듯 정열적으로 덧붙여지는 프리미엄이다. 나는 자유주의적 휴머니즘의 경우를 논의하면서 그 결과로 나타난 비평의 몇 가지 중요한 점들을 간략하게 언급했었는데 하나를 빠트렸다. 그것은 '좌파 리비스주의'라고 부를 수 있는 것의 출현인데, 윌리엄스의 저작이 그 대표적인 본보기이다. 왜냐하면 앞의 인용문에 나타난 마르크스주의에 대한 부정적 평가가 그 텍스트 내에서 그 입장 자체가 비난을 받는 바로 그 순간에 엇비슷하게 리비스적인 용어들을 통하여 구체화되는 방법이 분명하기 때문이다. 윌리엄스의 작업은 가장 생산적인 의미에서 볼 때 삶의 작업이었다. 단순히 일생 동안의 작업이 아니라 복잡한 내적 논리와 복합적인 구조적 통일성을 지닌 작업이었으며, 그것은 한 역사적 개인의 경험 속에 깊이 자리 잡고 있는 논의의 산물이었다. 그것은 그의 문체에서 충분히 잘 드러나는 이론의 정연함이다. 즉 그의 언술은 추상적인 습관이 본능적인 반사작용으로 되어버린 정교한 형식과 강한 어세語勢의 공적인 언술로서 모서리도 없고 마모성도 없는 텅 빈 공간으로부터 마치 요술을 부리듯 중요한 것을 이끌어낸다. 구체적인 특수자들은 보편자들의 그물을 통해서야 어렴풋이 이해되는 것과 같은 그런 변형되고 매개된 권위적인 모습으로 제시된다. 그러나 동시에 그의 답답한 휴지休止와 거북살스러울 정도의 수사적인 어형변화에서, 그리고 일군의 주요 용어들을 공적인 개념들이라기보다는 개인적으로 창안해낸 것들처럼 내보일 정도로 의식화하는 데서 그것이 틀림없이 개인적인 목소리에서 비롯된 것임을 알 수 있다. 일견 학문주의의 무력한 언어처럼 보이는 것이 사실은 개인 드라마의 무대요, 복잡하고 신중한 자기 표현의 언술행위이다. 폐쇄적인 사적 어법은 공적으로는 웅변조로 주조된다. 즉 목소리는 그 특유의 표현법으로, 그리고 자신의 진정眞正함에 대한 점잖고 솔직한 믿음으로 충격을 줌과 동시에 그 권위적인 추상 개념들을 서서히 엮어나간다. 이것은 침착하면서도 거의 올림푸스 산과 같은 당당한 비인격성의 태도를 취하는 가운데 눈에 띄게 방어적이고, 사적이며, 자기도취적인 것으로(나선형으로 중첩되는 수식어들에 있어서만큼이나) 스스로를 과시하는 문체이다. 이것은 자기 고백의 방식인 동시에 자기 은폐의 방식이다. 또한 괴짜가 될 정도로 지적으로는 고립되어 있고, 결국에 가서는 자기 방어와 자기 정당화의 어떤 교묘한 방책에 이끌리게 되면서도 자신의 경험을 역사적으로 볼 때 대표적인 것이라고 단호하게 내세우는 한 사상가의 문체이다. 그러한 언술은 가장 심오한 개인적인 경험은 오만함이나 전횡적專橫的인 의도 없이도 사회적으로 '전형적'인 것으로 제시될 수 있다는—같은 류의 사람으로 위즈워드William Wordsworth와 예이츠W. B. Yeats가 떠오른다—희귀하면서도 배짱 두둑할 정도로 단순화된 믿음에 의존한다. 다른 면에서 볼 때 그것은 『문화와 사회 1780-1950』에서 검토된 사회비판가들의 목소리이기도 하다. 실제로 그 책의 열쇠는 윌리엄스가 의식적이지도 않고 주제넘지도 않게 함축적으로, 그리고 그럴 만한 자격을 가지고 자신이 추적하는 계보의 마지막 인물 또는 자신의 드라마 속의 한 등장인물로서 자기 자신을 제시하고 있다는 사실이다.

윌리엄스의 업적은 체험된 개인적 경험의 의미들을 추적하여 그것들이 방법, 개념, 전략이 되어 유기적으로 출현하고 있음을 밝힌 것이었다. 물론 이것은 무엇보다도 케임브리지에서 성장한 문학비평가인 한 사회주의 사상가에게서 예상할 수 있는 당연한 업적이다. 코드웰처럼 윌리엄스도 사회주의 비평을 구축할 재료가 전무한 상태였으며, 실제로 『문화와 사회』에서 그가 의존할 수밖에 없었던 사회전통이라는 것이 대부분 한결같은 정치적 반동의 전통이었다는 것이 이러한 재료 부족에서 기인하는 냉엄하고 아이러니한 사실이다. 윌리엄스가 접할 수 있었던 영국의 마르크스주의는 지적으로 부적절한 것에 지나지 않았으며, 실상 영국 사회 내에서 마르크스주의 비평이 생겨난다면 그 원인 중의 하나는 윌리엄스가 자신의 시대에서는 그것을 거부해야만 했다는 사실이 될 것이라는 역설에 직면할 수도 있을 것이다. 따라서 그는 실질적인 협력이나 제도적인 지원 없이 자신의 개인적인 자원만을 이용해서 거의 독자적으로 그의 업적을 이룩했다. 이 줄기찬 일편단심의 노력 끝에 나온 산물이 영국 역사상 가장 시사적이고 복잡한 사회주의 비평—영국에서는 조금이나마 비교될 수 있는 것조차 없으며, 비교해서 평가하자면 루카치Lukàcs나 벤야민Benjamin 혹은 골드만Goldmann의 미학에 관한 저작에 비견될 수 있는 비평—이었다. 영국의 마르크스주의 비평 가운데 윌리엄스의 저작이 주는 압박을 회피해 온 것이 있다면 그런 비평은 그 스스로가 심각한 결함이 있고 불완전한 것임을 보여주고 있다고 말해도 지나치지가 않다. 윌리엄스는 영국의 선구자이며, 모든 선구자들이 그런 것처럼 이제는 그로 인해 말할 수 있게 된 사람들의 비판을 감수해야 한다. 여기서 나의 개인적인 견해를 덧붙이자면, 나는 운 좋게도 수년 동안 그의 동료로서 윌리엄스와 가까이서 같이 일했으며, 그와 아주 흡사한 사회적 변화를 겪었다. 앞으로 전개되는 어쩔 수 없는 냉엄한 비판들은 그와 같은 동료애와 신의의 정신에서 비롯된 것이다.

비록 코드웰에게는 전통이 없었지만 윌리엄스에게는 전통이 전적으로 없었던 것은 아니다. 본질적으로 그와 관계가 되었던 것은 『스크루티니』지였다. 물론 그는 『스크루티니』지가 택한 정치적인 결론들을 거부했으며, 그것들이 당시 눈에 거슬리도록 조야한 형태로 출현하기 훨씬 이전부터 그것들을 인식하고 맞서 싸웠다. 그러나 『스크루티니』지 비평의 '현상학적'인 토대는 아주 각별하게 그와 직접적인 관련성을 갖고 있었다. 웨일즈의 노동계급에 속하는 부모의 아들로 태어나 아주 친밀하고 든든하게 뒤를 받쳐주던 농촌을 떠나 케임브리지 대학에 들어온 그에게는 계급 · 문화 · 정치 · 교육의 문제들이 자연스럽게 개인 '정체성'의 문제 자체와 분리될 수 없는 개인적인 문제로 제기되었다. 그는 그의 독특한 사회적 변화를 겪으면서 사회구성체의 해묵은 모순들 중 몇몇—프롤레타리아트/부르주아지, 지방/대도시, 농촌/도시, 그리고 같은 소유지 내에서의 농업노동과 산업노동의 분리—을 유별나게도 '전형적'으로 지니고 있었던 인물이 되었다. 왜냐하면 그의 가족상황이 두 형태의 일을 모두 포괄하고 있었기 때문이다. 따라서 『스크루티니』지가 강조했던 공동체, 전통, 도덕적 가치 그리고 '체험된 것'의 중요성은 개인의 정체성 문제들을 탐구하고 정치적으로 일반화시킬 수 있는 지적인 용어들로 제시되었다. 극과 관객 사이의 관계를 서술하고 있는 '감수성의 공유'나 '과정에의 동참'과 같은 개념에 의존하는 극에 관한 그의 초기 저작은 직접적으로 『스크루티니』지의 신세를 지고 있었다. 그러나 바로 이러한 이유로 해서 그는 더 깊이 나아갈 수 없었으며, 그가 추구하는 것의 특질을 다룰 수가 없었다. 부분적인 '단절'이 『문화와 사회』와 더불어 발생했는데, 이 저서에서 윌리엄스는 아직 여러 가지 점에서 보아 리비스적인 관점이라 할 수 있는 것을 『스크루티니』지의 정치적 입장과는 근본적으로 적대적인 '사회주의 휴머니즘'으로 확대 · 연결(그의 저술에서 특징적으로 나타나는 용어들이다)시키려 하고 있다. 실제로 그 저작에서 윌리엄스가 한 일이란 그의 손 가까이에 있으면서 유일하게 존립하고 있었던 전통—19세기 영국 낭만주의의 '급진적-보수적' 계보—을 취해서 그것으로부터 '사회주의 휴머니즘'에 접목시킬 수 있는 '급진적' 요소들을 추출해내는 것이었다. 말하자면 그 추출된 '급진적' 요소들—전통, 공동체, 유기체, 성장, 정체성, 연속성 등등—은 그것들과 마찬가지로 조합주의적이고 진화론적인 노동당주의의 언술과 연결되어 있어서 전자의 유기체론은 후자의 유기체론을 재생산하고 다듬었다. 따라서 그의 저서는 19세기 부르주아 계급이 그들의 목적을 위하여 낭만주의의 '급진적-보수적' 이데올로기를 이용했던 것을 재현했다. 다만 이번에는 목적이 사회주의적인 것일 뿐이었다. 물론 이것이 가능했던 이유는 노동계급의 운동이 역사적인 사실로 보아 당시 문제시되던 칼라일적 · 러스킨적 이데올로기에 크게 물들어 있었기 때문이었다. 마치 19세기 영국에 있어서 그 전통이 산업 부르주아 계급의 이데올로기적 지주로 이용되게 되었듯이, 그 전통을 '재발견하여' 이데올로기적으로 빈약했던 노동운동에 그것을 풍요로운 도덕적 · 상징적 유산으로 제공하는 것이 그 저서의 한 내용이었다. 물론 이 계책은 낭만주의의 이데올로기와 노동당 정책의 이데올로기 둘 다 부르주아 계급의 패권주의와 부분적으로 상충된다는 사실 때문에 가능했다. 그러나 그들이 서로를 받아들이는 것이 가능했던 것은 바로 이 부분성 때문이었다. 둘 가운데 어느 전통도 부르주아 계급이 쥐고 있는 국가권력에 완전히 적대적이지는 않았다. 즉 전자는 정치적 분석을 최악의 '인간적' 결과들에 대한 도덕주의적이면서도 관념주의적인 비판으로 대치함으로써 그 부르주아 국가권력을 보존하고, 후자는 부르주아 국가권력 내에서 안주하려 했다. 그러므로 그 저서에서 윌리엄스가 추구한 것은 매우 확고한 정치적 반동의 전통으로부터 이끌어낸 가치와 상징들을 노동운동의 개혁주의에 제공함으로써 그 개혁주의를 신성화시키고, 도덕적 · 문화적 정통성의 새로운 수준으로까지 끌어올린 것이었다.

『문화와 사회』는 그 웅변성과 현실참여성에도 불구하고 실제로는 관념주의적이고 학문주의적인 기획이었다. 이 저서는 그것이 다루는 전통의 반동적 성격에 대해 계획적으로 무관심을 나타냄으로써만 그 명제를 유지할 수 있었다. 여기에서 이 무관심은 특정 작가들(특히 칼라일, 아놀드, 로렌스)의 작품들을 근본적으로 편협하고 왜곡되게 독서하는 데서 분명히 드러난다. 즉 이 작가들은 그들의 진정한 이데올로기적 위치에서 축출되고 선별적인 인용과 감상적인 그릇된 개념에 의해 조작되어 '사회주의 휴머니즘'의 대의명분에 짜 맞추어졌다. [윌리엄스는 또 다른 곳에서 코베트,역주13 디킨즈, 러스킨, 모리스, 로렌스 중 러스킨을 제외하고는 모두가 도덕적 온정주의에 반대했다고 쓰고 있는데, 그의 판단은 아주 부정확한 것이었다.][5] 결과적으로 부르주아적 이데올로기의 전통이 지니고 있는 '진보적' 요소들(윌리엄스가 '휴머니즘' 입장에서 일관성 있게 반대해 왔던 개념)은 한두 가지 개별적인 예외를 제외하고는 무시되었다. 더욱 더 근본적이고 치명적인 것은 '문화' 자체가 '이데올로기적' 용어라는 사실이 간과되었다는 점이다. 초기 신좌익The New Left의 특징적인 방식으로 윌리엄스의 저작은 생산양식, 사회관계, 윤리적 · 정치적 · 미학적 이데올로기들을 위태하긴 하지만 한데 융합하여 '문화'라는 공허한 인류학적 추상물 속에 함몰시키는 방향으로 나아갔다. 이렇게 함몰시키는 것은 사회구성체를 '순환적인' 헤겔적 총체성으로 환원시키고 정치적 전략을 그 발생단계에서 말살시킴으로써 실제적인 중요성의 위계질서를 폐기할 뿐만 아니라, 필연적으로 그 구성체를 '과도하게 주관화하게' 된다.[6] 왜냐하면 결과적으로 모든 구조들이 '체험된 것'의 조직체들 속에서 함께 증류되기 때문이다. 다시 말하면 모든 구조들이 공유하고 있는 것은 그것들이 모두 경험된다는 사실이므로 경험의 동시성은 구조들의 진정한 '동시성'을 보장하게 된다는 것이다. 『문화와 사회』라는 제목은 『공동사회와 이익사회』*Gemeinschaft und Gesellschaft*의 일종의 무의식적인 번역이라는 점이 지적되어 왔다. 그러나 윌리엄스는 그러한 비교를 통해서 생생히 드러나는 '문화'의 이데올로기적인 의미를 감지하고 있지 않다. 윌리엄스는 비록 리비스나 엘리엇과 같은 사람들에게서 나타나는 문화의 정치적 경향성에는 민감했지만, 이 '중립적인' 범주(문화)에 가해져 온 이데올로기적인 오용으로부터 그 범주를 '구원하는' 것이 가능하다고 여전히 믿고 있는 것 같다. 바로 이 때문에 윌리엄스는 이데올로기적으로 '결백한' 문화에 관한 정의로서 '전체적 생활양식 속의 제 요소들 간의 관계 연구'를 제시할 수 있는 것이다.[7] 유기체론적인 것과 생태학적인 것 사이의 거리는 그가 생각하는 것보다 훨씬 가깝다. 『문화와 사회』는 하나의 전통을 '자리매김하는' 가운데 스스로를 그 전통 내에 위치시키는 저작이며, 이 저작에서 나타나는 노동당주의와 문학적 이상주의가 교배하여 이룬 잡종은 그 저작이 비판적으로 평가했던 바로 그 역사의 산물이다. 따라서 그 저작이 제시하는 '해결책'은 바로 그 자체가 문제였다.

하나의 계급 이데올로기(연대)를 또 다른 이데올로기(이기적 개인주의)에 대립시키면서 노동운동의 기본 문화가 사회 전체에 서서히 확산되는 것으로서의 민주주의를 주장했던 까닭에 자유주의적 지식인들이 『문화와 사회』에 그렇게 열광적으로 반응을 나타냈다고 해서 이상할 것은 하나도 없다. (덧붙여 말해서 윌리엄스가 성숙해감에 따라 그들이 더욱 야비해지고 멍해진 것도 무리는 아니다.) 윌리엄스가 『커뮤니케이션즈』*Communications*에서 떨쳐버렸던 '어떤 특정 시점에서 상상되는 제도의 파괴와 혁신'은 '장구한 혁명' The Long Revolution이라는 계산된 모순어법 속에 요약되는 고전적인 '중도파적' 입장—즉 '참여'를 확산시키는 점진주의적이고 유토피아적인 관점—에 의해 반박된다. 정치적 점진주의는 인식론적인 관념론과는 불가분의 것이었다. 왜냐하면 만약 의미와 가치들이 물질적 생산과 동일한 차원에 놓이게 된다면 사회변동의 '과정'은 그 의미들을 변화시키는 불가피하게 복잡하고 지지한 것이 되기 때문이다.[8] 만일 '사회과정 전체'('순환적' 총체로 간주되는)가 관련된다면 그 복잡성과 지연성은 더 심해진다. 그러나 이것뿐만이 아니다. 예술의 경우와 마찬가지로 복잡한 역사적 연속성을 유지하고 이미 발전된 관습 속으로 새로운 현실을 흡수시키는 것이 또한 문제이다. 새로운 예술작품은 '우리의 전체 조직 속에 짜 맞추어져야 한다'[9]는 것이다. 윌리엄스가 특징적으로 강조했던 것은 주어진 의미들을 부수고 뒤엎는 예술보다는 그 의미들을 공고히 하는 예술이다. 따라서 『장구한 혁명』*The Long Revolution*의 관념론적 인식론, 유기체론적인 미학, 그리고 조합주의적 사회학은 논리적으로 서로 조화를 이루고 있는 것이었다.

위의 세 가지 모두의 근원은 일종의 낭만적 대중주의였다. 윌리엄스의 정치적 점진주의는 '새로운 가치와 의미들'을 '현재'에 새롭게 창조해내는 개개인의 능력에 대한 깊은 신뢰에 의존한다—그러한 의미와 가치들(미래의 어떤 불특정한 시점에서?) 사회주의에로 확대될 것이다. 윌리엄스는 실제로는 혁명적 폭발에 의해서만 '가능한' 새로운 가치들의 창조를 현재에 대한 서술이라고 재해석했다. 실제로 사람들이 그러한 의미들을 현재에 창조할 '능력'이 있다는 것일 뿐만 아니라, 단순히 살아가면서 아무 때고 창조하고 있다는 것이다. 보수주의적 냉소론자와 자유주의적 회의론자에 대항하여 훌륭한 논쟁적 효력을 발휘하는 이 인간 능력에 대한 아낌없는 존경심은 필연적으로 선진자본주의적 구성체들의 구조에 대해 근본적으로 그릇된 인식을 남겼다. 왜냐하면 '공동문화'의 '필요성'에 대한 윌리엄스의 믿음은 그 문화가 현재 '실재'한다는 주장과 계속해서 상충되고 혼돈되기 때문이었다. 그러나 그러한 주장은 비록 억눌리고 부분적인 형태이기는 하지만 그가 철회할 수 없는 주장이다. 그가 이 주장을 철회한다면 그것은 바로 그의 출신계급을 비웃고 격하시키는 평가에 굴복하는 것이 되기 때문이다. 이것은 '문화는 평범하다'culture is ordinary라는 그의 격언 속에 은밀하게 담겨져 있는 태도이다. 웨일즈에서 케임브리지까지의 자기 자신의 사회적 변화를 이야기하면서 윌리엄스는 이러한 변화가 '정상적임'을—즉 개개인이 시인, 학자, 학교 선생이 되어 지역 공동사회로부터 이동해 나가는 것이 관례적인 일임을—강조했다.[10] 그러한 이동을 불가능하게 만드는, 즉 계급에 따라 교육을 달리해야 한다는 교육제도에 대항한 정치적 논쟁이 대중주의적 주장으로 바뀐 셈이었다. 윌리엄스는 때때로 상대방을 무력화시키는 패권을 쥔 세력에 반대하면서 동시에 그 존재를 부인해야만 하는 모순적인 입장을 교묘하게 드러냈다. 그러한 세력을 인정한다면 그것은 '보통 사람들'이 결국에는 '의미와 가치들'의 진정한 창조자가 아님을 보여주는 것이었기 때문이었다. "… 일반적인 의미에서건 혹은 어떤 구체적인 예술이나 신념에 있어서건 의미와 가치들의 창조에는 어떤 특별한 계급이나 집단만이 관련되어 있는 것은 아니다. 그러한 창조는 아무리 재능이 있다 하더라도 소수에게 국한될 수는 없으며, 실제로 그렇게 한정되어 있지도 않다. 즉 어떤 특정 시대의, 한 민족의 구체적 삶의 형태가 지니고 있는 의미들은 그들의 공동 경험 전체로부터, 그리고 그 경험의 복잡한 전반적인 연결관계로부터 나온 것 같다."[11] 여기에 대해 간단히 응답하자면, 사실은 그러한 계급과 집단들이 있으며, '공동 경험'의 '의미와 가치들'이 대부분 '그들의' 의미와 가치들이라는 사실에서 그들의 유효성이 입증된다는 것이다.

윌리엄스의 사고 속에 존재하는 이러한 혼란의 세 가지 뚜렷한 예들이 검토될 수 있다. 첫 번째 예는 잘 알려진 대로 그가 '대중'이라는 개념을 거부하고 있다는 점이다. "실제로 대중은 존재하지 않는다. 단지 사람들을 대중으로 보는 방식만이 존재할 뿐이다."[12] 윌리엄스는 그가 보기에 냉소적이고 조작적인 추상으로 생각되는 것에 대항하여 '일반 사람'을 변호하는 가운데 혁명적 투쟁의 이론적 도구를 자유주의적 인도주의라는 보잘것없는 것과 바꾸었다. 왜냐하면 산업자본주의에 의해 개개인이 모여 대중을 이루는 것이 그들의 정치적 해방을 위한 중대한 조건이기 때문이다. 분명한 것은 윌리엄스가 '대중'의 부르주아적 정의를 거부하는 가운데 그것과 함께 대중의 혁명적인 정의도 단호하게 거부했다는 점이다. 선남선녀들이 이제는 진정 고유의 특성을 지닌 개인들이라는 것이 윌리엄스의 (반대할 도리 없는) 주장이었다. 그러나 이것은 사람들이 그들의 완전한 개인적 인간성을 성취하기 위해서는 뭉쳐서 투쟁해야 된다는 정치적 사실에 대한 인식을 희생하고 얻어낸 주장이었다. 그 주장이 이론적으로 빈약하다는 것을 드러내 보이려면 윌리엄스의 진술을 "실제로 계급은 존재하지 않는다. 다만 사람들을 계급으로 보는 방식만이 존재할 뿐이다"라고 고쳐보기만 하면 된다. 실제로 윌리엄스 자신이 『장구한 혁명』에서 "우리는 개인들을 특정 계급이나 민족 혹은 인종으로 무리지어 구분할 수 있으며, 그것은 개인들을 개별적인 존재로 인식하기를 거부하는 한 방식이다"[13]라고 주장했을 때는 그런 식으로 다시 고쳐 쓴 것이나 다름없는 것이다. 대중과 마찬가지로 계급도 보는 방식에 따라 꾸며진 것으로 보였다. 따라서 하나의 시각을 다른 시각으로 대치하는 것이 요청되었던 것이다.

윌리엄스의 두 번째 소설 『제2세대』*Second Generation*의 첫 부분에도 이와 비슷하게 '정치적 현실'과 '본질적 휴머니티'를 혼동하는 예가 발견된다.

> 오늘 시市 중앙도로 가운데 서 있으면 양쪽 길을 다 볼 수 있다. 서쪽으로는 성당의 첨탑과 대학의 탑들을 볼 수 있고 동쪽으로는 자동차 공장의 구내와 차고들을 볼 수 있다. 서로 다른 세계를 보는 것이지만 경계가 없다. 단지 한 도시에서의 이동과 통행만이 있을 뿐이다.[14]

육체적 노동과 지적 노동의 구분은 현실적인가, 그 '단일한' 도시가 실제로 구분되어 있는가, 아니면 그 도시는 정말로 하나의 도시이며 노동의 구분은 외형상의 현상에 불과한 것인가? 물론 소설에서 명백하게 밝혀지지만 그것 이상의 것이 있다. 그렇지만 도시의 '본질적'인 통일성에 대한 강조는 중요한 것을 드러내 주고 있다. 서로 다른 세계가 존재하지만 오직 하나의 세계만이 있을 뿐이다. 실제로는 경계가 존재하지만(시 중앙도로 그 자체) 그러나 경계가 전혀 없다. 물론 이것은 한 '도시'에서 충분히 가능하다. 그러나 그 지형적인 이미지는 실재적인 모순을 용이하게 해결하고 있다. 왜냐하면 윌리엄스는 구분이라는 사회적 현실을 역설하는 동시에 '보편적 공통 인간성'의 관점에서 구분의 '인위성'을 강조하고 싶었기 때문이다. 이와 유사한 은유적 수법이 그 소설의 마지막 장에서도 나타나는데, 거기에는 웨일즈의 산으로부터 잉글랜드로 불어내려와 대학과 자동차 공장을 구분하지 않고 다 스치고 지나가는 바람이 묘사되어 있다. 그 바람은 경계를 모른다. 그 바람의 움직임은 본질적으로 서로 다르고 분리되어 있는 소설 속의 장면들을 하나의 풍경으로 묶어주는 통일성의 움직임이다. 그 소설은 분열되고 갈라진 것으로 보이는 사회가 '본질적'으로 하나라는 일체감 속에 포함된다는 관찰로 끝나는 것이다.

그 경계가 얼마나 '현실적'인가 하는 것은 윌리엄스의 작품 속에서 시종일관 분명하게 드러나 있지 않다. 이것이 그의 가장 중심적이면서도 가장 불분명한 은유이다. 어떤 면으로는 웨일즈와 케임브리지, 자동차 공장과 대학, 시골과 도시, 민주적인 것과 지배적인 것, 공동체적인 것과 개인주의적인 것을 갈라놓는 경계가 분명히 그곳에 존재하고 있다. 그러나 이제는 사회구성체가 원칙적으로 단일한 '문화'이기 때문에 경계는 비현실적인 것이며, 어느 쪽에서건 건널 수가 있다. 이것은 '수평적인' 경계에서 '수직적인' 경계로의 전환—즉 하나의 '문화'를 다른 문화로부터 분리시키는 것이 아니라, 수백만 사람들의 '공동적 삶'인 그 총체적인 문화를 그 사람들 위에 군림하는 패권을 쥔 이질적인 계급으로부터 분리시키는 것—으로 생각될 수 있다. 달리 말하면 그것은 한 면으로는 '현실적'이지만 다른 면으로는 '비현실적'인 경계, 즉 지배적인 문화가 전통적인 공동체에 침투하고 오염시키는 것을 막을 만큼 현실적이기는 하지만, 그 공동체로부터 전체 사회로 넘어가는 것이 옳고 적합하다는 의미에서는 비현실적인 경계로 생각될 수 있다. 이런 점에서 자신의 첫 번째 소설인 『변경지방』*Border Country*의 구성에 대한 윌리엄스 자신의 언급은 흥미롭다. 그는 소설에서 철도 신호원으로 등장하는 해리 프라이스Harry Price가 자기 아버지의 초상이라고 생각하는 독자들은 틀렸다고 쓰고 있다. 그가 실제로 한 일은 그의 아버지의 특성들 가운데 일에 몰두하는 특성은 프라이스라는 인물로 그려내고, 한곳에 정착하지 못하는 사회적 유동성의 특성은 상인이자 정치가인 모간 로써Morgan Rosser라는 인물로 그려낸 것이다. 그는 이러한 가치 구분의 이유는 그가 자신의 아버지에게서 관찰한 하나의 내적 갈등이라는 것의 복합성을 최대한도로 극화시키기 위해서는 하나의 '관계'가 필요하기 때문이라고 주장한다.[15] 윌리엄스가 자신의 의도를 잘못 알려주고 있다는 것을 제시하려는 것이 결코 아니다. 그러나 소설 속에서의 이러한 특성 구분은 프라이스를 로써가 보여주는 칭찬할 만한 것이 못 되는 속성들로부터 분리시켜 그가 농촌공동체의 최상의 가치들을 대표하는 매우 훌륭한 인물임을 보여주는 결과를 가져다 주었다는 사실은 분명하다. 두 개의 서로 모순적인 가치체계 사이의 '경계'가 공동체 내에 내화內化되었다. 분명히 맞는 말이다. 그러나 그 경계가 그 공동체의 대표 인물의 내부에서 내면화되는(역사적으로 정확한) 정도에까지는 이르지 못했다. 해리 프라이스가 그렇게 '이상화된' 인물인 만큼 그 '경계'는 패권을 쥔 문화로부터 그가 구현하는 가치들을 보호하는 데 작용하였다. 그 경계는 그것을 넘어 움직였던 프라이스의 아들에게만 내적인 한계로서 드러났다. 이러한 의미에서 『변경지방』은 윌리엄스의 대중주의의 특징으로 나타나는 '공동'의 의미와 '패권적' 의미들 사이의 환원적인 이원적 대립을 표출시켰던 것이다.

내가 정의 내리려 하는 그 모순은 『현대의 비극』*Modern Tragedy*에서는 또 다른 모습으로 노출된다. 이 책에서 윌리엄스는 비극의 개념과 관련해서 밀접하게 연관된 두 가지 주장을 내세웠다. 첫째는 비극이라는 것이 엘리트의 전유물, 즉 특별하고 비범한 사건이나 형이상학적 사건, 또는 필연적으로 '세계사적' 행위가 아니라는 것이다. 비극은 인간사회가 보여주는 삶의 평범한 구조 속의 한 부분이다. 즉 왕자의 죽음뿐만 아니라 광산사고, 좌절된 인생, 교통사고 등도 비극이라는 것이다. 윌리엄스의 두 번째 주장은 견딜 수 없는 상황을 변화시키기 위해 투쟁하는 인간의 행위에 의해 비극이 역사적으로 극복될 수 있다는 것이었다. 즉 우리는 지금 이 순간에도 전체 지구적 혁명의 긴 비극적 행위 가운데 놓여 있다는 것이다. 이 두 가지 주장은 다 윌리엄스의 휴머니즘 속에 깊이 뿌리박고 있는 것으로, 첫 번째 것은 귀족적이고 학자연하는 사람들이 빈틈 없이 독점하고 있는 미학 개념을 유익하게 '민주화하는' 것이고, 두 번째 것은 그 개념을 필연적으로 정치화하는 것이다. 그러나 이 두 주장은 서로 양립될 수 없다. 만약 '비극'이라는 용어를 세력들 간의 '세계사적' 갈등에 국한시킨다면 그런 갈등을 역사적으로 극복하는 것은 물론 가능하다. 그러나 동시에 비극의 개념을 평범한 경험을 부분적으로 우연하게 침해하는 것으로 돌린다면 (그런 것들도 역시) 절대적으로 극복될 수 있을지는 지극히 의심스럽다. 다시 한 번 윌리엄스의 관대한 '민주적' 충동은 그 자신의 정치현실에 대한 견해와 적어도 부분적으로나마 상충되고 있는 것이다.

윌리엄스의 초기 저작이 지닌 의의는 분명했다. 즉 '공동 문화'는 어떤 의미에서는 이미 존재하고 있는데, 다만 '폭력과 기만에 의해' 방해받고 있다는 것이다.[16] 사실 인간은 그들의 의미와 가치들을 공동으로 창조하지만 이 공동의 과정은 정치적 패권의 개입에 의해 저지되고 분열되는 것이다. 이 명제는 '공동'이라는 개념에 있어서의 '사실'로부터 '가치'로의 논리적 비약을 내포하고 있다. 왜냐하면 개인들이 그들의 가치를 함께 창조한다는 주장이 반드시 공동적인 가치를 창조한다는 주장은 아니기 때문이다. 또 그것은 패권을 쥔 계급에 의해 위로부터 사회구성체에 강요되는 단일한 세계관으로 이데올로기를 환원시키는 소박한 역사주의적인 이데올로기 개념을 수반하고 있다. 만약 이데올로기만 없다면 '수백만의 행동'의 도움을 받아 '참여'를 향해 점차적으로 확대되는 운동은[17] 방해받지 않고 사회주의에로 나아갈 것이다. 그래서 사회주의는 단순히 부르주아 민주주의의 '연장'에 불과하게 된다. 그런데 윌리엄스가 그람시Antonio Gramsci를 통해 더 복잡한 헤게모니 개념을 발견함으로써 이제는—마침내—그런 설명도식을 거부했다는 점을 아울러 덧붙여야겠다.[18]

윌리엄스에게 잔존하고 있는 대중주의는 또한 그가 사회구성체를 계속해서 과도하게 주관화하는 근저에도 자리 잡고 있다. 로렌스적인 형이상학에서 심오한 영향을 받은 그는 항상 감각과 지성의 '온전함'을 높이 평가했는데, 이는 사회의 이미지에 수차례 은밀하게 스며든 유기체론자의 은유인 것이다. 이는 마치 사회—'보통의 남녀들'—가치와 개념들이 구체화되는 감각적인 육체라는 것과 같은 것이다. 이때 개념들의 타당성은 구체적 존재에 대한 직접적인 관련, 즉 감각적 삶 안에서의 그들의 직접적인 위상位相에 달려 있는 것이다. 만약 이성적 추론이 체험된 경험으로부터 유기적으로 나오지 않는다면 이것은 의심스러운 것이 될 수 있다. 그리고 이런 진부한 영국의 경험주의가 윌리엄스의 저작을 관류하고 있는데, 이는 『스크루티니』로부터 물려받은 것이며, 무엇보다 데이비드 흄David Hume역주14에 대한 그의 찬미를 설명해 주는 것이기도 하다—그렇지 않았더라면 흄은 윌리엄스가 인정할 만한 인물이 못 되었을 것이다.[19] 비평가 중에서 지적으로 가장 진지하고 헌신적 비평가인 윌리엄스에 대해 역설적일지는 모르겠지만, 그의 저작은 말로 나타나지 않은 반지성주의의 경향을 드러내 준다. 이것은 마르크스주의와의 논쟁에 있어서 그로 하여금 과학성을 실증주의와 혼동하게 하는 구실을 했으며, 윌리엄스를 『스크루티니』의 가장 근시안적인 양상들과 연결시킬 뿐만 아니라, 루카치와 프랑크푸르트 학파의 낭만주의적인 '반과학주의'와도 연결시킨다. 루시앙 골드만의 저작에 대한 찬사를 쓰면서 윌리엄스가 한 말은 의미심장하다. "내가 (골드만의 저작이) 이단적이라고 비난을 받았다는 사실과 또한 그것이 헤겔 좌파, 좌익 부르주아의 관념론 등으로의 복귀였다는 사실을 동시에 알게 된 것이 나를 붙들어매지는 못했다고 생각한다. 교회에 속해 있지 않을 때는 이단에 대해 걱정할 필요가 없다. 유일하게 진정한 관심은 실제적인 이론과 실천인 것이다."[20] 안도

감을 느낀 자유주의적 독자가 여백에 찬성의 표시를 해놓은 것을 보는 듯하다. 만약에 윌리엄스가 실제로 마르크스주의 전통 안에서 골드만의 위치를 평가하는 이론적 과업에 실제로 관심이 없다면 그는 관심을 가져야만 한다. 경쾌하게 실제적 과업으로 실용적 선회를 한다는 것(무엇이 되었건 간에 그 '실제적 이론' 속에 다 포함되는 것)이 분석을 대체할 수는 없는 것이다. 그것은 13년 전에 『문화와 사회』에서 사용된 수법을 똑같이 반복하는 일이다. 그때 윌리엄스는 마르크스주의 미학의 한 중요한 논의의 복잡성을 검토하면서 마치 패했다는 듯이 두 손을 들면서 자신의 자유주의적 독자들의 낯 찌푸린 망연함과 타협하려 한다. "이것이 마르크스주의자가 아닌 사람은 해결하려고 들지 않을 논쟁이다."[21]

윌리엄스의 두 편의 소설의 중심에 지적인 자기 회의에 빠진, 즉 분석하려는 대상에 대한 자신들의 '경험적' 친밀성으로 인해 자기 회의에 빠진 노동계급 출신의 역사가나 사회학자(『변경지방』의 매슈 프라이스, 『제2세대』의 피터 오웬)가 있다는 것은 우연한 일이 아니다. 그 소설들이 그러한 자기 심문을 뒷받침하고 있다는 것은 의문의 여지가 없는데, 그것은 바로 부르주아 실증주의의 사회학적인 방법들을 똑같이 부르주아적인 '현상학'으로 반박하는 것이다. "우리의 사유는 우리가 살고 있는 곳에서 시작된다"는 말은 윌리엄스의 한 논문의 서두를 여는 표징적인 귀결이며,[22] 그 논지는 매우 귀중하다. 그러나 그것은 그러한 개인적 삶을 불가피하게 괄호 안에 묶을 수밖에 없는 보다 중요한 사고양식을 무시해 버린다. 이 명제의 강점과 약점은 그 자신이 만들어 낸 '감정의 구조'라는 개념에서 분명히 드러난다. '감정의 구조'는 한 사회구성체의 심리적 '배경'과 그 구성체에서 산출된 예술작품 속에 구현된 관습 사이를 매개해 주는 범주로서 작용하는, 분명하지만 눈에 보이지 않는 가치들과 인식들로 이루어진 조직체이다. 사실상 이 개념이 지칭하는 것은 이데올로기이다. 그러나 다른 경우에서와 마찬가지로 여기에서도 윌리엄스가 객관적으로 존재하지 않거나 혹은(현재 사용되는 이데올로기에 대한 정의들과 마찬가지로) 이론적으로 부적절한 기본 범주들을 개인적으로 재발견하고 있다는 것은 그의 독창성의 한 징표이다. 『디킨스에서 로렌스까지의 영국 소설』*The English Novel from Dickens to Lawrence*은 이 개념을 가장 잘 이용하고 있다. 왜냐하면 윌리엄스에게 있어서 소설은 인간이 새로운 형식과 리듬을 발견하고, 인식과 관계들의 살아 있는 본질 속에서 사회변화의 내용을 파악하고 재구성함으로써 새로운 경험을 습득하고 흡수할 수 있는 매체들 중의 하나이기 때문이다. 그러나 '구조'와 '감정' 사이에 놓인 계산된 긴장은 그의 사고의 한계를 드러내 주는 것이기도 하다. 왜냐하면 호가트Hoggart의 『문자해득의 옹호』*The Use of Literacy*와 같은 단순히 경험주의적이거나 현상학적인 방법들을 뛰어넘으려 노력하는 가운데, 즉 감정의 '복합체'라는 개념을 넘어서 감정의 '구조'에 도달하고자 함에도 불구하고 그는 그 구조를 정확하게 표현해 줄 이론적 용어들을 결여하고 있기 때문이다. 따라서 '감정의 구조'는 단순한 '패턴'의 지위로 격하되어 버린다. 바로 이러한 이유로 인해서 『장구한 혁명』의 마지막 부분에서 시도된 영국 자본주의에 대한 구조적 분석이 가장 기본적인 방법마저 상실한 채 언어습관에 의한 인상주의적 언급으로 흐르고 만 것이다.

"우리의 사유는 우리가 살고 있는 곳에서 시작된다." 윌리엄스 사고의 한계는 실로 그의 세계의 한계였다. 왜냐하면 그의 저작을 손상시킨 대중주의와 개혁주의는 분명 어느 한 정치적 시기가 낳은 산물이기 때문이다. 윌리엄스가 착수했던 지적 종합은 혁명적 전통의 결여와 노동계급 이데올로기의 희박성에 의해 그에게 강요된 것이었다. 윌리엄스가 속했던 초기 신좌파운동은 스탈린주의와 개혁주의 사이에서 고립되고, 정치적으로 침묵을 지키는 노동계급으로부터 개인적으로나 이론적으로 분리된 채 객관적인 정치적 '불화'(헝가리나 수에즈 사태와 같은)에 대응하여 자신의 절충적인 이론과 전략을 엮어나갈 수밖에 없었다. 그러한 과정에서 윌리엄스가 '문화와 사회'의 계보를 재발견한 것이 중심적인 역할을 했다. 이는 노동운동이 지닌 가치의 정신적 회복이었으며, 노동운동의 정치적 무력함에 대한 도전이라고 간주되었던 것이다. 그러나 내가 주장했듯이 그러한 도전은 사실상 그 무기력한 이데올로기적 원인들에 신화적이고 상징적인 강력한 지위를 부여하면서 그 원인들을 재생산했을 뿐이었다. 그 당시의 대중적 노동계급 투쟁의 결여(이 결여는 핵 군축운동이라는 소시민적 대중주의가 대신 채워 주었다)와 혁명 이론을 대신하는 문학적 좌익 개혁주의의 발흥은 구조적으로 그 계기가 서로 관련된 것이었다. 윌리엄스의 저작 속에서 전자의 결여가 후자를 육성하고 확고하게 해주었다는 것이 전형적으로 드러난다. 그의 정치적 구상이 지닌 관념적 경향은 좌익 개혁주의 지식인들이 노동계급과 분리된 결과였다. 그러나 또한 그것은 분리되어 있음에도 불구하고 윌리엄스의 저작을 오염시켰던 노동계급 자체의 이데올로기적 성격의 산물이기도 했다. 그의 노동계급과의 지적인 관계는 학문적으로는 소외된 관계인 동시에 이데올로기적으로는 공범관계이다. 이는 혁명적 지식인과 프롤레타리아 사이의 고전적 관계에 대한 패러디이다. 윌리엄스가 『노동절 선언문』*May-Day Manifesto*

에서 사회민주주의 정부가 "우리의 가치들을 탈취해가서 변화시켰다"라고 썼을 때, 그 무례할 정도의 도덕적 분노로 가득 찬 어조는 그런 가치들과 사회민주주의 자체 사이에 존재하는 인식되지 않은 구조적 공범관계의 작용에서 비롯된 것임에 틀림없다. 또 초기 신좌파 최후의 전략적인 '개입'(윌리엄스의 용어는 웅변적이다)으로서의 '선언문' 운동이 붕괴하리라는 것은 거의 수학적으로까지 예측 가능한 일이었다는 점을 덧붙일 필요가 있다. 신좌파의 '순환적 총체성'—'연결하고', '협동하고', '설명하고', '의사소통하고', '확장하는'—속에 함축되어 있는 생각, 즉 사회주의 조직에 대한 자유주의적인 시각은 시초부터 정치적으로 무용한 것이었다. 단지 대중매체만이 문학연구가와 현실정치 사이에 잠정적인 교차점을 마련해 줄 수 있었다. 선언문이 책으로 출판된 1968년 5월은 이 좋은 의도의 학문적 제안보다 더 중요한 정치적 순간을 알리는 신호가 되었으며, 그 앞에서 학문적 제안은 잊혀질 수밖에 없었다.

윌리엄스가 그 자신의 우회적이고 절충적인 독특한 길을 따라 활동하면서 중요한 이론적 발전을 끊임없이 선취했다는 점은 그의 지적 경력의 진기한 측면이다. 모든 전거들 가운데 영J. Z. Young을 통해서 그가 일종의 해석학적 현상학에 도달했다는 것은 새롭게 탄생하는 이론들에 대한 거의 본능적인 '예방'을 보여주는 특이하고도 별난 본보기이다. 그것은 또한 그의 '지적 지방주의'의 한 징후이기도 하다. 지방주의란 용어는 '대도시로부터의' 경멸적인 조롱을 뜻하기 때문에 그에게는 특히 불쾌하게 여겨질 수 있는 것이긴 하지만, 그 용어는 정확하면서도 전적으로 비판적이 아닌 의미로 써본 것이다. 자신의 사회가 남긴 문화적 · 정치적 유산에 윌리엄스가 놀라울 정도로 깊이 뿌리박고 있다는 사실은 그의 활동 전체에 큰 재산이 되는 동시에 부분적으로는 다른 곳에서의 지적 발전으로부터는 그를 차단시켜 버렸다. 자기 재산을 바라보듯 유럽을 건너다 보는 것, 즉 그가 독자적으로 생산한 저작에 대한 반향이 어떻게 그에게 되돌아오는지를 발견하려는 것이 그의 습관이었다. 프랑스인들이 '영원한 교육'이라고 불렀던 것은 그가 '문화'라는 말로 의미했던 것이며, 골드만의 '초개인적 구조'는 그가 '감정의 구조'라는 말로써 의도했던 것과 일치하는 것이었다. 이것은 그가 여러 번 그런 이론들에 빚졌음을 드러내놓고 인정했다는 말이 아니라, 그 '낯선' 요소들을 자신의 고유한 언어 속에 유용하려 했다는 것을 분명히 밝혀주는 것이다. 그것은 리비스와 비슷한 지적 지방주의이지만 어떤 면에서는 루카치와도 흡사하다. 한편 리비스와 루카치는 공통점이 많은 사람들이다. 윌리엄스는 이론적 관념론에서뿐만 아니라 미학적 편향에 있어서도 루카치를 닮았다. 두 사람의 광범위한 문학적 저작 가운데 '시'는 중요한 것임에도 불구하고 다루어지지 않고 있다. 초기의 『독서와 비평』*Reading and Criticism*을 제외하면 시는 윌리엄스의 저작 중에서 『농촌과 도시』*The Country and the City*에서만 다루어지는데, 거기에서도 시는 역사적 기록문서와 다름없는 것으로 격하되어 있다. 이 충격적인 시의 부재는 우연적인 것이 아니다. 왜냐하면 시는 구조적 일반성과 역사적 추상성을 다루는 데 익숙한 마르크스주의 비평 혹은 의사擬似 마르크스주의 비평의 가장 면밀한 시험대이기 때문이다. 만약에 루카치가 거의 전적으로 소설에만 전념했다면 윌리엄스는 소설과 극에 자신을 한정시킨다. 소설과 극은 미학적인 것과 역사적인 것 사이의 관계가 상대적으로 잘 표출되는 보다 명백한 '사회적인' 형식들이다. 이 두 사람의 경우에 있어서 중대한 방법론적 도전은 회피되어 있을 뿐이다. 그런데 소설형식 자체 안에서도 윌리엄스는 루카치와 같은 지방주의를 나타낸다. 이것은 조이스James Joyce에 대한 윌리엄스의 열렬한 찬사가 입증하듯이 윌리엄스가 루카치의 '모더니즘'에 대한 경직된 스탈린주의적 비난을 같이 하기 때문은 아니다. 그러나 실제의 비평에 있어서는 모더니즘을 비난하는 듯 행동하고 있다. 이런 의미에서 윌리엄스가 드러내고 있는 편향은 그가 이론적으로 주장하는 바와 전혀 일치하고 있지 않다. 마치 『현대의 비극』이 조지 스타이너George Steiner의 『비극의 종언』*The Death of Tragedy*에 대한 은연중의 비판인 것과 같이 『디킨스에서 로렌스까지의 영국 소설』은 리비스의 『위대한 전통』*The Great Tradition*에 대한 은근한 반박인 것이다. 그러나 리비스의 저서와의 유사성은 그 적대성만큼이나 두드러진다. 윌리엄스의 그 책은 '영국적인 전통'에 대한 강력한 간청이다. 물론 리비스가 말하는 전통과 똑같지 않은 것은 확실하다. 왜냐하면 [하아디Thomas Hardy와 같은] 제외되었던 부분이 집어넣어져서 그에 따라 연속성의 계통이 재조정되었고, 정치적 전제들이 리비스의 이데올로기와는 강력하게 서로 어긋나는 것이었기 때문이었다. 그럼에도 불구하고 그 저서는 다른 관점에서 '위대한 전통'을 '재기술'한 것이지 그 비평적 영역을 완전히 해체시켜 버린 것은 아니었다. 윌리엄스는 이데올로기적으로 19세기 리얼리즘적 요소에—'소설' 자체의 모범적인 요소에—사로잡혀 있었는데, 이는 루카치나 리비스에게서와 마찬가지이다. 단지 윌리엄스의 경우에는 그런 충실함이 논쟁적이라기보다는 덜 공표적이고 거의 본능적이다. 그러한 충실함의 한계는 『제2세대』에서 아주 명약관화하게 나타난다. 이 작품은 당시 사회의 '전체 사회과정'을 그리기 위해 빅토리아조 리얼리즘의 '총체화하는' 형식을 재창조하려고 시도하고 있는데, 이것은 사실상 발전된 독점자본주의 사회의 『미들마치』*Middlemarch*역주15와 같은 것이다. 물론 그렇지도 않고 그렇게 될 수도 없는 것이긴 하지만 그 소설은 장점에도 불구하고 과장되고, 추상적이며, 혼란스럽고 제멋대로이다. 따라서 윌리엄스의 『제2세대』는 루카치가 전통적인 사실주의 형식을 향수에 젖어 물화한 것에 대해 브레히트Bertolt Brecht가 내린 냉소적인 판단과 같은 것을 불러일으키는 것이다.

윌리엄스가 비평서 출판방식을 과감하게 개혁하면서 『현대의 비극』 마지막 부분으로 출판한 스탈린주의에 관한 비극인 『코바』*koba*역주16에 대해서도 이와 비슷한 이야기를 할 수 있다. 『코바』는 사실주의와 자연주의 양식과 결정적인 결별을 행하지 못했기 때문에 극으로서 실패한 작품이었다. 그 언어와 무대 기법에 있어서는 상당히 실험적이었지만, 평면적인 자연주의적 대화와 이상하리만치 느슨한 행동의 전개는 그 작품을 시극과 역사적 기록물 사이에서 이도저도 아닌 것으로 만들고 있다. 역사적 표현주의의 한 형식으로 의도된 것이 아카데믹한 서재극역주17으로 나타난 셈이다. 다시 한 번 윌리엄스의 이론적 편향은 그의 실제 감수성과 유리된 것처럼 보인다. 이것은 마치 거의 본능적으로 그의 것이 된 '영국 사실주의'가 그 한계를 넘어서려는 지적이고 풍부한 상상력을 지닌 활동과 싸우고 있는 것처럼 보인다. 이런 점에서 극에 대한 윌리엄스의 비평작업 대부분이 자연주의에서 자연주의 이후의 형식으로 넘어가는 역사적 전환기의 갈등에 찬 시기에 끊임없이 초점을 맞추고 있다는 것은 아마 우연한 일이 아닐 것이다. 이것은 마치 입센, 체홉, 스트린트베리, 엘리엇에서 보여지는 교착상태 혹은 정체된 순간이 그 자체로서 윌리엄스의 감수성 안에서 내적 긴장을 표현해 주는 수식어구 같은 느낌을 준다.

실제로 윌리엄스의 저작 가운데 극에 관한 비평이 차지하는 위치는 흥미로우며, 심지어는 당혹스럽게 하기도 한다. 극은 그의 초기 저서들 중 두 권의 주제였고(영화에 관한 것도 하나 있다), 그 이후 일관된 관심거리였으며, 지금은 그의 전문분야가 되었다. 극에 관한 비평서 한 권이 정기적으로 그의 '사회학적' 저서들 사이에 끼어들곤 했다. 그러나 그 두 종류의 연구분야 간의 관계는 알아내기가 쉽지 않다. 『공연형태로서의 극』*Drama in Performance*과 『입센에서 엘리엇까지의 극』*Drama from Ibsen to Eliot*은 『문화와 사회』 그리고 『장구한 혁명』과 간접적이고 불안정한 관계를 맺고 있다. 분명히 공통되는 부분이 있기는 하지만 두 종류의 저작들이 서로에 대해 어느 정도 일정한 상대적인 자율성을 지니고 있다는 것 또한 사실이다. 물론 극에 대한 관심은 가장 '생동감 있는' 사회적 문학형식에 대한 관심이자 학문 연구와 사회 사이에 놓여 있는 교차점이며, 따라서 사회주의 비평가에게는 분명히 매력을 끄는 것이다. 그러나 윌리엄스의 극비평이 작품 자체에 대해서는 집요한 관심을 보이지만 작품의 사회사에 관해서 어느 정도 은근하고 부수적인 관심을 보이는 데서 그 특징을 찾을 수 있다면(작품의 사회사 연구는 『장구한 혁명』의 한 장에서 다루어지고 있다), '사회학적' 저술에서는 사회적 형식과 개념들에 대해 세밀한 분석을 하고 문학을 불합리하게도 '예증적으로' 사용하는 데서 그 두드러진 특징을 찾을 수 있다. 윌리엄스에게 이론적으로 전제되어 있는 이 두 영역의 통일은 실제로는 성취되고 있지 못하다. 말하자면 어쩔 수 없이 하나가 다른 하나를 희생시키면서 '전면에 부각되고 있는' 것이다. 『현대의 비극』에 이르러서야 두 연구분야가 한 책 속에 수렴되어 있으나 여기에서도 어느 정도는 '텍스트'라기보다는 '책'의 문제이다. 즉 통일된 언술이라기보다는 공간적 병치인 것이다. 이러한 분열의 비밀은 두 가지다. 첫째, 그것은 방법론의 문제에 있어서 '좌파 리비스주의'의 내적 모순을 노출시킨다. 윌리엄스가 『스크루티니』로부터 물려받아서 아무런 거리낌 없이 『독서와 비평』에서 사용하고 있는 텍스트 분석 기법은 구조적 탐구와 개념적 언술행위에는 근본적으로 부적절한 방법이다. 그런데 바로 여기에 그 기법들의 이데올로기적 힘이 존재한다. 그러나 『장구한 혁명』에서와 같이 보다 일반화시키는 언어는 '비평적' 문체로서는 무력할 따름이다. 바로 이런 이유로 해서 윌리엄스의 저작에서는 마르크스주의 미학에 어울리는 언어가 아주 두드러지게 결핍된 상태로 나타나는 것이며, 이러한 결핍이 그의 문체에까지 영향을 미치는 것이다. 왜냐하면 '추상적인' 특질과 '구체적인' 특질들을 교묘하게 혼합시킨 그러한 문체는 일종의 언어적 혼란이며, 이것은 앞서 설명한 균열을 치유하려는 노력의 일환이었기 때문이다. 즉 개념적으로 이야기하면서도 그러한 추상성에다 경험을 통해 얻어진 설득력을 완벽하게 부여하자는 노력이었다. 실제로 이것은 윌리엄스가 문학 텍스트는 추상적으로 논하고 사회구성체는 '경험적으로' 논하고 있음을 의미하는 것이다. 따라서 마르크스주의 미학에서 생각하는 이른바 '추상'과 '구체' 사이의 관계가 전도된 것이었다.

분열의 두 번째 이유는 지적 지방주의의 문제를 다시 한 번 언급함으로써 찾을 수 있다. 실제로 윌리엄스의 저작에 있어서 극만이 '국제적인' 영역—극에서 유일하게 그는 영국인이 아닌 작가들에 대하여 상세하게 논의하고 있다—이다. 말하자면 '사회'비평은 자국 문학과 유기적으로 짝지어 놓은 채 극에는 국제주의를 도입한 것이다.

대개 '전위'예술이라고 규정지을 수 있는 것에 대한 관심은 그의 '사회적' 관심으로부터 유리되어 다른 별개의 영역 속에 폐쇄되어 있었다. 이것은 마치 극은 '본래부터' 사회적이기 때문에 그 형성의 사회적 조건에 관한 엄밀한 탐구를 도외시하고도 당연히 연구될 수 있고, 그 구조 안에 바로 사회성에 대한 보장을 지니고 있기 때문에 '국제화할' 수 있다는 식이다. 그러나 윌리엄스가 크게 관심을 가지고 있는 영문학은 전형적으로 이렇게 실험적인 종류의 문학은 아니다. 윌리엄스 자신의 의미심장한 유기체론적 은유를 사용하자면 영문학은 더 쉽게 '우리의 전체 조직에 잘 맞아들어 가는' 것이다.

지적 위치를 선점해 가는 윌리엄스의 본능에 가까운 비결은 1968년 이후 그의 발전과정에서 매우 뚜렷하게 드러난다. 『문화와 사회』에서 『현대의 비극』에 이르는 시기가 초기의 문학비평들과 부분적이긴 하지만 의의 있는 결별을 보여주듯이 이 시기의 저작은 그의 활동에 있어 완성된 국면을 이룬다고 간주될 수 있다. 『독서와 비평』, 『입센에서 엘리엇까지의 극』까지의 초기는 '좌파 리비스주의자'라는 말로 매우 적절하게 규정할 수 있다. 이 모색의 단계에서 윌리엄스는 여전히 '실제 비평'과 유기체론적인 사회적 입장을 완전한 사회주의적 분석으로까지 확장시킬 수 있는 용어체계를 발견해내야만 했다. 이 과제는 '중기'의 저작에서 수행되었으며, 그 안에서 '문화'의 개념이 문학 분석과 사회적 탐구 사이의 중요한 중개자가 되었고, 윌리엄스 작업의 사회주의적 성향이 점진주의적이긴 하지만 점차로 분명하게 형성되어 갔다. 『현대의 비극』은 『장구한 혁명』 안에 담겨져 있는 서구 사회혁명의 점진주의적 이데올로기를 보존하고 있으며, 동시에 제3세계에서의 격렬한 봉기의 현실에 대해서도 눈뜨고 있고, 이

둘 다를 '하나의 비극적 행동'이라는 개념 속에 포괄하고 있다. 이때부터 윌리엄스의 글은 서구의 사회민주주의와 좌익 개혁주의의 이데올로기적 위기에 대응하여 서서히 혁명적 전통에 참여하기 시작했으며, 반란조직에 대한 조심스럽고도 모호한 태도에도 불구하고 '중기'의 점진주의를 부분적이고 잠정적으로 초월했다. 현재 윌리엄스는 과거의 어느 단계에 있어서보다 더 마르크스주의에 접근해 있다. 이것은 논리적으로는 지속적인 진보인 것처럼 보이지만 그의 초기 입장에 대한 마르크스주의의 도전이 점차 거세질 때 일어난 일이다. 『농촌과 도시』는 농촌사회에 대한 특정 마르크스주의 입장을 분연히 거부하고 있음에도 불구하고 초기의 저작들과는 다른 정치적 세계 안에 자리 잡고 있다. 그가 써낸 가장 훌륭하고 발전 가능성이 있는 책 중의 하나인 그 저작에 대한 완전한 검토는 이 짧은 개관적인 글의 영역을 벗어나는 일이다. 그러나 이 글을 진행하는 가운데 한두 가지 중요한 점은 짚고 넘어갈 수 있다. 만약에 『농촌과 도시』라는 제목이 일종의 『문화와 사회』라는 제목의 '번역'과 같다는 말에 일리가 있다면, 그것이 또한 그 초기의 저작에 대한 비평적 검토라는 말도 일리가 있다. 『입센에서 엘리엇까지의 극』과 마찬가지로 『문화와 사회』는 '유기적인 것'에 대한 불투명한 향수—즉 윌리엄스 자신이 그 위험성을 분명히 인식하고 있음에도 불구하고 지속되는 향수—에 여전히 사로잡혀 있는 것이다.[23] '통합성', '자연스러운 성장', '총체적 과정' 등이 그 책의 전체 개념구조를 지탱하는 근본원리이다. 그러나 윌리엄스가 매우 단호하게 '유기체적' 이미지를 거부하는 대목이 있다면 그것은 그 이미지를 '농촌'사회에 적용하는 경우—즉 영국의 상실된 유기체적 공동체에 대한 『스크루티니』식의 생색내는 듯한 신화—이다. 이는 매우 당연하다. 왜냐하면 『스크루티니』의 경우 그 지적 파산은 차치하더라도, 그것이 주변에 '전원적인' 것이라고는 전혀 없는 농촌 프롤레타리아의 산물로서 얻어진 윌리엄스 자신의 성장경험의 가장 깊은 뿌리와 직접적으로 충돌하기 때문이다. 그 자신의 성장과정의 현실이 대도시에서 나온 '전원적' 신화에 의해 부정되고 그로부터 달아나게 되는 것이다. 그와는 반대로 윌리엄스는 농촌사회는 자본주의 생산력과 생산관계에 의해 매 단계마다 속속들이 물든 농촌자본주의라고 주장하는데, 이는 올바른 지적이다. 달리 말해 농촌사회는 지배적인 사회양식의 대안이 되는 고립된 지역이 아니라는 것이다. 그러나 윌리엄스가 자신의 어렸을 적 현실조건들이 산업자본주의와 통합되어 있음을 강조함으로써 그 현실조건들을 '방어하는' 것은 전혀 윌리엄스답지 않은 태도이다. 왜냐하면 그것은 다른 방식으로 그가 사용하고 있는 국지적 문화/지배문화, 노동계급/중산계급, 단결/개인주의 등의 환원적인 이원적 대립들과 결별하도록 강요하기 때문이다. 이원적 모델과 결별하는 이유는 실제로는 처음에 그 모델을 유발시켰던 바로 그 이유 속에 있다. 결별의 이유는 이미 존재하고 있는 대안적인 문화의 실제적 존재를 강조하기 위하여 '공동체'를 '개인주의'와 대립시켜 놓았듯이 농촌사회의 실재적 존재를 강조하기 위해서이다. 그러나 전원적인 것을 주장하는 부르주아 이데올로기가 농촌을 '소외시키고' '비현실적인' 고립된 지역으로 설정함으로써 농촌을 흡수했기 때문에 윌리엄스는 이번에는 농업적인 것과 산업적인 것의 모순적 '통일'을 주장함으로써 부르주아 이데올로기를 반대하는 것이다. 이때의 통일은 패권을 쥔 체제에 의해 인위적으로 분열되어 버린 '일상문화'의 '본질적' 통일을 의미하는 것은 결코 아니다. 이것은 패권을 쥔 양식 자체의 통일이며, 어떠한 것도 그 영역 밖을 벗어나 그와 무관한 것이 될 수는 없는 것이다. 농촌사회의 현실을 방어하기 위하여 윌리엄스는 어쩔 수 없이 초기의 대중주의적 관념론을 초월하는 정치언어 쪽으로 경도되었다. 초기 저작에서 때로는 '실재적' 문화로 여겨졌던 '대항' 문화가 이제는 점차 '잔존하는' 문화로 간주되고 있다.[24]

『농촌과 도시』는 그 성숙된 시기의 원숙한 결론이며, 『변경지방』의 등장인물인 매슈 프라이스를 괴롭힌 정체성의 위기로부터 마침내 자신이 벗어났음을 알게 된 시점에서 고향으로 가는 경계선을 다시 넘어서면서 윌리엄스가 쓸 수밖에 없었던 책이라는 느낌을 준다. 그가 고향집에 가서 잠시 머무를 수 있음은 그가 어느 때보다도 귀향의 정치적 의미를 확실히 알고 있었기 때문이다. 『농촌과 도시』는 윌리엄스의 마르크스주의에의 부단한 접근과 같은 맥락에서 취급되어야 한다. 실제로 이 책은 마르크스주의의 입장이 바로 논의의 항목을 구성하고 있는 유일한 저서이다. 물질적 생산이 정신적 생산을 지배한다는 것에 대한 초기의 관념론적 적대감은, 비록 역설적인 방식을 통해서이기는 하지만, 점차 진보적으로 변모되어 가고 있다. 다시 말해 예술의 '근원적인' 실재를 보존하려고 애쓰면서도 물질적 생산의 우위성을 점점 더 인정하기 시작하는 윌리엄스는 그 딜레마를 예술을 물질적 토대 그 자체와 합병시킴으로써 '해결하고' 있다.[25] 그의 초기 전략—말하자면 토대를 상부구조 속으로 통합시키는—이 전도되었을 뿐이다. 즉 상부구조가 존재한다는 사실은 마지못해 인정되었지만 예술이라는 특권적 행위는 상부구조에서 제외된 것이다. 어떤 의미에서 그가 인식하고는 있지만 명확히 밝히고 있지 못한 것은 자본주의 구성체 내에서는 특히 문학이 '토대'와 '상부구조'에 '동시'에 속한다는 사실—문학은 물질적 생산과 이데올로기 구성체 안에 동시에 존재한다는 사실—이다. 그러나 이 두 요소의 접합은 양자 중 어느 하나를 다른 하나의 것으로 환원시켜서 연구될 수는 없다. 사실상 윌리엄스의 논의는 상부구조의 '2차적' 성격에 관한 부분적인 용어상의 혼란을 보여주고 있다. 왜냐하면 '2차적'이란 말이 함축적으로 지닌 무력한 의미를 적절하게 떨쳐버리고 또 천박한 마르크스주의로 나아가는 모든 통로를 봉쇄하기 위해 그는 대신 헤게모니(패권)라는 개념을 제시하기 때문이다. 그에 의하면 헤게모니는 '이데올로기라는 그 근거 박약한 의미처럼 단지 2차적이거나 상부구조적인 것이 아니고 삶 깊숙한 곳에서 체험된 것이며, 토대와 상부구조라는 도식으로부터 도출된 어떤 개념보다도 훨씬 더 분명하게 현실적 사회경험과 상응할 정도로 사회 전체에 반영되어 있는 것이다.'[26] 헤게모니의 구조적 우위성의 지표로서 그것이 지닌 '경험적' 힘을 지적하는 것은 윌리엄스의 방법 전체에 흐르는 특징적인 것이다. 헤게모니는 깊고 충만하게 체험되는 것이며, 상부구조적인 것은 '2차적인', 즉 '불충분하게 경험되는' 것이므로 헤게모니는 상부구조적인 것이 될 수 없다. 그의 헤게모니 개념이 그 자체 구조적으로 미분화된 것이라는 사실은 이러한 혼란과 논리적으로 일치한다. 즉 그의 헤게모니는 그것의 구성요소인 경제적 · 정치적 · 이데올로기적 구성체들에 분배되지 않은 '실천, 의미, 가치의 중심 체계'인 것이다. 윌리엄스의 마르크스주의와의 관계 정립은 아직 갈등에 차 있고, 의견 일치가 안 되며, 지적으로 해명되지 못한 것이 분명하다. 그가 독자적인 방향으로 나아갈 것이냐, 아니면 마르크스주의 미학의 발전에 중요한 개인적 기여를 할 것이냐

하는 점이 아직 해결되지 못한 문제이며, 이는 앞으로 나올 그의 저서들만이 해결할 수 있는 문제이다. 왜냐하면 그의 기여만큼 중요한 것은 없을 것이기 때문이다.

이렇게 윌리엄스의 연구 중에서 가장 최근의 경우를 다루는 가운데 우리는 현재의 비평적 딜레마로 돌아오게 된다. 문학 소비가 용이하도록 하기 위하여 텍스트와 독자 사이에 놓인 거친 길을 어떻게 매끄럽게 다듬을 것인가? 당연히 대답은 그렇게 될 수 없다는 것이다. 비평이 텍스트의 산파역을 한다는, 즉 하나의 통로 구실을 한다는 신화는 폐기되어야만 한다. 그러나 폐기의 방법에는 선택할 수 있는 여러 가지가 있다. 비평의 역할을 산파역으로 보는 권위주의에 반대할 수가 있다. 다시 말해 가장 소박하게 자기 자신을 표면에 내세우지 않는 비평조차 그것이 중개하는 작품 위에 드리우게 될 간섭의 그림자를 반대할 수가 있다. 또한 텍스트와 독자 사이의 즐거운 다원적 의미 교섭을 비평의 '분석체계'라는 가시덩굴로 묶으면서 양자 사이의 의미의 관능적 유희를 봉쇄하는 억압적인 아버지로서의 비평도 있다. 또한 간단히 말해서 『텔켈』*Tel Quel*역주18 그룹의 특징인 텍스트와 독자의 '자유의지주의' 같은 것도 있다. 이는 자유의지를 존중하는 다른 모든 주의와 마찬가지로 운명적으로 부르주아적 사회관계의 반영으로 바뀌고 만다. 그러나 또 다른 폐기형식이 있는데, 그것은 궁극적인 의미부여자를 폐위시킴으로써 뒤따르는 어떤 해방의 순간에 정착하지 않는 것이다. 즉 신이 정말로 죽었다는 사실을 받아들인다면 구태여 니체를 부활시킬 필요는 없는 것이다. 왜냐하면 그러한 폐기방법들의 준거점은 니체와 같은 사람들의 '항상 타당하다고 여겨져야 하는' 무신론이 아니라 마르크스의 '당연하게 여겨지는' 무신론이기 때문이다. 비평은 텍스트에서 독자로 가는 통로가 아니다. 비평의 임무는 텍스트의 자기 이해를 배가하는 것, 즉 그 대상과 결탁하여 전달효과는 높이려는 음모를 꾸미는 것이 아니다. 그 임무는 텍스트가 자신에 대해 모르는 바를 텍스트에게 보여주는 것, 텍스트가 필연적으로 침묵을 지킬 수밖에 없는(그 활자 안에 새겨져 있는) 텍스트의 생성조건들을 명시하는 것이다. 이것은 텍스트가 어떤 것은 알고 어떤 것은 모른다는 의미가 아니라, 텍스트의 자기 이해가 오히려 자기 망각을 구성한다는 뜻이다. 그것을 보여주기 위해 비평은 텍스트의 영역 밖에 있는 과학적 지식의 영역에 자신의 위치를 설정하면서 그 이데올로기적 전사前史와 결별해야 하는 것이다.

엄격히 말해서 텍스트는 문학 이론의 '구성요소'constituent가 아니다. 오히려 문학 이론의 대상이다. 그러나 텍스트는 위에서 열거한 다른 요소들과 관련지어 검토되어야 한다는 관점에서 보면 방법론적으로는 어느 특정 '단계'로서 간주될 수 있다. 비평의 임무는 텍스트를 생산해내는 이러한 구조들의 역사적으로 복잡한 연관관계를 분석하는 것이다.

2

유물론적 비평의 범주

모든 작품은 작가만의 창작품이 아니다.
– 발레리(Valéry)

레이몬드 윌리엄스의 저작은 '휴머니즘'과 관념론으로 인해 결점이 보이긴 해도 유물론적 미학이 도출될 수 있는 가장 중요한 자료 가운데 하나다. 윌리엄스는 예술적 생산의 물질적 하부구조 전체를 억압하는 만연된 비평적 관념론의 형태를 거부하면서 '물질적인 실천'으로서의 예술의 실재를 당당하게 주장했다. 그러나 그의 '실천'으로서의 예술 개념은 아직 강력하게 잔존하고 있는 휴머니즘적 요소를 보유하고 있으며, 또한 그 실천의 구성구조도 적어도 현재까지는 그의 저서에서 체계적으로 분석되지 않고 있다. 따라서 그러한 구조들을 엄밀하게 규정하고 그 구조들의 연계관계를 정확하게 검토할 수 있는 방법론의 개발이 필요하다.

마르크스 문학 이론의 주요 구성요소들을 도식화시켜 열거해 보면 다음과 같다.

1. 일반적 생산양식(GMP : General Mode of Production)
2. 문학적 생산양식(LMP : Literary Mode of Production)
3. 일반적 이데올로기(GI : General Ideology)
4. 작가의 이데올로기(AuI : Authorial Ideology)
5. 미학적 이데올로기(AI : Aesthetic Ideology)
6. 텍스트

엄격히 말해서 텍스트는 문학 이론의 '구성요소'constituent가 아니다. 오히려 문학 이론의 대상이다. 그러나 텍스트는 위에서 열거한 다른 요소들과 관련지어 검토되어야 한다는 관점에서 보면 방법론적으로는 어느 특정 '단계'로서 간주될 수 있다. 비평의 임무는 텍스트를 생산해내는 이러한 구조들의 역사적으로 복잡한 연관관계를 분석하는 것이다.

일반적 생산양식

(GMP)

하나의 생산양식은 물질적 생산을 가능케 하는 특정 세력과 사회 제 관계의 통합이라고 단정할 수 있다. 각각의 사회구성체는 그와 같은 생산양식들의 조합에 따라 그 특징이 나타나며, 그러한 양식 가운데 하나가 통상적으로 지배적인 생산양식이 된다. 여기에서 '일반적 생산양식'이라고 한 것은 바로 그 지배적인 양식을 지칭하며, '일반적'이란 용어를 사용한 것은 경제적 생산이 역사적으로 특수한 것을 제외한 그 어떤 보편적인 것이기 때문이라서가 아니라 경제적 생산과 문학적 생산양식을 구별짓기 위해서이다.

문학적 생산양식

(LMP)

문학적 생산양식이란 어느 특정 사회구성체 내에서 문학생산을 가능케 하는 특정 세력과 사회적 관계들의 통합을 말한다. 글을 읽고 쓰는 사회면 어느 사회건 간에 보통 무수한 독특한 문학생산양식을 지니고 있으며, 통상적으로 지배적인 양식이 하나씩 존재하게 된다. 이런 독특한 LMP들은 상동相同 · 갈등 · 모순과 같은 다양한 관계 속에 상호 연결되어 있으며, 어느 특정한 LMP의 우위로 인해 다른 양식들은 종속적인 위치로 전락하거나 부분적으로 배제되기 때문에 '불균형'의 총체성을 이루게 될 것이다. 그러므로 구조적인 갈등을 내포하고 있는 LMP들이 한 특정 사회구성체 내에 공존할 수 있다. 다시 말해 서구 사회에서 자본주의 시장에 내놓을 소설을 만들어내는 것이 가능하다면 손으로 직접 쓴 시를 거리에서 배포 · 판매하는 것도 가능한 것이다. 그러나 이렇게 공존하는 LMP들이 역사적으로 서로 공시성의 위치에 있을 필요는 없다. 역사적으로 이전의 사회구성체에서 존재했던 LMP는 그 이후의 생산양식 안에서도 잔존하여 상호 침투적인 관계를 형성할 수도 있다. 예를 들어 18세기 영국에서의 '후원'제도와 자본주의적 문학생산의 공존, 즉 자본주의 LMP 내에서의 '장인적' 문학생산의 지속이 그것이다. 그러한 잔존의 고전적인 예는 '구술적'인 LMP에서 '서술적'인 LMP로의 역사적 변천과정에서 전형적으로 찾아볼 수 있는데, 그러한 변천과정 속에서 '구술적'인 LMP에 적합한 문학생산의 사회적인 관련성과 종류들이 '서술적'인 LMP와 상호 관련을 맺으면서 나름대로의 자율성을 지니면서 동시에 그 '서술적'인 LMP의 주요 구성요소로서 지속되고 있는 것이다. 가령 중세 영국에서의 '독서'란 거의 변함없이 대중 앞에서 큰 소리로 읽는다는 것을 의미했으며, '서술적'인 LMP의 대부분은 '구술적'인 생산양식을 원고형태의 작품으로 옮긴 것과 관련된 것이었다. 그와는 반대로 '서술적'인 LMP의 출현은 마치 그것이 '구술적'인 LMP에 의해 발전되었던 것처럼 좀 더 복합적이고 포괄적인 구술작품들을 영속화시키면서 발전시킨다. 6세기 아일랜드에서는 '서술적'인 LMP의 발전에도 불구하고 '휠리'fili역주19라는 강력한 지식 특권계급에 의해 성장된 드루이드교적인역주20 '구술적' LMP는 서술적인 문학생산과는 무관하게(비록 영향을 받지 않은 것은 아니지만) 독자적으로 계속 존재해 나갔다. 따라서 아일랜드의 '구술적'인 LMP는 비록 서술적인 생산양식으로 변화해 가는 과정에서 두운頭韻alliteration이나 재설再說repetition과 같은 구술적인 특성들이 변형되어 문학작품으로서의 변천과정을 겪었지만 상당 기간 동안 독특하게도 서술적인 생산양식에 종속되지 않았던 것이다. 이 두 개의 개별적인 LMP들이 상호 연결되는 중대한 순간은 작시作詩와 저술행위들이 어느 정도 동시에 일어나게 될 때—즉 '서술적'인 LMP가 '구술적'인 작품을 원고화시키는 것보다는 그 '구술적인 것'의 일정한 자율성을 떠맡게 될 때—발생한다. 이와 같은 저술과 작시의 통합은 구비문학의 전통을 재창조하고 있는 초기의 많은 아일랜드의 텍스트들에서 그 예를 찾아볼 수 있다. 이런 '문학형태'는 초기 수도원 필경사들의 행위와 밀접한 연관이 있는데, 그 필경사들은 자국의 문학적 요소들과 라틴 문학의 요소들을 종합하던 '아마추어' 작가로서(물론 새로운 문학'형식들'도 창출해 냈다) 7세기 아일랜드에서 하나의 독특한 LMP로 떠올랐다. 물론 이들은 당시 지배적인 LMP로서 전문적이고 법적으로는 특권적인 위치에 있었으며, 이데올로기적으로는 헤게모니를 쥔 '휠리' 계급과 갈등관계에 있었다.

역사적으로 공존하는 LMP들 간의 분열은 공시적인 것이 될 수도 있으며—이것은 한 사회구성체 내에서 존재 가능한 문학 생산양식이 그 사회구성체에 의해 구조적으로 분배될 수 있다는 사실에 의해 결정된다—혹은 통시적인 것이 될 수도 있다(이것은 역사적인 잔존성에 의해 결정된다). 또한 잔존에 의해서가 아니라 '형태 예시'에 의해 일어나는 통시적 분열의 경우도 있다. 즉 미래의 사회구성체가 지닐 수 있는 생산양식과 사회의 제 관계[혁명적인 예술인들이 만드는 코뮌, '서사극'[1) 등등]를 예견함으로써 지배적인 LMP와 모순관계로 들어서게 되는 LMP가 이 경우이다. 어느 한 특정 LMP는 또한 과거, 현재 혹은 '미래의' 또 다른 생산양식들이 지니고 있는 요소나 구조들을 통합할 수도 있다. 예를 들어 '동인지'는 지배적인 자본주의적 LMP의 구조와 그 지배적인 생산양식에서는 찾아보기 힘든 공동생산, '비공식적인' 분배구조, 그리고 '소비자 참여' 등의 요소들을 특징적으로 통합시키고 있다. 하나의 LMP는 다른 LMP들과 복합적이고 모순적인 통일성을 형성하고 있는 것과 마찬가지로 그 자체 내에서도 복합적인 통일성을 구성할 수 있다. 이 경우 그 내적인 복합성은 그 양식과 다른 LMP들과의 연결관계를 맺어주는 기능을 수행하는 것이다.

모든 LMP는 생산 · 분배 · 교환 · 소비 구조들로 구성되어 있다. 생산은 한 명의 생산자 혹은 일군의 생산자들, 생산재료, 도구, 기술 그리고 생산품 자체를 전제로 한다. 발전된 사회구성체 내에서는 초기의 생산품(원고)을 새로운 생산품(책)으로 바꾸는 사회적 생산양식(인쇄와 출판)에 의해 초기의 개인적인 생산단계가 변모될 수 있다. 문학생산의 힘은 특정 '생산관계' 내에서 조직된 노동력(필경사나 공동생산자들, 즉 공동작가들, 인쇄 · 출판업자들)을 어떤 한정된 생산도구를 사용하여 특정 생산 재료에 적용시키는 데 달려 있다. 이러한 문학생산의 힘은 문학의 분배 · 교환 · 소비 양식들을 결정하며, 또 그러한 양식들에 의해 철저히 규제받기도 한다. 육필원고는 말하자면 품위 있는 특권계층 내에서 손에서 손으로 직접 배포되어 소비될 수 있을 뿐이지만, 여러 번 구술된 작품(여러 명의 필경사들에 의해 동시에 베껴진 작품)은 사회적으로 좀 더 폭넓게 소비될 수 있으며, 도부장수들이 페달을 밟으며 부르는 발라드는 좀 더 많은 청중들에 의해 소비될 수 있고, 기차에서 파는 '선정적'인역주21 소설은 일반 대중들이 손쉽게 구할 수 있는 것이다.

그 다음으로 이러한 생산적인 힘과 통합이 되는 것은 문학생산의 구체적인 사회적 관계들이다. 종족의 음유시인은 왕이나 족장을 위해 작품을 만들도록 권한을 위임받은 전문가들이었고, 중세의 '아마추어' 시인은 그의 후원자에게 보수를 받으면서 그 후원자가 개인적으로 요청한 작품을 만들어 주었다. 또한 도부장사 음유시인들은 그들의 청중인 농부들에게서 숙식을 제공받거나 교회 또는 궁정에서 후원해 주는 작가나 귀족 후원자들에게 사례를 받고 그들의 작품을 파는 작가들이었으며, 서적상이면서 출판업자인 사람들이나 자본주의의 출판사에 그들의 작품을 파는 '독립적'인 작가들도 있었고, 국가에서 후원해 주는 작가들도 있었다. 이러한 모든 형태는 다 '문학사회학'과 아주 밀접한 연관이 있는 것들이다. 문제는 이처럼 다양한 LMP들과 한 사회구성체의 '일반적'인 생산양식과의 복합적인 연결점을 어떻게 분석하느냐 하는 점이다.

그러나 그 문제를 다루기 전에 주목해야 할 중요한 것이 있는데, 그것은 하나의 LMP의 성격이 문학작품 그 자체의 중요한 구성요소가 된다는 사실이다. 우리는 여기서 단순히 텍스트 밖의 사회학적인 연구에 관심을 갖는 것에 그치는 것이 아니라, 텍스트의 생산양식을 결정하는 특수한 요소들에 의해 텍스트가 어떻게 현재의 모습으로 되었느냐 하는 점에도 관심을 갖고 있다. LMP들이 역사적으로 특정 텍스트들에 대해 비본질적인 것이라면 그만큼 또 본질적인 것이기도 하다. 즉 문학 텍스트는 그 형식과 내용 속에 자신의 생성양식을 감추고 있는 만큼이나 그 텍스트를 만들어낸 역사적 생산양식의 특징을 품고 있는 것이다. '구술적'인 LMP에 의한 작품은 그 특징상 개인 인쇄에 의해 만들어진 작품보다 사회적으로 더 인습화되어 있고, '작가미상'인 경우가 태반이며, 특이한 내성적 성질도 더 많이 박탈당하고 있다. 또한 교회의 후원을 받은 작품은 독점자본주의 시장에 나온 작품보다 그 특성상 더 경건하고 더 교훈적이다. 지역에서 지역으로 구두에 의해서만 전해지는 작품은 '몰개성적'인 관습을 내보일 수밖에 없는데, 이는 작가의 고백적인 형식과는 상반되는 것이며, 작가들이 지닌 다소 '사적'인 LMP는 사적인 것을 제거하라고 위협을 가하는 좀 더 공적인 양식으로부터 막중한 압력을 받는 것이다. 또 전쟁을 준비하는 왕이나 귀족들 앞에서 영웅적이고 신화적인 군사적 승리의 이야기를 노래하는 일을 전문으로 했던 시인은 LMP 성격상 자본주의 체제 하의 국제 '평화'에 헌신하는 휘그당역주22의 귀족 정치주의자에 다가갈 수밖에 없는 작가에게는 쓸모없는 '장르들'을 영속화시킨다고 볼 수 있다. 또 한 가지 덧붙일 것은 어떤 의미에서 모든 문학 텍스트는 자신이 지니고 있는 생산의 사회적 관계를 내재화시킨다는 점이다. 즉 모든 텍스트는 바로 자신의 양식화로 인해 자신의 소비방식을 넌지시 비추며 자체 내에서 자신의 이데올로기, 즉 어떻게, 누구에 의해, 누구를 위해 자신이 생산되는지를 약호화한다. 모든 텍스트는 상상의 독자를 간접적으로 내세우며 일정한 소비능력에 따라 생산 가능성을 규정한다. 그러나 이러한 문제는 이데올로기의 문제들이며, 적당히 뒤로 미루어 후에 논의할 수 있는 문제들이다. 당장은 하나의 LMP의 성격이 텍스트의 성격을 한정하는 외부적인 한계기준이라기보다는 하나의 내적 구성요소라는 점을 강조하는 것으로 충분하다.

LMP와 GMP와의 제 관계

LMP의 생산력은 보통 GMP 자체에 의해서 제공되며, LMP는 그 GMP의 특정한 하부구조에 속한다. 문학생산의 경우 그것에 사용되는 재료와 도구들은 통상적으로 GMP 자체 내에서 공동의 기능을 수행한다. 이것은 예술적 생산의 다른 양식에서는 잘 들어맞지 않는데, 그 경우 그러한 양식들의 재료와 도구들은 GMP에 의해 만들어진 것이긴 하지만 그 안에서 어떤 중요한 기능을 수행하지는 않는다(트롬본이나 무대화장용으로 쓰이는 분이 일반적인 생산 안에서 어떤 세계 역사적인 역할을 수행하지는 않는다). 그러나 LMP와 GMP의 관계는 LMP에 한정된 목적을 위해 개발된 새로운 생산력들이 일반적인 생산분야에 진입할 수 있다는 점에서 변증법적이다. LMP가 일반적인 생산의 확장에 기여할 수 있는 정도는 역사적으로 볼 때 다양하다. 인쇄업이 발달하기 이전의 시기에 일반적인 생산 내에서의 LMP의 역할은 역사적으로 미미한 것이었다. 그런 상황 하에서 LMP는 생산력의 발전에 기여한다는 관점에서 GMP가 지닌 것과 같은 고도의 자율성을 가지고 운영되었다. 그러나 인쇄업의 발달과 더불어 광범위하고 투기적인 서적출판과 시장관리로 인해 마침내 지배적인 LMP가 일반 상품생산의 한 특정한 분야로서 GMP에 통합되었다(문학이 단순히 상품생산의 또 다른 측면으로밖에 이해가 안 되는 이러한 통합은 이데올로기의 미학적 영역 내에서의 중대한 변화와 지배적 이데올로기 구성체 내에서 그 미학적 영역의 종속화라는 사실들과 그 맥을 같이한다). 그런데 선진화된 자본주의적 사회구성체에서 LMP와 GMP의 가장 중요한 관계는 LMP가 GMP의 재생산과 확장에 관계하는 기능을 가지고 있다는 점이다.

LMP는 GMP 발달의 성격과 단계에 의해 결정된 구체적인 노동의 분화를 나타내면서 GMP의 발달과 더불어 더 전문화되고 다양해진다. 적정한 수준의 GMP의 발달이 있어야만 LMP가 비교적 자율적인 존재로서 존재 가능한 것이다. 문학의 생산과 소비는 적정수준의 문자해득력과 육체적 · 정신적 안녕과 여가, 그리고 물질적인 풍요로움을 전제로 한다. 그리고 글을 읽고 쓰는 데 필요한 물질적 조건에는 경제적 재원, 주거지, 조명, 프라이버시 같은 것이 포함된다. 자본주의의 생산양식은 인구를 증가시키고, 그 증가된 인구를 문학적인 분배구조가 손을 뻗칠 수 있는 도시 중심지에 집중시키며, 그들에게 제한된 정도의 문자해득력, 물질적 풍요로움, 여가, 거주지, 프라이버시

등을 허용함으로써 지배적인 LMP를 발전시켜 나간다. 동시에 점차적으로 자본주의 시장에 문학상품을 팔기 위해 문학적 생산양식과 분배양식을 전문화시키고 확대시키며, 전문적인 문학생산에 필수적인 물질적 · 문화적 여건을 조성해 나가는 것이다. 빈곤, 장기간의 노동과 집약노동의 결과로 인한 육체적 · 정신적 쇠약, 문맹 혹은 낮은 수준의 문자해득력, 충분한 주거환경 · 프라이버시 · 조명의 부족(찰스 디킨즈는 '창문세를 지식에 부과되는 세금'으로 묘사했다)과 같은 상황 하에서는 GMP가 LMP에 영향을 주어 문학생산과 소비에서 어느 특정 사회단체나 계급을 완전 배제시키거나 혹은 부분적으로 배제시키도록 강요한다. 그리고 이것은 앞으로 살펴보겠지만 이데올로기적으로 중요한 의미를 지니는 것이다.

LMP의 사회적 관계는 일반적으로 GMP의 사회적 관계에 의해 결정된다. 문학생산자는 소비자와 일정한 사회적 관계에 놓여 있으며, 이 관계는 생산자와 후원자, 출판업자 그리고 분배업자와의 사회적 관계에 의해 조정된다. 이러한 사회적 제 관계는 작품 그 자체의 성격 내에 유형적으로 구체화되어 나타난다. 아일랜드 초기의 '휠리' 계급에서 그 적절한 예를 찾을 수 있다. '서술적'인 LMP가 출현하기 이전에 특권계층인 '휠리'는 문학애호가 · 음악가 · 풍자작가 그리고 그 밖의 사람들(일반적으로 '음유시인'이라고 불리는)로 혼합 · 구성된 지배 그룹을 형성하면서 왕의 조언자이자 구비문학의 보존자로서, 그리고 영웅적 · 칭송적 · 애가적인 운문의 작가로서 학문과 문학이라는 이데올로기적 장치를 통제했다. 그들은 그 사회구성체 내에서 법적으로 성스럽고 특권적인 지위를 차지하면서 막강한 이데올로기적 영향력을 행사하던 사회 기능인들이었으며, 그들의 후원자들로부터 상당한 보수를 받았다. 이러한 사회적 관계는 그들의 문학작품의 특성에서 자명하게 드러나고 있다. 즉 세속적이고 전통주의적인 특권계층으로서 '휠리'는 더 높은 지위의 라틴지향적인 성직자들이 '이교도적'이라고 경멸했던 게일어[역주23]를 보존하였으며, 그들이 만들어냈던 시적 '장르들'은 아일랜드 켈트인들의 귀족문화가 지니고 있는 '특권적'·영웅적·혈통적·신화적 양식들을 반영하는 것이었다. 이런 경우 LMP와 GMP의 사회적 관계 사이에서 확연히 드러나는 동질구조를 주목할 필요가 있다. 이를 살펴보면 문학생산자로서의 '휠리'의 기능은 아일랜드 사회 전체의 사회적인 관계 내에서의 그들의 기능과 실제로 동일한 범주 내에 있는 것이다. 그와는 대조적으로 어떤 다른 LMP의 문학생산자가 누리는 개인적인 계급상의 위치는 '작가로서의' 계급구조에 끼어들려는 그의 방식과는 모순이 되었다. 어떤 한 작가가 사회 지배계급의 구성원이라면 그 작가는, 영국의 엘리자베스조 시대에도 흔히 그랬듯이 사회 하부계급 출신의 작가보다 우선해서 문학적인 후원을 받을 수가 있었다. 그러나 귀족 출신의 시인이나 상층 부르주아 출신의 소설가들은 자본주의적 LMP 내에서는 소부르주아적 작가가 되고 만다(실제로 이것은 부르주아 낭만주의의 경우와 마찬가지로 '미학적 이데올로기' 그 자체를 고려해야 하는 하나의 모순이다). 따라서 LMP의 사회적 관계는 일반적으로 GMP의 사회적 관계에 의해 결정되기는 하지만 그것과 동질의 것일 필요는 없다. 선진자본주의 사회구성체에서는 대규모의 인쇄·출판·분배 체제를 갖춘 지배적 LMP가 지배적 GMP를 재생산한다. 그러나 이 경우는 생산의 '종속적인' 양식을 결정적인 구성요소로서 합병시키는 것이다. 즉 문학생산자 자신의 장인적 양식이 이에 해당되는데, 그는 돈을 받는 대가로 자신의 노동력을 출판업자에 파는 것이 아니라 자신의 작품(원고)을 직접 파는 것이다.

한 사회구성체의 생산매체를 할당받은 사회계급도 또한 LMP의 성격에 어떤 결정력을 발휘할 수 있다. 공존하는 LMP들은 각기 어떤 특정 사회계급과 독특하고 특정한 관계를 맺고 있기 때문에 상호 분리적이다. 따라서 지배적인 궁정계급은 '비공식적'이고 '동인同人적'인 분배와 소비를 목적으로 하는 '아마추어적인' 텍스트 생산에 의해 구성된 LMP를 조정할 수 있다. 또한 전문적인 작가나 자본주의적인 생산 · 분배 · 교환 · 소비 양식(앞에서의 '아마추어적'인 텍스트도 관련이 될 수 있다)에 근거를 두고 있는 LMP도 동시에 광범위한 귀족계급의 독자층이나 부르주아 독자층에게 문학상품을 공급할 수 있다. 그 반면에 '구술적'인 LMP들의 복합적인 조합은 가장 종속적인 사회계급 내에서 지속되는 것이다. 그러한 계급구조적인 LMP들 간에 존재하리라고 확실하게 예상할 수 있는 상호 결정성의 정도는 앞에서의 그러한 도식으로 인해 자연히 무시되고 있다. 예를 들어 중세 영국에서는 공식적으로 행해지던 고유의 토속문학이 모든 사회계급들에 의해 소비되었으며, 후원자의 요청에 따라 '아마추어' 작가가 생산해낸 텍스트도 서적상들이 수익을 목적으로 개인들이 소유하고 있던 원래의 원고들을 일제히 복사하기 전까지는 점진적으로 확산되었다. 그러나 그러한 상호 결정성이 인정됨으로써 계급결정론적 문학소비는 LMP의 중요한 구성요소가 된다. 다시 말해 선진자본주의 구성체에서 GMP에 의해서 결정되는 소득의 분배와 고가의 문학작품은 프롤레타리아 대중과 소부르주아층의 소비자와 LMP 사이의 교환이 아닌 '대여'라는 사회적 관계를 잉태한다. 즉 도서의 구입은 점차적으로 지배계급의 구성원들에게만 한정되는 것이다. 실제로 19세기 영국에서의 순회도서관의 발달은 지배적 LMP 내의 중요한 변천을 보여주는 고전적인 실례이며, 이것은 생산 · 분배 · 소비 구조들을 근본적으로 재구축한 것이었다. 영국 빅토리아조 시대의 미학적 이데올로기 내에서 '3부작' 소설이 차지했던 특권적 위치는 순회도서관이라는 LMP 안에서 이루어졌던 경제적 세력 간의 함수관계에서 비롯된 것이었다. 순회도서관에 내놓은 상품은 세 사람의 구독자가 동시에 한 소설을 읽을 수 있었기 때문에 특히 이익이 많이 남는 것이었으며, 도서관 측과 출판업자들은 그러한 상품들의 시장가격을 엄청나게 비싸게 하기 위해 카르텔을 조직하여 오직 도서관만을 문학의 분배와 소비를 담당하는 효과적이고 유일한 기구로 설정해 버렸다. 영국 빅토리아조의 지배적인 LMP에 있어서 소비 측면에의 유력한 사회적 관계는 소비자들이 3기니를 주고 뉴 옥스퍼드 가의 '뮤디' 순회도서관[역주24]의 도서를 구독하는 것이었다. 더군다나 그 도서관들로 인해 문학의 생산구조가 재구성되었다. 즉 그들은 작가를 '선정'하는 데 있어서 결정적인 힘을 발휘했으며(뮤디의 선전목록에 들어 있지 않은 작가는 끝장난 것이나 다름 없었다), 문학생산의 '속도'와(한 작가가 보통의 생활을 영위하기 위해서는 1년에 3부작 한 작품은 완성해야 한다) '문학작품' 그 자체를 결정하는 데에도 영향을 미쳤다. 그러한 작품이 지니고 있는 다양하고 복잡한 플롯, 교묘하게 짜넣은 여담, 아무 이유 없이 들어가 있는 막간의 에피소드 등은 작가들이 그들의 형식적 요구를 충족시키기 위해 소재를 기술적으로 길게 늘어뜨릴 필요에서 사용한 효과적인 방법이었다. 인쇄과정 자체에서도 이와 비슷한 조정작업이 이루어졌는데, 가령 여백을 늘린다든지 큰 활자를 사용하는 문제 등이 미리 결정된 양을 채우기 위해 의도적으로 이루어진 작업이었던 것이다. 이러한 재료와 텍스트상의 요소와 더불어 미학적 이데올로기 영역 안에서 도서관이 행사하고 있었던 헤게모니의 문제도 있다. 즉 지나치게 까다로운 도서관 소유주들이 '일반적'인 이데올로기의 요구조건에 상응하여 생산되고 소비되는 작품들을 규제했던 것이다. 그러므로 우리는 빅토리아조 시대 순회도서관의 경우에서 GMP, LMP, '일반적'인 이데올로기와 '미학적'인 이데올로기, 텍스트 간의 각별히 밀접하면서도 복합적인 결합이 이루어지고 있음을 볼 수 있다. 빅토리아조의 부르주아 이데올로기에 대항한 토마스 하디Thomas Hardy역주25와 같은 작가의 투쟁은 이러한 특정 LMP에 대한 그의 통렬한 공격과 밀접한 관련이 있는 것이다.

문학생산의 사회적 관계가 '일반적'인 생산의 사회적 관계를 재창출해내는 정도는 역사적으로 다양하면서도 한정적이다. 종족의 음유시인 제도의 경우 이 두 사회적 관계는 동일한 것이었다. 족장 혹은 왕, 음유시인 그리고 청중 사이에 존재했던 문학의 사회적 관계는 바로 그 자체가 '일반적'인 사회관계였으며, 음유시인 자신이 바로 그 사회구성체의 이데올로기 제창자였다. 이러한 구조적인 요소는 중세 시대 문학의 사회적 관계에서도 보존되었다. 즉 중세 작가는 전형적인 성직자였으며, 그들이 바로 이데올로기 기구의 한 부분이었다. 그러나 그들의 문학적 생산은 문학의 사회적 관계와 동일한 것이라기보다는 사회적 관계에서 비롯된 역할 수행의 한 측면이다. 문학생산이라는 것이 그들의 성직을 행사하는 자발적이고 '아마추어적인' 양식이었으며, 문학적인 관계는 '일반적'인 관계와는 별도로 어느 정도 상대적인 자율성을 지니고 있었다. 후원제도 하의 중세 작가들의 경우도 마찬가지이다. 후원자나 소비자들과 그들이 맺고 있는 문학적 관계는 그들 사이에 자리 잡고 있는 '일반적'인 사회관계의 특수한 결합이다. 그러나 자본주의의 구성체는 이 모든 양식들과는 다르다. 문학적인 사회관계가 일반적으로 GMP의 사회적 관계를 재생산하고 있기는 하나 그들이 '문학 생산과정에서 나타나는 독특한 개개의 기관들' 사이에 자리하고 있는 그런 사회적인 관계들은 재생산할 필요가 없다는 점에서 자본주의 구성체에 있어서의 '일반적'인 사회관계와 문학적인 사회관계의 결합의 특수성이 발견될 수 있다. 종속주의와 봉건주의 구성체에 있어서 문학생산 기관들(후원자, 작가, 소비자 등)이 취하고 있는 사회적인 관계들은 이들 개별적인 기관들이 LMP 외부에서 GMP와 관련하여 유지하고 있는 사회적인 관계들에 의해 결정되거나 혹은 동일한 것으로 나타난다. 그러나 자본주의 체제에서 LMP 기관들이 '일반적'인 사회관계 범위 안에서 수행하는 각각의 개별적인 기능들은 문학생산의 사회적인 관계범위 안에서 그들이 수행하는 기능만큼 자율적이다. 귀족 출신의 소설가도 프롤레타리아 독자층을 확보할 수 있으며, 그 반대도 마찬가지이다. 그러나 특정 기관의 이러한 '일반적'인 사회관계는 문학상품 생산의 시장관계로 인해 '소멸된다.' 바로 이런 자본주의 LMP의 독특하고 특이한 특징으로 인해 자본주의 LMP는 개개의 기관들 사이에 존재하는 일정한 '일반적'인 관계들—문학생산 행위 이전에 존재하는 관계들—에 의존하는 사회적 관계를 지니고 있는 다른 LMP들과는 현저히 구분되는 것이다. 자본주의 LMP는 개개의 기관들 사이에 선재先在하는 그들의 사회적인 기능과는 무관하게 그들 자신의 사회적 관계를 생산해내며, 이 사회적 관계는 통상 일반적인 상품생산에 적합한 '일반적'인 사회관계를 재생산해낸다.

일반적 이데올로기 (GI)

GMP는 어떤 특정한 역사적 단계에서 일련의 LMP들을 배출시킬 뿐만 아니라, 항상 지배적인 이데올로기적 구성체를 생산해낸다. 여기서 그 구성체를 미학적 영역 혹은 좀 더 요약해서 말하자면 '미학적 이데올로기'라고 알려진 이데올로기 구성체 내의 특수한 영역과 구별하기 위해 임시로 '일반적'이란 용어를 붙이기로 한다. 지배적인 이데올로기 구성체는 가치, 주장, 신념과 같은 비교적 일관성 있는 '언술행위' 체계로 구성된다. 그리고 가치, 주장, 신념은 특정한 물질적 기구 내에서 실현되며 물질 생산구조와 관계가 있기 때문에 각각의 개체들이 그들의 사회적 조건과 맺고 있는 경험론적인 관계를 반영하여 지배적인 사회관계의 재생산에 기여하는 '현실적인 것'과 같은 그릇된 개념을 보장해 준다.

여기서 강조할 필요가 있는 것은 GI가 '이데올로기 전체'의 어떤 추상 개념이나 혹은 '이상형'이 아니라, 어느 사회구성체 내에서도 발견될 수 있는 특수하게 억압된 이데올로기들의 총체를 지칭한다는 사실이다. GI와 미학적 혹은 작가의 이데올로기 간의 '관계'나 결합을 언급할 때는 외연적으로 관련이 있는 어떤 '체계'가 아니라, 헤게모니를 쥔 이데올로기 전체에 작가의 구성체와 미학적 구성체가 삽입되는 방식을 이야기하는 것이다. 여기서 이 점을 강조하는 것은 분석목적을 위해 그런 식으로 규정된 뒤 일어날 수 있는 GI와 AI 그리고 AuI의 서열화를 피하기 위해서이다.

GI와 LMP의 관계

GI는 전형적으로 어떤 일반적인 요소나 구조를 포함하고 있는데, 이러한 요소나 구조들은 전체적이든 부분적이든 특정한 역사적 단계에서 LMP의 성격에 중대한 영향을 미친다. 대체로 이러한 일반적인 구조들을 언어학적 · 정치적 · '문화적' 구조들로 구별할 수 있다. 그들 사이에는 상호 한정적인 복합체계가 통상적으로 존재하게 되며, 이는 역사적인 구체적 실례를 들어 설명할 필요가 있다.

문학 텍스트는 그 언어 배열 방법뿐만 아니라 사용된 특정 언어에 의해서 GI와 관계를 맺고 있다. 현재 보편적으로 통용되고 있는 것들 중에서 매우 순수하고 자연발생적인 것이라 할 수 있는 언어는 실제로는 정치적 역사의 소용돌이 속에서 상처받고 균열되고 분열되어 버린 영역이자 제국주의, 민족주의, 분리주의, 그리고 계급투쟁의 잔해들이 널려 있는 영역이다. 언어적인 것은 항상 그 근본이 '정치언어적인 것'이며,[2] 제국의 정복자와 예속국가 간의 갈등, 민족국가와 민족국가 간의 갈등, 지역과 국가 간의 갈등, 계급과 계급 간의 갈등이 표출되는 영역이다. 문학은 그러한 갈등의 결과일 뿐만 아니라 행위자이기도 하다. 즉 문학은 제국주의적 계급의 언어와 이데올로기가 그 주도권을 확립하는 데 사용하는 결정적인 장치이며, 때로는 예속국가나 종속계급 혹은 정복된 지역이 정치적으로 산산조각 나거나 침식당한 그들의 역사적 정체성을 이데올로기적인 수준에서 보존하고 영속화시키는 데 사용하는 수단이기도 하다

문학은 또한 그러한 갈등이 안정성을 회복하는 영역이기도 하다.

다시 말해 제국주의적인 것과 민족주의적인 것, 사회의 지배계급과 피지배계급 간의 모순적인 정치적 통일이 '공통 언어'라는 그 자체의 모순적인 통일 속에서 표현되고 재생산되는 영역인 것이다. 여기에서 '민족국가'가 정착된 시기는 그 전형적인 예를 보여주는 중대한 의미를 지니고 있다. 그 시기는 한 '민족적인' 계급의 헤게모니가 바로 응집된 언어 속에서 반영되었던 시기였으며, 그 응집된 언어는 통합적이고 중앙집권적인 국가 조직상 필수적인 것이었다. '민족적인' 언어로서의 영어의 발달사는 제국주의와 그 여파가 남겨놓은 역사이다. 즉 노르만 불어Norman French역주26와 영어 사이의 언어적인 계급분열, 노르만디 상실 후의 앵글로 노르만 불어의 발달, 노르만 불어 영향 하의 고대 영어의 변천, 이러한 것들을 근원으로 해서 1362년에 법적으로 인정된 독특한 영어의 점진적인 발달, 주도적인 언어의 근간으로서 고대 동 · 중부 지방의 방언(정치적 · 이데올로기적 권력의 중심지였던 런던, 옥스퍼드, 케임브리지를 포함한 지역임)을 채택한 사실 등이 그것이다.

LMP와 언어적 · 이데올로기적 · 정치적 국가 권력구조 사이의 서로 대등한 상호작용은 아일랜드의 예에서 다시 한 번 찾아볼 수 있다. 12세기 말엽의 아일랜드에서는 지배계급 내의 특정 가문에 의해서 자국의 학문과 문학이 세습적으로 보존되는 문화적 장치가 있었다. 그러나 그 장치는 17세기 영국의 아일랜드 정복으로 인해 해체되고 말았다. 스스로를 영속화시킬 수 있었던 터전인 사회적인 제도를 상실한 민족 고유의 문학적인 문화유산은 축출된 자국 지배계급의 손을 떠나 게일어를 사용하는 농부들의 수중으로 넘어갈 수밖에 없었으며, 그 결과로 인해 미적 형식의 변화와 방언을 사용하는 지역적 문학 생산의 발달이 이루어졌다. 행상을 하거나 혹은 일정한 거처가 있었던 음유시인들이 노래하던 「피안나」*Fianna*역주27의 이야기를 그 기본으로 삼았던 전통적인 LMP 역시 제국주의에 의해 눈에 띄게 소멸되었다. 따라서 그러한 이야기들 가운데 제국주의 계급의 이질적인 언어 속으로 넘겨진 것은 거의 없는 것이다.

언어적 요소와 정치적 요소들의 상호 결정성들, 그리고 LMP의 구성과 그것에 의해 만들어진 작품들의 성격에 미치는 그와 같은 상호 결정성들의 영향은 유물론 비평에 있어서 중대한 의미를 지닌다. 영문학사에서 이와 같은 결합의 가장 생생한 예는 존 밀턴J. Milton역주28이 『실락원』*Paradise Lost*을 그의 모국어로 쓰기로 결정한 데서 찾아볼 수 있다. 밀턴의 결정은 다분히 정치적인 행위였는데, 이는 고전적 · 귀족적 문화에 대한 부르주아적 프로테스탄트 민족주의의 우위를 주장한 것이며, 역사상의 진보적인 목적을 위해 그러한 고전적 양식들을 독단적으로 전유하는 것이었다. 그의 시가 지니고 있는 형식과 구성은 바로 이런 언어적 · 정치적 · 종교적 요소들이 이데올로기 안에서 결합되어 나온 산물이었다. 사실 모든 문학생산은 우리가 잠정적으로 '문화적'이라고 부를 수 있는 그런 이데올로기적 장치에 속하는 것이다.

문제가 되는 것은 단순히 문학 텍스트를 생산하고 소비하는 과정이 아니라, 문화적 · 이데올로기적 장치 내에서 문학생산이 수행하는 기능이다. 그 이데올로기적 장치는 문학생산과 분배를 담당하는 특정 기관들(출판사, 서점, 도서관 등등)을 포함할 뿐만 아니라 '2차적'이고 지원적인 성격의 기관들까지 포함한다. 2차적인 기관들의 기능은 문학의 '기준'과 전제를 규명하고 확산시키는 데 관련이 있으며, 따라서 보다 직접적으로 이데올로기적 성격을 띠게 된다. 이런 2차적인 기관들 가운데는 문학학술단체, 도서공동구입회나 독서 클럽, 문학작가·보급자·소비자들로 구성된 각각의 협회들, 검열기구, 문학잡지와 평론지들이 있다. 선진 사회구성체에서는 문화적 장치 내의 하부구조로서의 문학이 '전달수단'이라는 이데올로기적 장치와 어느 정도 긴밀하게 상호작용하고 있으나 그 하부구조, 즉 문학의 실질적인 힘은 '교육적'인 장치와의 접합에 있다. 문학의 이데올로기적 기능—즉 생산양식의 사회적 관계들을 재생산하는 기능—이 분명하게 드러나는 곳이 바로 교육적인 장치의 테두리 내에서인 것이다.

문학은 유아원에서 대학 교수진에 이르기까지 각 개개인을 지배적 이데올로기 구성체의 인지적·상징적 형태 속에 위치시키는 중요한 수단이며, 다른 이데올로기적 실천행위와는 달리 '자연성', 자발성, 경험의 직접성을 지니고 있기 때문에 이와 같은 기능을 수행할 수 있다. 그러나 문제가 되는 것은 특정 문학작품을 이데올로기적 목적을 위해 사용하는 것이며, 좀 더 근본적으로 문학 그 자체를 문화적·학문적으로 제도화시키는 데 따르는 이데올로기적 의의인 것이다.

궁극적으로 문제가 되는 것은 문학 텍스트가 아니라 '문학 일반', 즉 문학이 문화적·학문적으로 제도화되는 과정에서 나타나는 이데올로기적 의의이다. 그런 과정을 통해서 역사상의 특정 텍스트들이 그들의 사회구성체와 분리되어 '문학적'이라고 규정되고 한데 묶여지고 분류되어 '문학의 전통'을 구성하며, 이데올로기적으로 미리 추정된 일련의 반응들을 나타내도록 요구되는 것이다. 이러한 문학의 제도화 과정이 지니고 있는 이데올로기적 기능은 역사적으로 볼 때 분명하고 일정한 것으로 나타나지 않는다. 일반적으로 그 기능은 교육적 장치의 내부구조들에 의해서 결정되며, 교육적 장치의 내부구조들은 최종적인 순간에 GMP에 의해서 규정된다. 그러나 그 기능은 문학적 '실증주의'라는 관점에서 GI와 연결되어 이데올로기적으로 보수적 학문주의의 형태로 나타날 수 있다. 또한 그 기능은 자유주의적 휴머니즘의 형태로 나타나기도 하는데, 이는 문학 속에 구현되었을 것이라고 추정되는 이상주의적 가치들이 구성하고 있는 독자적인 고유의 영역을 자유주의적 휴머니즘의 단계를 넘어서 진행 중인 실제 역사의 침입으로부터 보호하기 위함이다.

어쨌든 문화의 이데올로기적 장치는 이원적인 문학기관들을 포함한다는 사실을 강조하는 것이 중요하다. 즉 GMP의 요소인 동시에 '문화'라는 이데올로기적 장치의 부분으로서 존재하는 출판사와 같은 '1차적인' 기관들이 있으며, 문화적인 장치와 상호작용을 하는 교육기관을 포함하는 '2차적인' 기관들이 있다. 그런데 이 2차적인 기관들과 GMP와의 관계는 2차적인 기관들이 이데올로기를 통하여 GMP의 사회적 관계를 재생산하는 데 조력함으로써 GMP의 재생산에 기여하는 보다 간접적인 관계라 할 수 있다.

GI와 문학 텍스트 간의 구체적인 관계에 대한 논의는 다음 장에서 다루어질 것이다. 그러나 텍스트가 결국에는 LMP의 산물이므로 여기서는 문학 텍스트에 영향을 미치는 것으로서의 GI–LMP 관계에 대하여 한두 가지 부차적인 문제들을 언급하기로 한다. 첫 번째 문제는 서로 상이한 LMP들이라 하더라도 그들 텍스트들의 이데올로기적 관점에서 서로 동일한 이데올로기 구성체를 재생산한다는 것이다. GI와 LMP 사이에 어떤 상동관계가 있을 필요는 없다. 예를 들어 연재물로 직접 출간된 빅토리아조 소설은 서로 다른 생산양식을 지니고 있었지만 동일한 이데올로기의 테두리에 속했던 것이다. 반대로 동일한

LMP가 상호 적대적인 이데올로기 구성체를 재생산할 수도 있다. 데포Daniel Defoe역주29와 필딩Henry Fielding역주30의 소설이 그 예다. GMP의 사회적 관계를 재생산하는 LMP는 GMP의 지배적 이데올로기 양식과 상충될 수도 있다. 가령 낭만주의가 부르주아적 가치와의 관계에서 이탈한 것은 부분적으로 일반적인 상품생산 속에 LMP가 통합하는 바로 그것에 의해 결정된 것이다. 거꾸로 GMP의 사회적 관계와 상충되는 LMP가 그 상충관계에도 불구하고 GMP의 지배적 이데올로기 형태들을 재생산하는 경우도 있을 수 있다.

두 번째 문제는 GI와 문학 텍스트의 직접적인 관계, 즉 검열과 관련된 문제이다. 텍스트에 대한 그와 같은 이데올로기적 직접 통제의 방식은 생산, 분배, 소비의 시점에서 단순한 억압의 형태를 취하거나 혹은 허가, 정치적으로 선정된 후원 등 좀 더 간접적인 효과를 노리는 형태를 취할 수도 있다. 물론 가장 효율적인 검열형태는 대중문맹의 영속화이다. 문자해득의 계수는 GMP, LMP, GI 그리고 미학적 이데올로기의 기묘하고 복합적인 결합을 보여준다. 문자해득의 정도와 사회적 분포도는 최종 순간에 GMP에 의해서 결정되지만, 거꾸로 LMP의 중요한 결정요인이 되면서 독자층과 작가층의 크기와 그 사회적 구성 분포에 영향을 미친다. 생산자와 소비자들의 문자해득 능력 정도도 역시 문학생산품의 성격에 영향을 미칠 수 있다. 예를 들어 문학생산품이 구전으로 확산되는 경우 그 길이뿐만 아니라 전해지는 내용의 정확성에도 영향을 미치는 것이다(왜냐하면 전혀 문자해득 능력이 없거나 혹은 어느 정도 해득능력이 있는 작가라 하더라도 기억력에는 한계가 있기 때문이다).

문맹은 정치적인 이유로 해서 어떤 사회단체나 계층을 교육적인 장치로부터 제외시킴으로써 이루어질 수도 있다. 그러나 이 경우에는 그 정치적 이유와 그것과 대치되는 이데올로기적 필요성 사이에 갈등의 소지가 존재하게 된다. 가령 19세기 영국에서는 프롤레타리아 계급이 교육에서 배제되어야 하는 타당한 정치적 이유도 있었지만, 그들이 교육에서 소외되어서는 안 되는 타당한 종교적 이유도 있었다. 문자해득 능력은 미학적 이데올로기에 의해서도 결정된다. 미학적 이데올로기는 특정 언어들(불어, 라틴어) 혹은 문학에 적합한 언어 사용법을 확인하는 과정에서 전반적인 문자해득 능력의 정도를 결정한다. 이론적인 문자해득 능력뿐만 아니라 실질적인 문자해득 능력과도 관련이 되는 것이다.

작가의 이데올로기
(AuI)

'작가의 이데올로기'란 작가의 특수한 전기적傳記的 양식이 GI 속에 삽입된 결과로 나타나는 것을 의미한다. 즉 사회계급, 성性, 국적, 종교, 지리학적 지역 등 일련의 특정 요소들에 의해 다중 규정된 삽입양식을 의미한다. 이 구성체는 GI와 분리되어 취급되어서는 안 되며, 반드시 GI와의 연결 속에서 연구되어야 한다. GI 구성체와 AuI 구성체 사이에는 실제적인 일치관계, 부분적인 분열관계, 그리고 심각한 모순관계 등이 발생할 수 있다. ('미학적'인 혹은 '텍스트상'의 이데올로기에 대립되는) 작가의 전기적인 이데올로기는 실제로 그 작가가 처해 있는 역사적 시점의 지배적 이데올로기와 일치할 수도 있다. 그것은 반드시 그 작가가 당대의 지배적 이데올로기와 조화로운 관계를 유지하기에 가장 적합한 사회적 조건을 지닌 그런 '계급'에 속해 있기 때문은 아니다.

계급위치의 관점에서 볼 때 작가는 지배적 이데올로기와 갈등관계에 놓이게 되는 어떤 이데올로기적 부조화의 상태 속에 존재하기도 하지만, 다른 전기적 요소들(성sex, 종교, 지역)의 다중규정성에 의해 지배적 이데올로기와 상응관계로 되돌아가기도 한다. 물론 그 반대의 경우도 가능하다. '통시적으로' 결정될 수 있다. 즉 작가는 과거의 GI에 '소속'됨으로써 당대의 GI와 관련을 맺을 수도 있으며, (혁명가적인 작가의 경우에 있어서처럼) 미래의 것이라 추정되는 GI에 소속됨으로써도 당대의 GI와 관련을 맺을 수도 있다.[3)]

GI가 변함에 따라 한때는 GI와 상응관계에 있던 AuI가 GI와 갈등관계로 들어설 수도 있으며, 갈등관계에서 상응관계로 들어설 수도 있다. 요컨대 어느 한 작가가 속해 있는 역사적 시기를 구체화시킨다는 것은 항상 쉬운 일이 아니며, 또한 작가 역시 어느 한 '역사'에만 속하는 것도 아니다. 이런 점에서 영국의 왕정복고 시대의 널리 알려진 두 주요 작가—존 밀턴과 존 번연John Bunyan역주31—가 '왕정복고 시대의 이데올로기'에 전혀 속해 있지 않았다는 점은 중요한 의미를 지닌다. 그러나 그들이 처해 있는 당대의 역사로부터 그들이 이데올로기적으로 일탈된 것은 궁극적으로 바로 그 역사적 상황 자체에 의해서 결정된 것이라는 사실도 중요하다.

AuI는 GI와 융합될 수도 없으며, '텍스트의 이데올로기'와도 동일시되지 않는다. 텍스트의 이데올로기는 작가의 이데올로기를 '표현한' 것이 아니다. 텍스트의 이데올로기는 작가적 · 전기적 요소들의 다중규정성에 의해서 이루어지고 '생산된' 만큼이나 '일반적'인 이데올로기가 미학적으로 작용한 결과이다. 반면에 AuI는 그 자체 내의 특정의 다중규정된 관점에서 체험되고, 작용하고, 재현된 것으로서의

GI이다. 여기에서 문학 텍스트를 그것을 생산한 주체에다 '초점을 맞추어 보는' 데에는 의심의 여지가 있을 수 없다. 그렇다고 그것이 그 주체를 '보편적인' 미학적 · 이데올로기적 형태로 용해시키는 것은 아니다. 문제는 작가가 GI에 삽입되는 양식까지 포함하여 텍스트를 결정하는 이데올로기적 요소들을 구체화시키는 것이다.

미학적 이데올로기 (AI)

AI는 GI 내에 존재하는 특정한 미학영역으로, GMP에 의해서 최종적으로 결정되는 지배 · 종속 관계 속에서 다른 영역들—윤리영역, 종교영역 등—과 결합되어 있는 영역이다. AI는 세분된 많은 부분들을 포함하여 내부적으로 복잡한 구성을 이루고 있으며, 그 중 하나가 '문학'이다. 이 문학부분 자체도 내부적으로 복잡하여 문학 이론, 실제 비평행위, 문학 전통, 장르, 문학적 인습, 기교적인 문구, 언술행위 등과 같은 수많은 '단면들'로 구성되어 있다. AI는 또한 '미학 이데올로기'도 포함하는데, 이 '미학 이데올로기'란 특정 사회 구성체 내에 존재하는 미학 자체의 기능, 의미, 가치 등이 내포하는 의미를 말하며, GI에 포함되는 '문화 이데올로기'의 한 부분이기도 하다.

AI와 GI와 LMP의 관계

GMP는 자신의 재생산에 기여하는 GI를 생산하며,

또한 (지배적) LMP를 생산한다. 여기서 LMP는 일반적으로는 GMP를 재생산하고 GMP에 의해서 재생산되면서도 다른 한편으로 GI를 재생산하고 GI에 의해서 재생산된다. 우리가 'LMP의 이데올로기'를 이야기할 때 그것은 GI와 LMP 사이에 존재하는 상호 재생산의 관계를 지칭하는 것이다. 그 관계는 LMP 내에서 생산 · 교환 · 소비 행위의 이데올로기뿐만 아니라 생산자 · 생산품 · 소비자의 이데올로기를 생산하는 관계이다. 이 이데올로기는 AI 내에서 스스로가 약호화된다. 더 정확하게 말하자면 그것은 AI와 GI 간의 결합에서 나타난 결과이다.

문학생산자는 궁정이나 교회 혹은 귀족층의 후원으로 상징되는 어느 한 사회질서를 준수하는 특권층, 그가 속해 있는 공동체 사회의 집단적 가치들을 표현하는 영감 받은 대변자, 순순히 따르는 독자들에게 그의 사사로운 작품을 자유롭게 제시하는 '독립적인' 작가, '인습에 얽매인' 사회의 주변에서 반대의 목청을 돋우는 예언자적 혹은 보헤미안적 반항자, 또는 그의 독자층과 형제애의 관계를 돈독히 하고 있는 '노동자' 내지 '기능공' 등등으로 생각될 수 있다.

문학생산 자체는 이데올로기적으로 계시, 감화, 노동, 놀이, 반성, 환상, 재생 등으로 약호화될 수 있으며, 문학작품은 과정, 실천, 매체, 상징, 목적대상, 에피파니epiphany, 제스처 등으로, 그리고 문학의 소비는 마술적인 영향, 비밀스러운 의식, 대화 참여, 수동적 수용, 교훈적 가르침, 영적인 만남 등으로 약호화될 수 있다. 이러한 이데올로기들 각각은 GMP의 최종 결정성의 토대 하에 LMP/GI/AI의 구체적인 결합에 의해서 결정될 것이다. 그러나 여기서 관련된 여러 구성체들 사이에 어떤 필연적인 '대칭'관계가 존재하리라는 것은 의심의 여지가 없다. 이들 구성체 각각은 내부가 복잡하며, 그들 사이에도 내부적으로 상호 갈등관계가 존재할 수 있다. 그러므로 그 자체가 역사상의 서로 상이한 요소들을 혼합해 놓은 것인 LMP는 GI와 AI 양자의 상이한 이데올로기적 요소들을 모순적인 통합 속에 결합시킬 수 있다. 가령 GMP/GI—GI/AI/LMP의 이중결합이 가능한데, 이 이중결합에 의해 GI 범주는 그것이 AI에 의해 LMP의 이데올로기 구성요소로 변형될 때 그것이 재생산하는 GMP의 사회적 관계와 갈등을 일으킬 수 있다. 예를 들어 작가를 '개인적인 창조자'로 생각하는 부르주아 낭만주의적 범주는 인간주체를 낱개의 핵과 같은 존재로 여기는 부르주아적 개념을 재생산하면서 또한 그 개념과 상반되는 것이다.

또한 문학작품을 신비스러운 자기목적적 대상으로 여기는 낭만주의적 · 상징주의적 이데올로기 역시 상품으로서의 문학작품의 현실적인 지위를 재생산하면서 동시에 억압한다. 마찬가지로 '인스턴트' 내지 '즉석에서 처분 가능한' 문학예술의 이데올로기는 선진자본주의의 소비자 이데올로기를 재생산하는 동시에 선진자본주의의 이데올로기 구성체에 필수적이고 순종적인 예술적 완성의 필요성과는 상충되기도 한다.

GMP에 의해서 결정되는 문학생산력과 문학생산 관계는 어떤 독특한 문학 장르의 출현을 가능하게 해준다. 예를 들어 소설은 LMP의 특정 발달단계에서만 생산 가능한 것이다. 그러나 이 가능성이 역사적으로 어떻게 활성화되는지의 여부는 LMP 단독에 의해서가 아니라 LMP와 GI 그리고 AI의 결합에 의해서 결정된다.

어떤 형식과 장르들이 실제로 선택되어 발전될 것인가는 이미 존재하고 있는 것에 의해—즉 GI에 근거를 둔 AI에 의해—지정된다. 반대로 새로운 형식에 대한 생각과 그 '필요성'은 미학적 이데올로기 내에서 비교적 독자적으로 발달될 수 있으며, LMP가 변형 혹은 변화되어 새로운 형식을 생산해내기도 한다. GI는 때때로 LMP에 직접적인 영향을 미쳐 어떤 특정한 형식을(말하자면 '사회주의 리얼리즘') 생산해내게끔 하며, 그 특정한 형식은 AI에 의해 약호화되고 세심하게 다듬어진다. 그러나 그러한 일방적인 작용은 역사적으로 볼 때 그리 전형적인 것은 아니다. GI는 자체의 특정한 미학적 연결성을 갖추고 LMP 내에서 보다 자주 나타나며, 문학행위는 LMP, GI, AI 중 어느 하나가 주도권을 취하는 가운데 그 요소들이 복합적으로 결합된 결과로 나타난다.

GI와 AI는 생산과정뿐만 아니라 소비과정도 결정한다. 문학 텍스트는 ('책'과 대립되는 것으로서의) 텍스트인데, 그 이유는 읽혀지기 때문이다. 즉 다른 사회적 생산품과 마찬가지로 소비행위 자체가 텍스트 존재의 구성요소인 것이다. 독서란 이데올로기적 생산품을 이데올로기적으로 해독하는 것이며, 문학비평의 역사는 텍스트의 생산 시기와 소비 시기 사이에서 가능한 결합의 역사이다. 그 두 이데올로기적 시기 사이에는 실제적인 상응관계, 갈등 혹은 모순관계가 생기게 되며, 그런 관계들은 두 이데올로기적 시기에 개입되어 왔던 텍스트의 이데올로기적 수용 역사에 의해서 부분적으로 결정된다. 텍스트는 GI와 AI의 결합체에 의해서 부분적으로 구성된 미학적 이데올로기 내에서 소비되며, GI와 AI의 결합은 특정한 소비의 순간에 형성되는 GI/AI 결합에 의해 구성되는 텍스트 생산과 소비의 역사이다. GI는 소비 이데올로기 안에서 지배적인 요소로 작용하지만(제2차 세계대전 동안에 트롤로프Anthony Trollope역주32 독자들이 상당히 불어난 것과 같은 특이한 예에 주목하라), 통상적으로는 미학영역과 같은 높은 정도의 상대적인 자율성을 지니면서 작용한다.

특정한 소비 이데올로기 이외에도 그 특정 소비 이데올로기가 한 부분으로 작용하는 일반적인 소비 이데올로기가 있을 수 있다. 이 일반적인 소비 이데올로기는 '독서행위 자체'의 이데올로기로서 종교적 의식, 사회적으로 특혜를 보장받는 계약, 도덕적 교훈 등으로 약호화될 수 있다. 어느 특정 독서행위든 독서행위는 한 사회구성체 내에서 독서행위가 지니는 이데올로기적 중요성에 관한 몇 가지 일반적인 가정의 범주 안에서 이루어진다. 그 가정들 역시 AI의 부분으로서 GI의 보편적 '문화 이데올로기'에 속한다.

GI와 AI와 AuI의 관계

문학 텍스트의 구성요소로서 작용하는 GI와 AI 사이에 존재하는 관계의 복잡성은 다음 장에서 다루어질 것이다. 여기서는 단지 미학적 생산품으로서의 텍스트가 다중결합의 복잡한 구조로 이루어졌으며, 결국에는 그 텍스트와 동시대의 GI에 의해서만 결정된다는 사실을 언급하는 것으로 충분하다. 텍스트의 다양한 미학적 요소들은 개개의 이데올로기 구성체의 산물이며, 본질적으로 서로 다른 '역사들'에 속할 수 있다. 따라서 이데올로기적으로 말해서 텍스트는 그 자체와 반드시 동일한 것은 아니다. '텍스트의 이데올로기' 역시 그 이데올로기를 생산하는 LMP의 역사적인 진보나 퇴보와 그 맥을 같이할 필요는 없다. 한 작가는 시대에 뒤진 혹은 부분적으로 옛것이 되어버린 LMP 내에서 한물 간 형식들을 이용하여 진보적인 텍스트를 만들어낼 수 있으며 (윌리엄 모리스William Morris의 경우역주33), 때로는 역사적으로 진보된 LMP 내에서 이데올로기적으로는 보수적인 경향의 텍스트를 생산해낼 수도 있다(헨리 필딩의 경우). 각각의 경우에서 문제가 되는 것은 LMP, 'LMP의 이데올로기', GI 그리고 AI 사이의 관계를 정확하게 밝히는 일이다.

작가의 이데올로기는 작가의 활동영역인 LMP의 형태와 미학적 이데올로기를 구성하는 중요한 결정요인이 될 수 있다. 알렉산더 포프Alexander Pope역주34가 풍자시, 비가悲歌, 영웅시체의 해학시를 '선택'한 것처럼 어떤 AuI는 특정 문학생산 양식은 배척하고 다른 것들은 받아들일 것이다. 특정 생산단계에서 AuI는 AI에 종속되기 때문에 그들 양자 사이에 차별적인 관계가 발생하는 것과 같은 문제는 일어나지 않는다. 그런 상황 하에서 어쨌든 작가가 된다는 것은 불가피하게 문학생산의 성격과 의미를 나타내 주는 일련의 특정 이데올로기적 진술범위 안에서 활동하는 것을 뜻하는 것이다. AuI와 GI 사이의 관계는 AI의 견지에서 그것들의 조정에 의해 변형될 수 있다. 가령 텍스트 자체 내에서(발자크Balzac가 그 고전적인 예가 된다) 어떤 미학적 형식을 수단으로 해서 이루어진 GI의 생산은 작가의 이데올로기가 되는 바로 그 GI의 생산을 '무효화'시키고, 또 그것과 모순이 되기도 한다. 텍스트 분석에 있어서의 AuI가 지니는 방법론상의 중요성은 이런 의미에서 다양해진다고 할 수 있다. 즉 AuI는 GI/AI와 실제로 동질의 관계에 있을 수도 있으며, 아니면 개별적이든 공동적이든 GI와 AI의 영향을 받아 독특한 요소로서 '거부'당할 수도 있다. 어느 경우이든 간에 특정 '층위'로서의 AuI는 실질적으로 사라지는 것이다.

텍스트

문학 텍스트는 앞에서 개략적으로 열거한 요소들 내지 구성체들이 특수하게 다중규정되어 결합한 결과로 나타난 것이다. 그러나 문학 텍스트는 단순히 수동적인 생산품만은 아니다. 텍스트는 이러한 결합에 의해 구성되는 것이기 때문에 그 자신의 결정요소들을 능동적으로 규정한다. 이러한 행위는 이데올로기와의 제 관계에서 가장 명백하게 드러나며, 우리가 이제부터 검토해야 하는 것이 바로 그러한 관계들이다.

문학 텍스트는 개인 소유물처럼 자신의 생산과정의 결정요소들을 거부하는 '자연적'인 객체로서 나타나는 것이다. 따라서 비평의 기능은 문학작품의 자연발생적인 현존 모습을 거절하는 일, 즉 문학작품의 진정한 결정요소들이 나타나도록 하기 위해 그 '자연성'을 거부하는 일이라 할 수 있다.

3

텍스트학을 위하여

> 아담 스미스가 내보인 모순들은 중요한 의미를 지닌다. 그 이유는 아담 스미스가 해결하지는 못했지만 스스로가 모순된 행위를 함으로써 드러낸 문제점들이 그 모순 속에 포함되어 있기 때문이다.
>
> – 칼 마르크스(Karl Marx), 『잉여가치론』 중에서

앞장에서 나는 문학 텍스트가 구조들의 상호작용에 의해 생산되는 과정을 살펴보았다. 이제는 거꾸로 생각하여 텍스트 자체에 초점을 맞추어 텍스트와 이데올로기의 관계, 그리고 역사와의 관계를 분석해 볼 필요가 있다.

문학 텍스트는 이데올로기를 '표현'한 것이 아니며, 이데올로기 역시 어떤 사회계급을 '표현'한 것이 아니다. 오히려 텍스트는 어떤 모종의 이데올로기의 '생산'이며, 여러 가지 면에서 극의 연출과 유사한 것을 생각나게 한다. 극에서의 연출은 그것의 기반이 되는 대본을 '표현'하고 '반영' 혹은 '재생'하는 것이 아니라, 대본을 독특하면

서도 돌이킬 수 없는 하나의 실체로 변형시킴으로써 그것을 '생산' 하는 것이다. 거울에 비친 이미지를 그 대상의 충실한 반사라고 하는 식으로 극의 연출을 대본에의 충실함으로 판단할 수는 없다. 텍스트로서의 대본역주35과 생산으로서의 연출역주36은 나란히 놓인 두 물체 사이의 거리를 재듯이 그들의 거리(관계)를 잴 수 있는 동질의 구성체가 아니다. 텍스트와 생산은 서로 별개의 현실적 공간과 이론적 공간을 지니고 있기 때문에 동일선상에 올려놓을 수가 없다. 마찬가지로 극의 연출은 텍스트 공간과 무대공간이라는 두 공간의 '상호 침투' 내지 텍스트의 '실현화' 혹은 '구체화'로 생각될 수 없다. 또한 텍스트와 생산 사이의 관계는 존재와 본질의 관계, 육체와 영혼의 관계와 같은 것으로 상상될 수 없다. 즉 그 관계는, 생산은 '텍스트를 살아 있는 것으로 만들고', 텍스트에 활력을 불어넣어 탈물화脫物化시키며, 유보된 활동성으로부터 텍스트를 해방시켜 텍스트의 갇혀 있는 생명이 다시 살아나 움직이도록 하는 것이라고 생각하는 그런 단순한 문제가 아니다. 이런 의미에서 생산이 텍스트라는 육신의 영혼은 아니며, 마찬가지로 텍스트가 생산에 정보를 제공하는 본질은 아닌 것이다. 잠정적으로 볼 때 텍스트는 극적인 '생명'을 갖고 있지 않다. 텍스트의 생명은 생산이라는 육신의 인쇄술적인 '영혼'이 아니라 문학적인 '의미작용들' 중의 하나이다. 텍스트는 '쉬고 있는' 생산이 아니며, 생산은 '활동 중인' 텍스트가 역시 아니다. 비록 텍스트와 생산이라는 그 두 현상이 단 하나의 실재를 구성하는 계기들이고 은폐된 통일성과 개별적으로 연결된다 하더라도 양자 사이의 관계를 단순히 이원적인 대립관계(정지/운동, 영혼/육체, 본질/존재)로 파악할 수는 없다. 여기에서 이 이원적인 대립의 개념은 정말 묘한 것이다. 왜냐하면 그 개념은 한 현상에서 다른 현상으로의 변전變轉, 즉 전이라는 가능성을 내포하고 있기 때문이며, 동시에 데카르트 방식대로 말하자면 그 변전을 불가해한 신비스러운 것—부활이나 재생 혹은 구체화의 기적이며 육체가 되어가는 언어의 기적—으로 만들기 때문이다. 그러한 개념이 탈신비화되고 변전의 신화가 소멸될 수 있는 것은 텍스트와 생산 사이의 명확한 관계를 내보이는 생산적인 노동이라는 유물론적 개념에 의해서만 가능하다. 왜냐하면 텍스트와 생산 사이의 변전이라는 개념은 그것들이 동일한 영역 내에 인접해 있는 조화로운 현실체들임을 암시하고 있기 때문이다. 그러므로 그들 사이의 변전이 복잡 미묘하고 난해한 것이라고—그들의 관계가 직접적인 것이라기보다는 '편향적'偏向的이거나 '굴절된' 것이라고—아무리 점잖게 주장한다 하더라도 이 생각에서 벗어날 수 없는 일이다. 좀 더 복잡한 거울을 생각해낸다고 반사주의적 모델에서 벗어나는 것은 아니다. 또한 그것은 텍스트를 '공연하는' 연출의 문제도 아니다. 왜냐하면 공연이라는 것이 이미 존재하고 있는 것을 그대로 모방하는 것이라는 생각이 들어가 있기 때문에 그 비유 자체가 그릇된 것이다. 극장에서 배우는 '공연'하는 것이 아니라 '연기한다.' 다시 말해 배우는 기능을 수행하고, 역役을 연기하며, 행위를 내보인다. 그는 요술을 부려 카드를 만들어내는 마술사가 아니라, 의자를 만들어내는 목수처럼 그의 역을 '생산한다.' 텍스트와 생산의 관계는 '노동'의 관계이다. 가령 연극의 도구들(무대, 연기술 등)은 텍스트의 '원재료들'을 변형시켜 특정한 생산품으로 만드는데, 그 생산품은 텍스트 자체의 엄밀한 검토를 통해서 기계적으로 추출할 수 있는 것이 아니다. 여기에 동일한 대본을 가지고 두 개의 서로 다른 연출을 할 수 있다는 문제가 관련이 된다. 왜냐하면 그 두 가지 연출은 '똑같은' 대본을 다루긴 하지만 어느 정도로 정확히 똑같이 다루느냐에 따라 서로 달라질 수 있기 때문이다. 물론 본래의 의미에서는 양쪽의 경우가 다 대본(텍스트)은 동일한 것이다. 그러나 그 텍스트에서 비롯된 연출(생산)은 비유적으로 말해 각각의 경우 '서로 다른' 텍스트에서 나온 생산이라고 할 수 있을 정도로 별개의 것이 되기도 한다—어느 한 연출가가 연출한 『오델로』*Othello*는 다른 연출가의 『오델로』와는 다른 것이다. 텍스트의 특성이 생산의 특성을 결정하게 된다. 그러나 그와 반대로 생산이 텍스트의 성격을 결정하기도 한다. 요컨대 생산은 선택 · 조직 · 배제의 과정을 통해 '어떤' 텍스트가 실제로 다루어지게 되는가를 규정하게 된다. 극의 생산양식은 어떠한 의미에서도 단순히 텍스트를 중재하는 것이 아니다. 그와 반대로 그 생산양식 자체의 실천행위와 관례들이 자신들의 내부 논리에 따라 텍스트의 재료들을 '운영'하는 것이다.

사실 극의 생산양식이 지니고 있는 이러한 상대적 자율성은 역사적으로 볼 때 다양하게 나타난다. 극의 어떤 생산양식은 그 구조 속에 텍스트의 '충실한 재현'이라는 이데올로기를 전개시킬 것이고, 또 어떤 양식은 텍스트가 절대적 중개자로서 지니고 있는 그 특권적 지위를 박탈하면서 텍스트를 개작할 수 있는 원재료로 간주할 것이다. 여기에서 유일하고 불변적인 관계는 문제시되지 않는다. 어떤 텍스트는 극의 공연에 어느 정도의 상대적인 자율성을 부여하는 반면에 극의 공연은 일방적으로 스스로가 자율성을 지닌 텍스트를 구성할 수도 있다.

그러나 변하지 않는 사실은 텍스트와 생산이 개별적인 구성체들—그들 사이에 어떤 상응관계나 '재생산의' 관계가 성립될 수 없는 별개의 물질생산 양식들—이라는 점이다. 그들은 동일한 언술의 두 가지 측면—말하자면 텍스트는 사고思考 혹은 침묵의 연설이고, 생산은 행동화한 사고 혹은 발언된 언어로 보는 것—이 아니다. 그들은 서로 다른 종류의 언술을 구성하고 있으며, 그들 사이에는 어떤 단순한 '전환'(변형)도 불가하다. 왜냐하면 전환은 양자가 분류상 서로 비교될 만한 체제를 갖추고 있는 경우에만 가능한 것인데, 여기서는 이 경우에 해당되지 않기 때문이다. 마치 돌을 조각품으로, 솜을 셔츠로 '전환시켜' 생각할 수 없는 것처럼 텍스트를 생산으로 '전환'시켜 생각할 수는 없다. 텍스트와 생산의 관계는 사고와 단어의 관계로 이론화할 수는 없다. 오히려 양자의 관계는 문법과 담화의 관계와 유사하다. 담화는 문법의 재생산이 아니라 생산품이며, 문법은 담화를 결정해 주는 구조이다. 그러나 담화의 특성을 문법으로부터 기계적으로 이끌어낼 수 있는 것은 아니다. 텍스트와 생산의 관계를 문법과 담화의 관계에 비유하는 것은 분명 완벽한 비유는 못 된다. 그 이유는 문법이 형식적이고 추상적인 규칙들의 집합인 반면 담화는 '구체적'인 것이기 때문에, 그리고 텍스트와 생산의 관계는 추상/구체의 대립이라는 관점에서 생각되어지는 것이 아니라 단지 관념적인 것 아니면 경험론적인 것으로만 여겨질 수 있기 때문이다.

실제로 텍스트는 자신의 독특한 양식 안에서 생산 그 자체만큼이나 '구체적'인 것이기 때문에 전반적인 문제가 발생한다. 텍스트는 순수한 추상적 표기체계가 아니며, 생산에 '영감을 불어넣고' '단서를 제공하며' 생산을 '넌지시 암시하는' 골격도 아니며, 생산이 즉홍적으로 이루어지는 진부한 악보도 아니다. 만약에 텍스트가 그런 것이라면 텍스트와 생산의 관계는 분명해진다. 즉 텍스트는 생산이라는 현실영역의 지도地圖로서, 생산을 가능하게 해주는 단순한 조건으로서, 생산에 따르는 담화의 '심층구조'로서 작용하게 될 것이다. 따라서 그러한 개념은 텍스트의 유형성을 효과적으로 소멸시켜 텍스트를 유령과 같은 존재로 왜소화시킴으로써, 그리고 본질/존재라는 이중성으로 되돌아감으로써 복잡한 문제를 없애버리기는 한다(그러나 본질/존재의 이중성은 또한 텍스트를 맹목적으로 숭배하는 정반대의 실수로 빠지기가 쉽다).

극의 공연에 미치는 텍스트의 결정성은 앞에서의 비유가 암시하는 것 이상으로 엄밀하다. 전통적인 방식대로 하자면 텍스트의 모든 대사, 제스처, 항목 등이 다 무대 위에서 연출되어야 한다. 일단 연출이 착수되면 연출가의 '자유'는 텍스트를 '연출하는' 자유이지 '지정된' 텍스트를 연출하는 자유는 아니다. 왜냐하면 일단 텍스트에 대한 결정이 내려지면 그 텍스트는 피할 수 없는 것이기 때문이다. 그러므로 우리가 텍스트와 공연과의 관계를 논한다는 것은 정확하고 엄밀한, 그러면서도 '반영'이나 '재생'이라는 용어로는 설명될 수 없는 결정양식을 논함을 의미한다. 간단히 말해서 어떤 한 '생산'의 조건들을 검토하게 된다는 의미다.

이러한 관계의 유비類比를 문학 텍스트와 이데올로기와의 관계에 적용시키기 전에 그것이 암시하는 또 다른 면을 간단히 살펴보는 것도 의미 있는 일이다. 극의 공연은 텍스트(대본)의 생산이지만 그 텍스트 자체가 목적은 아니다. 역사와의 복잡한 관계에 있어서 아직 결정되지 못한 것이 있기는 하나 어쨌든 극의 연출과 문학 텍스트와의 유추 · 비교가 옳다면 극의 텍스트는 그 자체가 하나의 생산이라고 말할 수 있다. 따라서 여기서 문제가 되는 것은 '생산의 생산'이다.

극의 텍스트는 특정 역사의 명확한 생산품이다. 그리고 텍스트와 극의 공연과의 관계를 고려할 때 그것은 두 패로 서로 복잡하게 연결되어 있는 결정요소들을 다루는 것이다. 내가 주장했듯이 극에서의 생산은 텍스트의 운영, 즉 '연출'mise-en-scéne이다. 그러나 그런 식으로 텍스트가 생산되면서 동시에 그 대상과 텍스트와의 내적 관계도 생산된다. 바꾸어 말하면 극의 생산은 보석류를 전시할 때 목걸이를 내보이는 것처럼 단순히 자기목적적 인공물로서의 텍스트를 생산해내는 것이 아니다. 어쩔 수 없이 극의 생산은 '생산품'으로서의 텍스트를 생산하는 일이다. 즉 텍스트가 말하고자 하는 것과 관련된 텍스트의 생산이다.

극의 생산은 그러한 관련성들을 텍스트 자체가 그 관련성들을 품고 있는 방식대로 단순히 우리에게 '전해주는' 것이 아니다. 극의 생산은 단순히 텍스트의 자기 이해를 '배가倍加시키는' 것이 아니라 텍스트의 자기 이해에 대한 해석, 즉 텍스트 이데올로기의 이데올로기를 구축하는 것이다. 그렇게 함으로써 극의 생산은 텍스트의 무지와 그릇된 이해, 텍스트 자체에 의해서 암시되고 있긴 하지만 억압된 채로 있는 지각양식에 대해 우리들이 세심한 주위를 기울이도록 할 수 있는 것이다. 실제로 극의 생산은 이것을 자신의 의식적인 목적으로 취할 수 있으며—예를 들어 브레히트Bertolt Brecht역주37의 『코리오라너스』*Coriolanus*의 경우—아니면 좀 더 일반적으로는 '서사극'에서처럼 생산품으로서의 생산품을 보여주는 극의 생산양식을 추구할 수도 있다.

그러나 우선 여기서 문제가 되는 것은 그와 같은 의식적인 탈신비화가 아니다. 왜냐하면 극의 모든 생산은 텍스트와 텍스트가 말하고자 하는 것 사이의 관계를 형성함으로써 자신과 텍스트와의 관계를 이루어 나가기 때문이다. 물론 그런 관계를 결정하는 근거는 텍스트 자체의 자기 이해이다. 왜냐하면 그러한 자기 이해를 완전히 제쳐놓거나 무시하고 없애버리면 생산해낼 극이 없기 때문이다. 그러나 생산이 그 텍스트를 완전히 초월할 수는 없다 할지라도 적어도 비판적 엄밀성을 가지고 텍스트에 뛰어들어 텍스트를 괴롭히고 심문할 수는 있다(여기에서 비판적 엄밀성이란 생산이 생산과 텍스트와의 '관계' 내에서만 존재하기 때문에 명시되지는 않지만 제시될 수는 있다).

이제 생산은 이데올로기적으로 명확한 생산기법의 미학적 논리와 그러한 미학적 장치를 결정하는 이데올로기적 요구에 의해 동시에 형성된 이중적인 운동 속에서 텍스트의 이데올로기와 일치하면서, 때로는 그 이데올로기와 어긋나면서 움직인다. 어떤 생산들은 자연주의극의 자연주의적 연출에서처럼 거의 전적으로 텍스트와 '같은 방향으로' 움직인다. 그러나 겉으로 드러난 텍스트와 연출의 유사성은 노동의 은폐라는 환상에 불과할 뿐이다. 이와는 대조적으로 '서사시적' 혹은 표현주의적 기법으로 생산된 자연주의적 텍스트를 생각해볼 수 있는데, 그것은 자신도 알지 못하는 갈등과 부재를 배태할 만큼 근본적으로 '낯설은' 것이다. 또한 이러한 양극 사이에 끼어들 만한 생산들의 전체적인 등급을 생각할 수도 있는데, 이 등급 가운데서 생산양식, 즉 '생산의 이데올로기'와 '텍스트의 이데올로기'의 제 관계들이 정확하게 결정될 수 있다. 그러므로 지금 추적하고 있는 평형관계는 다음과 같이 도식화된다.

역사/이데올로기 ⟶ 대본 ⟶ 연출
역사 ⟶ 이데올로기 ⟶ 문학 텍스트

말하자면 문학 텍스트는 대본에 입각하여 연출을 하는 것과 유사한 방식으로 이데올로기(그 자체가 하나의 생산이다)를 생산한다. 그리고 연출과 텍스트와의 관계가 텍스트 자체의 내적 관계 '구성'이라는 형식하에서 텍스트가 자신의 '세계'와 내적 관계를 맺고 있음을 드러내 보여주듯이, 문학 텍스트와 이데올로기와의 관계는 텍스트와 역사와의 관계에 내재된 그 무엇을 들추어낼 수 있도록 이데올로기를 구성하는 것이다.

이러한 설명은 즉각 몇 가지 문제점을 노출시킨다. 그 중 첫째가 텍스트와 '현실' 역사와의 관계와 관련된 것이다. 어떤 의미에서 '역사'보다는 '이데올로기'가 텍스트의 대상이 된다고 주장하는 것이 옳은가? 질문을 조금 다르게 해보자. 어떤 의미에서 역사적으로 '현실적인' 요소들이 (만약 존재한다면) 텍스트에 진입하는가? 게오르그 루카치 Georg Lukács는 그의 『서구 리얼리즘 연구』*Studies in European Realism*에서 발자크의 위대성은 그의 예술이 갖는 '엄격한 진실성'으로 인해 그가 자신의 반동적 이데올로기를 초월하여 위험에 처해 있던 현실 역사의 모든 문제들을 인식하게 되었다는 사실에 있다고 주장했다. 여기서 이데올로기는 분명히 진정한 역사인식을 방해하는 '허위의식'이며, 인간과 인간의 역사 사이를 가로막고 있는 장막을 의미한다. 하지만 이러한 개념으로서의 이데올로기는 지나치게 단순화된 개념이며, 따라서 이데올로기를 내재적으로 복합적인 하나의 구성체로 파악하지 못하고 있다. 다시 말해 다양한 방법으로 개인을 역사 속에 투입시킴으로써 그 역사에로의 다양한 접근방법과 그 정도를 가능하게 해주는 그런 구성체로서의 이데올로기를 파악하지 못하고 있다는 것이다.

사실상 그러한 개념은 어떤 이데올로기들, 그리고 이데올로기의 어떤 단계들이 다른 것들보다 더 거짓된 것이라는 사실을 파악하지 못하는 것이다. 이데올로기는 하부구조의 불길한 꿈이 아니다. 이데올로기는 현실을 '왜곡하여' '생산'해내면서도 그 자체 내에는 현실성의 요소들을 내포하고 있다. 그러나 그렇기 때문에 마치 이데올로기가 현실적인 요소들을 걸러내는 그물인 양 '장막'의 이미지를 '여과기'의 이미지로 변형시키는 것으로는 충분치 못하다. 그러한 '간섭주의적인' 이데올로기의 모형도 그 이데올로기라는 방해물 뒤에서 현실을 관찰하기 위해 내다볼 수 있는 가능성은 제시해 준다.

그러나 자본주의 생산양식에 있어서는 그렇게 해서 관찰된 것이 분명한 현실은 아니다. 현실은 그것이 현실성을 내보이기 위해 자연스럽게 제시하고 있는 현상적인 범주들(상품, 임금관계, 교환가치 등) 속에 자신의 현실성을 은폐하고 있기 때문에 부득불 경험적으로는 완전히 다 인식할 수 없는 것이다. 오히려 이데올로기는 현실의 현존성 인식 위에 현실부재의 그림자를 드리우기 위해 현실적인 것을 생산하고 구축하는 것이다. 단순히 현실의 어떤 면은 눈에 띄게 되고 어떤 면은 감추어지게 된다는 것이 아니라, 현실의 현존은 그 부재에 의해 구성된 것이고 부재는 그 현존에 의해 구성된 것이라는 뜻이다.

발자크는 실제로 현실 역사의 움직임에 대한 부분적인 통찰력은 발휘할 수 있었다. 그러나 이데올로기의 초월로서의 그러한 통찰력을 역사에 대한 통찰력으로 상상하는 것은 잘못된 것이다. 그와 같은 영역의 자리바꿈은 일어나지 않는다. 오히려 발자크의 통찰력은 이데올로기에로의 작가적 양식의 삽입이라는 특수한 결합, 그가 속해 있던 이데올로기적 영역과 현실 역사와의 관계, 당시 자본주의 발달 단계의 특징, 그리고 그가 다루었던 특정 예술형식(리얼리즘)의 '진실효과' 등의 결과다. 그가 지나치게 혼란에 빠진 것과 동시에 비범할 정도로 탁월한 통찰력을 보인 것도 바로 그러한 결합에서 기인한다. 셰익스피어William Shakespeare의 극이 고도로 특징적인 이데올로기적 관점의 바깥에서 부르주아적 개인주의를 비판했다는 점에 의문의 여지가 없듯이 발자크의 텍스트들이 이데올로기적인 것을 '무시하고' 역사와 직접 관련을 맺고 있다는 점에도 의문의 여지는 없는 것이다.

텍스트와 역사와의 관계가 직접적이고 자연발생적인 관계라는 생각은 순진한 경험주의에 속하는 것이며, 무시해야 함이 마땅하다. 도대체 텍스트가 그 역사에 '직접적으로' 관계를 맺고 있다고 주장하는 것이 무슨 의미가 있는가? 한 단어의 의미가 그 단어와 관련된 대상물로서 생각될 수 없듯이 텍스트는 현실 역사를 직접적으로 나타내는 것이라고 생각될 수가 없다. 다른 무엇보다도 언어는 분명히 대상을 이름 짓는다. 그러나 비록 단어와 대상이 인접해 있다 하더라도 전류의 상호 접속을 기다리는 양극과 같은 그런 단순한 관계로 언어가 대상을 지칭하지는 않는다. 물론 텍스트는 나폴레옹이나 차티스트 운동Chartism역주38과 같은 실제 역사에 관해서 언급할 수가 있다. 그러나 텍스트가 경험적인 역사적 정확성을 주장한다 할지라도 그것은 항상 '허구'의 논술, 즉 텍스트의 생산법칙에 따라 조정된 역사적 자료이다. 만약에 그러한 경우에 현실 역사가 허구로서 읽혀질 수 없다면 우리는 문학적인 것이 아닌 역사편찬적인 언술을 다루고 있는 것이다. 물론 '역사를 담고 있는' 문학작품은 허구로서 다루어져야 한다고 하더라도 이는 문학작품이 그것이 다루고 있는 특정 역사와 맺고 있는 관련성을 억눌러 그 특정의 역사가 마치 시대불문의 '어느' 역사라도 될 수 있다는 것을 의미하는 것은 아니다. 역사를 담고 있는 문학작품이 허구라 함은 '어떤' 특정의 역사가 허구화되고 있음을 주장하는 것으로, 특정 역사의 대행자들이 지니고 있는 이데올로기적 양식이 그 특정의 역사 속으로 삽입되는 이데올로기적 생산의 견지에서 역사가 해석되고, 따라서 '제2의 이데올로기'로 간주된다는 뜻이다. 텍스트는 우리들의 이데올로기에로의 접근을 가능하게 하면서 우리를 단순한 환상 속으로 몰아넣는 것은 아니다. 상품, 돈, 임금관계는 틀림없이 자본주의적 생산의 '현상적인 형태들'이다. 그러나 만약에 그런 것에도 불구하고 그러한 형태들이 현실적인 것이 되지 못한다면 사실 그것들은 아무것도 아니다. 제인 오스틴Jane Austen역주39의 소설은 우리에게 단순히 이데올로기적 환상만을 보여주는 것이 아니라, 그와는 반대로 당대 역사의 이야기를 역사편찬보다도 더욱 더 의미 있게 제공해 주고 있다. 이것은 오스틴의 소설이 현실 역사와 접하고 있는 그 어두운 경계를 밝혀줄 수 있도록 이데올로기를 '멀리 하는', 그녀 소설이 지닌 미학적 형식들의 효과 때문만은 아니다. 이데올로기가 실제로 단순한 환상에 불과하다면 그것이 진실을 드러내는 것을 방해하는 형식적이고 일방적인 조작도 틀림없이 요구되는 것이다. 만약 오스틴의 미학적 형식들이 이런 일을 하고 있다면 그것은 그러한 형식들 자체가 어떤 이데올로기적 약호의 산물이기 때문이며, 또 그러한 약호들은 우리들이 어떤 가치나 세력 그리고 어떤 관계들로 접근하는 것을 허용하는 가운데 우리들에게 일종의 역사적 지식을 가져다주는 것들이기 때문이다.

과학적인 의미에서 엄격히 따지자면 이데올로기는 분명 지식은 아니다. 그러나 인식론적으로 따져서 엄밀한 과학과 순수한 환상 사이를 명확하게 딱 갈라놓을 수는 없다. 만약 오스틴의 소설들이 부분적으로는 진실한 것이라면 그것은 그녀의 소설들이 지니고 있는 미학적 장치, 즉 복합적이면서도 역사적으로 의미 있는 인식들을 잉태하는 미학적 장치가 어떤 이데올로기적 결합과의 생산관계를 통해 그 능력을 발휘했기 때문이다. 가령 『그릴 그랑즈』*Gryll Grange*역주40와 같은 작품보다도 그 생산관계가 역사적 현실을 더 잘 '감지하고 있는' 것이다. 그러나 이것은 좀 더 많은 '지식을 담고 있는' 텍스트(가령 『카렙 윌리엄즈』*Caleb Williams*역주41의 경우)가 반드시 더 가치 있는 인식들을 성취할 수 있다는 의미에서의 '지식의 정도'의 문제는 아니다. 그와는 반대로 오스틴 소설에서는 그녀의 통찰력에서보다 그녀의 무지에서 더욱 더 많은 가치를 찾을 수 있다. 소설들이 무엇을 행하며 그것들이 행하는 '방식'에 대해서 알고 있는 것은 아마도 소설들이 알 수 없는 것이 너무나 많기 때문일 것이다. 오스틴은 그녀가 알고 있지 못하기 때문에 '알고 있는' 것이다. 따라서 오스틴이 현실적인 것을 배제시켰다 해서 그녀가 '알고 있는' 것을 전혀 아무것도 아닌 것, 무가치한 것으로 넘겨버릴 수는 없는 것이다. 왜냐하면 역사적 유물론이라고 알려진 그런 현실의 배제가 없었다면 오스틴에게 있어서는 그녀가 제시하는 윤리적 설교, 등장인물들의 말, 친척관계의 의식이나 집회의식의 어떤 것도 있을 수 없었기 때문이다. 간단히 말해서 현실을 배제시키지 않고서는 그녀의 소설을 '가치 있는' 것으로 만드는 그 어떤 요소들도 있을 수 없었기 때문이다. 그러한 의식들과 대화들은 현실적인 것이 물러나 버린 텅 빈 공간들이 아니며, 그렇다고 그것들이 약호화시킨 격렬한 이데올로기적 투쟁에서도 '비현실적'인 것을 찾아볼 수 있는 것도 아니다.

이데올로기적인 것이 역사를 암시하기 위하여 스스로 거리를 두고 형식적이고 유사과학적인 행위에 굴복하는 것이 항상 필수적이 아님은 그 이데올로기적인 것이 '현실적'(엄밀한 의미에서는 그렇지 않지만)이기 때문이다. 이것이 바로 소설 속에 이데올로기가 들어설 때 발생하는 일이다. 그러나 이데올로기적인 것이 잠복해 있다가 그것의 역사적 진실성을 전달해 줄 수 있는 것은 단순히 소설의 이런 '허위효과'에 의한 것만은 아니다. 왜냐하면 역사적 진실을 전달해 주는 일은 문제의 이데올로기적 결합과 미학적 형식의 특성에 달려 있기 때문이다. 텍스트가 이데올로기의 불완전한 조화 속으로 삽입되는 양식, 그러한 불완전한 조화가 억눌려진 이데올로기의 조화 속으로 삽입되는 양식, 텍스트가 지니고 있는 형식적 장치들의 이데올로기적 특성—종국에는 역사적 현실에 의해서 결정되는 이러한 접점들이 그 역사적 현실이 허용하고 있는 범위 내에서 가능한 텍스트의 역사적 현실로의 접근방법의 본성, 정도, 특질을 결정하는 것이다.

역사는 분명히 텍스트에 '끼어든다.' '역사적'인 텍스트는 말할 것도 없다. 그러나 정확히 말하자면 역사는 '이데올로기로서', 즉 가늠할 수 있는 역사의 부재로 인해 왜곡되고 그 부재에 의해 결정된 현존체로서 텍스트에 끼어든다. 그렇다고 현실 역사가 텍스트에 위장된 형태로 있기 때문에 비평가의 임무는 역사의 그 가면을 벗겨내는 것이라고 말하려는 것은 아니다. 오히려 역사는 텍스트 속에서 '이중부재'의 형태로 '현존하고 있는' 것이다. 텍스트는 현실적인 것이 아니라 현실적인 것이 살아 움직이게 만드는 어떤 의미작용들을 그 대상으로 취한다. 그런데 이 의미작용들은 현실적인 것을 부분적으로 소멸시킴으로써 나온 결과이다.

그러므로 텍스트 자체 내에서 이데올로기는 어떤 '유사현실적인'

구성요소들의 특성과 성향을 결정하는 주요한 구조가 된다. 말하자면 현실 역사 과정의 이러한 도치에 의하여 텍스트 자체 내에서 역사적 현실성이 이데올로기를 결정하는 것이 아니라 이데올로기가 역사적인 현실을 결정하는 것처럼 보이며, 이 현실 역사 과정의 도치는 최종적인 순간에는 당연히 역사 자체에 의해서 결정되는 것이다. 이런 점에서 역사는 그것이 궁극적인 기의記意 signified이기 때문에 문학의 궁극적인 기표記標signifier라고 말할 수 있다.

그렇다면 도대체 역사의 물질적 기반을 제공하는 현실의 사회구성체를 제외한 기타의 의미작용 행위의 근원과 대상은 결국 무엇이란 말인가? 문제는 그러한 주장이 틀렸다는 것이 아니라, 모든 것을 있는 그대로 그냥 남겨놓고 있다는 것이다. 왜냐하면 텍스트는 역사적인 것으로서보다는 역사로부터의 장난기 어린 도피로서, 역사에 대한 거역과 반항으로서, 현실의 긴박성이 증발해 버릴 것만 같은 순간적인 해방구역으로서, 그리고 필요성의 영역 내에 감금되어 버린 자유의 영역으로서 우리에게 다가오기 때문이다. 우리는 그러한 자유가 대개는 환상적인 것임을 안다. 즉 텍스트는 '지배되고 있는' 것이다. 그러나 그러한 자유가 바로 우리 자신의 그릇된 인식이라는 의미에서는 그것이 환상만은 아니다. 텍스트가 지니고 있는 자유라는 환상은 바로 그 텍스트의 본성의 일부이며, 그것은 특이하게 다중규정된 텍스트와 역사적 현실의 관계에서 비롯된 결과이다.

가령 역사편찬과 대조하여 문학 텍스트는 어떠한 결정적인 대상도 갖고 있지 않다고 말함으로써 이와 같은 자유의 의미를 표현할 수도 있다. 역사편찬은 그 이데올로기적 양식이 무엇이든지 간에 그런 결정적인 대상—역사 자체—을 지니고 있다. 그렇다면 문학 텍스트의 대상은 정확히 무엇인가? 텍스트는 무엇을 '외연적으로 나타내는가'? 왜 이런 질문을 던지느냐 하면 '체험된 것'의 범주로부터 실제 역사를 재구성하려는—요컨대 '이데올로기로서의 역사'를 그 대상으로 취하는— 역사편찬의 그러한 감정이입적 · 해석학적 형태들조차도 역사 자체를 그들의 간접적인 대상으로 삼고 있기 때문이다.

그러나 문학 텍스트는 오히려 그 자신의 대상을 생산하려고 하는 듯이 보이는데, 그 대상은 텍스트가 그것을 생산하는 양식들과 분리될 수 없는 것이다. 즉 그 대상은 하나의 실체라기보다는 그러한 양식들의 결과인 것이다. 텍스트가 스스로를 자신의 생산품으로서 드러내는 한 그것은 '자기생산적인 것'으로 나타난다. 텍스트의 생산수단과 생산된 것 사이에는 분명히 이론적인 구별이 가능하다. 왜냐하면 텍스트의 생산수단에는 구체적인 내용들과는 비교적 독립해서 존재하는 미학적인 범주들(장르, 형식, 관례 등)이 포함되며, 생산된 것에는 특정의 주제, 플롯, 등장인물, '상황' 등이 포함되기 때문이다. 그러나 이러한 구별은 동력직조기와 그 생산품 간의 물질적 · 현실적 구별과는 분명히 다르다. 동력직조기 그 자체는 마치 하나의 문학적 관례가 텍스트에 작용하여 만들어낸 것에 의해 그 스스로가 변형되는 것과 같은 방식으로 그 생산품에 의해 변화되는 것은 아니기 때문이다(직조기가 생산품에 전가하는 가치의 문제는 일단 덮어두기로 한다).

텍스트는 생산자, 생산양식, 생산품이 텍스트의 공간 내에서 서로 공통의 경계를 가지고 어울려 있다는 의미에서 스스로를 생산하는 것으로 나타난다. 텍스트 분석에 있어서 작가라는 생산자에 관한 진술들은 텍스트 운용에 대한 묘사로 적절히 환원될 수 있으며, 그것은 거꾸로 텍스트 안에서 운용되고 있는 것에 대한 또 다른 메타포에 불과한 것이다. 따라서 '생산품'과 '생산자'는 의미생산의 자기발생적 과정, 즉 텍스트의 비유적 추상 개념에 불과한 것으로 나타나는 것이다.

'어느 특정한 의미에서 볼 때' 텍스트가 '자기생산적이다'라는 주장은 나중에 언급하겠지만 타당한 주장이다. 그러나 텍스트가 근원이나 대상도 없는, 끊임없는 자기 의미부여 행위라는 개념은 개인의 자유라는 부르주아적 신화와 분명하게 일치한다. 그런데 개인의 자유가 신화적이 아닌 것은 그것이 어떤 유행에 따라 존재하는 것이 아니라, 자기 은폐를 실행에 옮기고 있는 어떤 결정적 요인들의 영향 때문에 존재하기 때문이다. 마찬가지로 텍스트의 '자유'는 텍스트와 역사 간의 불가피한 관계의 결과이며, 텍스트의 현실적 필요성에 대한 현상적 형태이다. 역사편찬 작업과 비교해 보면 논의가 명확해진다. 관례적으로 역사편찬은 현실적인 것에 대한 '객관적'인 설명을 하기 위하여 그 의미작용을 조직화한다. 그런데 역사편찬에서 실제로 그렇게 하지 못하는 것은 언술로서의 역사편찬의 성격에 '본질적이지 않은' 것, 즉 현실적인 것을 이데올로기적으로 구축하려는 경향 때문이다. 그러나 문학 텍스트가 역사를 그 직접적인 대상으로서 취급하지 않고 대신에 역사를 은폐된 토대로 두고 있는 이데올로기적 형식과 요소들에 근거해서 작용하는 것은 문학적 언술행위의 특성상 본질적인 것이다. 따라서 문학 텍스트와 역사편찬적인 텍스트는 서로 전혀 다른 의미에서 '이데올로기적'인 것이다.

문학 텍스트는 역사를 그 대상으로 '받아들이지' 않으며, 심지어는 ('역사'소설의 경우에 있어서처럼) 역사를 그 대상으로 받아들이고 있다고 믿고 있는 경우에도 그러하다. 그러나 그럼에도 불구하고 텍스트는 결국에는 역사를 그 대상으로 '소유하고' 있으며, 이것은 텍스트 그 자체에서가 아니라 비평에서 분명하게 드러나고 있다. 문학에 그 자유의 기운을 제공하는 것은 바로 이런 역사의 '거리두기', 즉 어느 특정 역사적 현실의 부재이다. 역사편찬 작업과는 달리 문학은 그 의미들을 현실적인 것의 절박함에 부합시킬 필요성에서 해방된 듯이 보인다. 그러나 이러한 해방은 단지 내적 필요성의 다른 얼굴에 불과할 뿐이다.

텍스트는 우리에게 사회적으로 결정된 현실적인 것의 묘사를 보여준다. 그리고 그러한 묘사는 그것이 지칭하는 특정의 현실적 조건들로부터 벗어나 있다. 만약에 텍스트가 구체적인 상황을 나타내지 않는다면 자기 스스로를 나타내든지 아니면 전반적인 상황을 나타내야 하므로 텍스트가 자기지시적인 것 아니면 반대로(이것 역시 똑같은 이상주의적 오류이지만) '삶' 혹은 '인간조건' 등을 언급하는 것으로 받아들여지기 쉬운 것도 바로 이런 의미에서이다. 그러나 매우 의미심장하게도 텍스트가 구체적인 상황이 아니라 그 '구체적인 상황들'이 실제로 생산해내는 어떤 이데올로기적 구성체(간접적으로 얘기하자면 역사가 그것임)를 언급하는 것은 바로 이 특정의 현실적인 것의 부재에 있는 것이다.

텍스트는 자신과 나란히 존재하는 현실 역사 없이 그런 이데올로기를 제공한다. 마치 자신이 자율성을 지닌 존재인 양 현실 사건과 흡사한 상상의 상황을 제시해 주는 것이다. 왜냐하면 텍스트가 보여주는 상황이 지닌 의미가 그 상황의 물리적 현실에 있는 것이 아니라, 그 상황이 어떤 특정의 의미작용 과정을 구성하고 영속화시키는 일에 얼마나 기여하느냐에 달려 있기 때문이다. 이런 의미에서 역사는 거리가 멀어지면서 점점 더 '추상적'인 것이 되어가는 것이고, 의미부여 과정은 더 커다란 우위를 점하면서 더욱 더 '구체적'인 것이 되는 것이다. 문학작품은 어느 특정의 '현실적'인 것을 재생산하는 필요성에 얽매여 있지 않기 때문에 자유로운 것으로—자기생산적이고 자기결정적인 것으로—나타난다. 그러나 이러한 자유는 문학작품의 이데올로기적 토대를 구성하는 요인들에 의한 좀 더 근본적인 결정성을 은폐하고 있다고 할 수 있다. 만약에 텍스트의 '유사현실적인' 것, 즉 상상의 인물들과 사건들의 단계에서 '무엇인가가 발생할 수 있다면' 이것은 결코 텍스트의 이데올로기적 구성에 맞지 않는 것이다. 그리고 텍스트의 유사현실적인 것이 내보이는 제멋대로의 우연성 역시 마찬가지로 현실적이지 않은 것은 바로 텍스트의 유사현실적인 것이 이데올로기적 구성과 부합되지 않기 때문이다. 문학 텍스트의 유사현실성은 텍스트의 표현양식에 대한 강력한 이데올로기적 요구에서 비롯되는 것이다.

역사는 텍스트 자체 내에서 이데올로기에게 텍스트의 상상의 역사나 '유사역사'를 결정하는 지배구조로서의 특권을 부여하는 그런 이데올로기적 결정성에 따라 텍스트에 영향을 미친다. 이런 '유사' 현실 혹은 '텍스트의' 현실은 역사적 현실의 상상적 '치환'置換으로서 역사적 현실과 관계를 맺는 것이 아니다. 문학 텍스트는 현실적인 것을 '상상적으로 치환시키는' 것이라기보다는 표현된 어떤 현실의 묘사를 상상의 대상 속에 생산하는 것이다. 만약에 문학 텍스트가 역사와 거리를 두고 있다면 그것은 텍스트가 역사를 한 존재론적 상태에서 다른 존재론적 상태로 전환시키면서 환상으로 변형시키기 때문이 아니라, 텍스트가 허구의 틀 속에 집어넣는 의미작용들이 이미 현실 자체라기보다는 현실의 묘사이기 때문이다. 텍스트는 바로 그 현실적인 것의 상상적인 생산, 즉 이데올로기 속에 내재하는 의미·

인식·반응들의 조직체이다. '텍스트의 현실'은 역사적인 현실의 상상적인 치환으로서가 아니라, 그 근원과 지시대상이 결국에는 역사 그 자체인 어떤 의미부여 행위의 산물인 것이다.

따라서 문학 텍스트는 '구체'와 '추상'의 묘한 결합이라는 특징을 지닌다. 문학 텍스트는 그 조직의 밀도에 있어서는 역사편찬과 비슷하지만 그 대상의 '보편성'에 있어서는 철학적인 언술과 비슷하다.[1] 그러나 '추상적' 대상을 구체적인 것으로서 취급한다는 점에 있어서는 그것들과 다르다. 텍스트는 분명한 대상을 향한 것도 아니면서 이목을 집중시키는 어떤 구체적인 제스처의 직접성을 생각나게 해준다. 이것은 마치 다급하게 제스처를 취함으로써 어떤 실제상황을 '전달해 주는' 한 사람의 행동이 결과적으로는 어떤 의미에서 의식적儀式的이고 연습적인 것, 즉 그가 처한 상황이 긴급함을 가리키는 것이 아니라 오히려 그러한 행동을 유발시킬 수 있는 그 상황의 '성격'을 드러내 주는 학습된 의도적인 행동이라는 것에 불과하다는 것을 깨닫는 것과 마찬가지이다. 우리의 오류는 그의 제스처를 그 상황 자체와의 관계로서 파악해야 함에도 불구하고 그 상황을 그의 제스처와 관련이 있는 한 대상으로 파고들려는 데 있는 것이다. (마치 실제로는 그가 춤을 추고 있는데 그의 모습을 보고 그가 무엇을 가리키고 있다고 생각하는 것과 같다). 그런 사람의 행동이 비록 어떤 '구체적'인 동기와는 거리가 멀어 아무런 이유가 없는 행동이라고 여겨질 수 있다는 점이 사실은 그의 행동을 어느 한 배우의 연습되고 계산된 행동처럼 보이게 만드는 것이다. 즉 그의 행동이 아무런 까닭이 없는 근거 없는 행동처럼 보이는 것은 그 행동이 자연발생적인 것이기 때문이 아니라 자연발생적이지 못하기 때문이다.

이를테면 현상학적인 역사편찬과 철학 사이에 위치하는 텍스트의 애매모호한 지위는 텍스트와 이데올로기 간의 구체적인 관계에서 비롯되는 것이다. '체험'의 생산이라는 점에서 텍스트는 전자에 가까운 것이며, 특정의 현실조건들로부터 단절된 '체험'의 생산이라는 점에서는 후자와 비슷하다. 물론 철학은 체험을 '자연발생적인' 반응과 인식으로서가 아니라 체험의 기반이 되는 보편적인 범주의 견지에서 다룬다. 그러한 범주는 이데올로기적일 수도 있고 그렇지 않을 수도 있으며, 혹은 얼마간 이데올로기와 얽혀 있을 수도 있다. 이런 의미에서 철학은 문학과 다르다. 왜냐하면 문학의 목적은 체험을 자연발생적인 것으로서 우리에게 제시해 주는 것이기 때문이다. 그렇지만 이 '자연발생적 특성'이 실제로 현상적인 것인 한 문학은 철학과 흡사하다. 내가 주장하고 있듯이 문학은 또한 어느 정도 간접적으로 체험의 범주들을 드러내 준다. 단지 문학은 '구체적인 것' 속에 그러한 범주들을 용해하여 은폐시키기 위하여 그 범주들을 생산하는 것이다(포프의 『인간론』*Essay on Man*역주42은 어떤 정언적定言的인 진술들을 보여주지만 그 형식이 지니고 있는 수사학적인 전략이 그 진술들의 '경험'을 이끌어내는 것인 한 그 작품은 철학적인 텍스트라기보다는 문학적인 텍스트이다).

그러나 텍스트가 '추상적인 것을 구체화한다'라고 말하는 것은 적절하지 못하다. 좀 더 정확히 말하자면 내가 잠정적으로 말했던 '텍스트상의 현실'이 지니고 있는 '추상성', 즉 어느 특정의 역사적 현실과의 일치성(혹은 아주 우연한 일치성)의 결여가 바로 텍스트의 의미부여 장치들의 독특한 다중규정성의 결과이며, 또 다중규정성을 생산하는 것이다. 텍스트의 '구체성'은 바로 이 다중규정성—텍스트의 많은 결정요소들이 복합적으로 응집되어 있는 것—에 내재해 있다. [마르크스가

『개요』*Grundrisse*에서 추상에서 구체로의 '향상'을 말했을 때 그는 그 단 하나의 동사(향상하다) 속에 철학의 전통 전부를 다 무너트렸다]. 왜냐하면 문학 텍스트는 마치 자신의 표현양식을 가장 구체적인 것으로(마르크스적인 의미로) 만들기 위하여 텍스트의 '현실'을 구성하는 것처럼 행동하기 때문이다. 혹은 거꾸로 말해서 텍스트의 이데올로기적 구성체가 지니는 바로 그 엄격함이 역설적으로 그 '텍스트상의 현실'의 유연성과 잠정성을 불가피한 것으로 만드는 것처럼 행동하기 때문이다.

결국 이것은 텍스트 안에서 무엇인가가 발생할 수 있다는 것을 암시하는 것이 아니다. 오히려 이것은 '텍스트의 현실'이 텍스트 이데올로기의 강력한 요구에 따라 용해·치환·응집·융합된다는 것을 가리키며, 또한 텍스트상의 현실이 지니는 잠정성이 전형적으로 '자연스러운 것으로 된다'는 것을 가리키는 것이다. 그러나 그러한 주장을 텍스트가 형식을 강화시켜 주는 '내용'만을 선택한다는 형식주의자들의 학설로 오인해서는 안 된다. 왜냐하면 나중에 언급하겠지만 그러한 내용을 '선정하는' 형식들 자체가 이데올로기라는 이미 구축된 내용으로부터 선택된 것이기 때문이다. 텍스트 내에서 '유사현실적인 것'에 대한 '이데올로기'의 우위에 관한 한 예, 즉 그들 사이의 '생산' 관계에 관한 한 예는 리얼리즘 소설의 전통에서 나타나는 소위 인물과 사건의 '전형성'이라는 것에서 찾아볼 수 있다. 그런 인물과 사건들은 다른 것으로 환원시킬 수 없는 개별적인 특성을 지니고 있는 동시에 역사적으로는 전형적인 것으로 나타난다는 헤겔 철학식의 주장이 의미하는 바는 그 인물들과 사건들이 다중규정된 생산품이라는 사실을 뜻한다. 즉 많은 '유사현실적' 구성요소들의 자리바꿈과 융합에 의해 그 인물들과 사건들이 그들 내부의 다양한 결정요인들을 한곳에

집중시킴으로써 그 대가로 이례적으로 아주 강한 정도의 구체성을 획득한다는 사실이다.

어떤 텍스트들은 다른 텍스트들보다 현실적인 것에 훨씬 가깝게 접근하는 것처럼 보이는 것이 사실이다. 가령 『황폐한 집』*Bleak House*에서 '텍스트의 현실' 수준은 번즈Robert Burns역주43의 「오 나의 님은 새빨간 장미」*My love is like a red, red rose*와 같은 서정시의 그것보다 상당히 두드러진 것으로 나타난다. 전자는 다른 무엇보다도 극도로 지방적인 성격의 역사를 조명하고 있으며, 후자는 지극히 추상적인 지시대상을 소유하고 있기 때문이다. 그러나 번즈의 시가 '현실적'인 대상이 아닌 어떤 이데올로기적 의미작용의 양식을 보여주기 때문에 그가 어떤 구체적인 '님'을 대상으로 한 것인지의 여부는 전혀 고려할 만한 것이 못 된다는 사실이(그의 시형식이 또한 그 점을 '암시하고' 있다) 분명하다면 디킨즈의 소설에서도 어느 정도 사정은 마찬가지이다. 간단히 말해서 디킨즈는 '유사현실적인 것'을 두드러지게 '부각시키는' 특정의 의미작용 양식(리얼리즘)을 전개시키고 있는 것이다. 그러나 이로 인해 그의 소설에서 나타나는 상상의 런던 시와 실제 런던 시와의 직접 비교가 가능하다고 생각해서는 안 된다. 『황폐한 집』에 나타난 상상의 런던 시는 있는 그대로의 '빅토리아조 영국'이 아니라, 빅토리아조 시대의 현실 의미부여 방식을 함축하고 있는 '구상과정'의 산물로 존재하는 것이기 때문이다.

소설은 현실 역사를 묘사하는 방식으로서 상상의 역사를 다루는 것이 아니다. 소설 속의 역사는 현실 역사의 어떤 특정 이데올로기적 '경험'을 취급하기 때문에 그 자체가 상상의 역사이다. 이런 점에서 텍스트를 단지 이데올로기의 '생산품'으로서만이 아니라 이데올로기의 '필수품'으로 생각하는 것이 유용하다. 이는 경험론적인 의미에서 그렇다는 게 아니다. 왜냐하면 문학 없이도 이데올로기는 분명히 존재해 왔기 때문이다. 오히려 이렇게 말하는 것은 이론적으로 소설이라는 명칭이 우리가 이데올로기의 가장 충만한 자기 표현에 부여한 이름, 즉 소설이 이데올로기의 그러한 완벽한 자기 표현을 떠맡을 수 있는 유일한 논리적 형식을 지칭한다는 점에서 그렇다는 얘기다. 그리고 물론 이것은 소설이 '진실하지 않은' 것이기 때문에, 그래서 '허위의식'을 표현하기 위한 적절한 수단이기 때문이라서가 아니다. 오히려 한 사회의 자기 표현을 재구성하기 위하여 그것을 특정의 '현실'과 단절시켜 상황이라는 형태로 변화시킬 필요성을 느끼기 때문이다. 그리고 여기서 상황의 형태는 상상적인 것이기 때문에 일상적인 체험의 단순한 재생산에서는 받아들여지지 않는 포괄범위, 치환, 경제성, 융통성 등이 고려되는 것이다.

문학 텍스트가 현실적이고 직접적인 지시대상을 결여하고 있음은 텍스트가 지닌 가장 두드러진 특징이다. 문학 텍스트의 허구성이 바로 그 특징이다. 이 허구성에는 잘 알려진 문제들이 내포되어 있는데, 가령 상당량의 '사실적'인 소재들을 지니고 있으면서도 허구적인 색채가 강한 텍스트에 관한 문제, 혹은 중요한 허구적 요소들을 지니고 있으면서도 사실적인 요소가 우세하게 나타나는 텍스트의 문제가 그것이다. 그러나 현재로서 말할 수 있는 것은 허구성이 문학 텍스트의 가장 보편적인 요소라는 사실이다. 그렇다고 이 허구성이 텍스트 내에서 일어나는 사건과 반응들이 '문자 그대로' 허구임을 가리키는 것은 아니다(왜냐하면 우연히 역사적으로 사실적인 것이 될 수도 있으므로). 오히려 그 허구성은 그러한 내용을 생산해내는 어떤 양식들을 가리키는 것이다. 한 시인의 전기적傳記的인 경험은 시적 형식 안에서 생산될 때 '허구적인' 것이 된다. 즉 특정한 생산양식에 의해 그 전기적 경험이 어떤 다른 '대상'이 되며, 경험의 전기적인 정확성이나 의미보다는 보다 보편적인 역사를 표현하는 한 구조의 부분으로서 작용하는 그 경험의 기능에 의해 우리의 관심이 주어질 때 그것은 허구적인 것이 된다. (주요 예술에 있어서 '보편성'이라는 전통적인 개념이 분명하게 나타나는 것은 바로 이런 사실에서 기인한다).

내가 언급했듯이 이러한 미학적 생산양식을 구성하는 것 중에서 중요한 것은 기의에 대한 기표작용의 우위(혹은 '과다')이다. 따라서 기의가 점점 더 '추상적'이고 상상적인, 혹은 허상의 것으로 되어감에 따라 그에 상응하여 기표작용이 두드러지게 부각되는 것이다. 전통적으로 '전형적'이고 문학적 언술이라고 부를 수 있는 것—흔히 그러한 언술로서 생각해 볼 수 있는 것이 '시학'이다—의 특징은 바로 그러한 기표와 기의 간의 규범적 관계가 '혼란'을 일으키는 데서 찾을 수 있다. 이러한 혼란의 결과로 기표작용 자체가 부각되고 강화되어—형식주의자들의 용어를 빌려 말하면—경험을 '낯설게 하기'가 이루어진다.

그러나 이런 경우가 모든 종류의 문학적 언술에 다 해당되는 것은 아니다. 가령 상당히 사실주의적이거나 혹은 자연주의적인 언어에는 이 경우가 해당이 안 된다. 그렇지만 '시적' 언어가 기표와 기의의 어떤 관계를 드러내 보여준다면 그 기표와 기의의 관계는 또한 덜 분명하긴 하지만 사실주의적이거나 자연주의적 텍스트들도 공유하고 있다. 말하자면 '당신은 아직까지 정숙한 신부를 범하지 않았군요'와 같은 문장이 문학적인 언술임은 '자명' 하다. 그 반면에 '잠시 후에 나는 병원을 떠나 밖으로 나갔으며, 나중에 비를 맞으며 병원으로 되돌아 왔다'와 같은 문장은 그 문맥에 따라 문학적인 언술일 수도 있고 아닐 수도 있는 것이다. 사실상 두 문장은 모두 현실적인 특정의 지시대상을 결하고 있는 문학적인 언술이다. 그러나 첫 번째 경우에서의 현실적 지시대상의 부재는 텍스트의 바로 그 문자 속에 새겨져 있다. 따라서 이것은 텍스트 내 요소들의 내부적인 부조화 상태에서의 현실적인 대상의 결여를 뜻하는 것이면서 그 진술의 형식적 구조 안에서는 현실적인 것이 비교적 나름대로의 자율성을 유지하고 있음을 자랑스럽게 과시하고 있는 것이다. 일종의 침묵을 넌지시 비추고 있는 것이 바로 이 '시적' 언어의 수사법이다.

한편 사실주의적 산문의 경우는 매 구절마다 현실적인 특정의 지시대상이 있음을 자처하나 그것은 완벽한 언술('소설'로서의 자신)의 지위에서 나오는 허세에 불과하다. 이런 의미에서 '시적' 언어는 미시구조 속에서 사실주의 작품에서와 같은 거시구조적 특성을 과시하는 시적 언술의 숨겨진 진실인 것이다.

기표와 기의 사이의 문학적 관계는 물론 일정불변의 절대적인 것으로 딱 한번 주어지는 것은 아니다. 그와는 반대로 양자 사이의 문학적 관계는 롤랑 바르트Roland Barthes가 『글쓰기의 영도』*Le Degre Zéro de L'Écriture*에서 프랑스 문학사의 어느 한 특정 기간을 연구하는 가운데 입증하였듯이 미학적 이데올로기의 결정요인에 대한 반응과정을 통해 변화되고 변형된다. 텍스트는 그 기표들을 부각시킴으로써 기의를 근본적으로 변형 · 소외시키면서 낯선 것으로 만들 수 있으며, 혹은 자신이 담고 있는 내용들의 논리에 아주 고분고분하게 순응함으로써 기표들의 과도한 행동을 엄격하게 규제할 수도 있다. 그러나 이러한 미학적 대비는 마치 전자의 텍스트는 필연적으로 '진보적'이고 후자의 텍스트는 불가피하게 '보수적'이라고 여기는 것과 같은 정치적인 대비로 잘못 해석되어서는 안 된다. '낯설게 하기'가 보수적인 목적을 위해 어떤 이데올로기를 활성화시킬 수 있다면, 순응주의적인 '투명한' 텍스트는 부분적으로는 그것이 '순응하고 있는' 내용의 논리에 비추어 판단이 내려져야 한다. 어쨌든 만일 이러한 대비가 어떤 텍스트는 '실제로' 그 대상과 거리를 두며, 또 어떤 텍스트는 실제로 그 대상에 순응하고 있음을 제시하는 것이라면 그것은 잘못된 것이다.

두 가지 진술은 모두 서로 다른 미학적 효과에 관한 은유적 표현이지 텍스트, 이데올로기, 역사 사이의 변화된 일반적 관계를 나타내는 말이 아니다. 어떠한 텍스트도 실제로 '자신의 내용에 스스로를 일치시키지 않으며', 자신의 기표들을 그것들과 별개의 것으로 존재하는 기의에 적합한 것으로 만들지도 않는다. 문제가 되는 것은 어떤 구별 가능한 기의와 텍스트 사이의 관계가 아니라 텍스트의 의미작용('형식'과 '내용')과 좀 더 침투성이 강한 의미작용, 즉 우리가 이데올로기라고 부르는 것과의 관계이다. 이 관계는—비록 어떤 특정 텍스트 내에서 자신의 의미작용을 '공공연하게' 부각시키는 텍스트 행위가 이데올로기와의 특수한 관계를 생산하고 또 그 이데올로기와의 관계에 의해 그런 행위가 생산되는 것이 당연하다 할지라도—텍스트가 의미작용을 부각시키는 정도에 따라 단순히 측정될 수 있는 관계는 아니다. 반복해서 말하건대 그 이유는 아무리 '산문적인' 텍스트라도 시가 과시하듯 내보이는 기의에 대한 기표의 우위를—비록 모든 구절에서는 아니지만—재생산하고 있기 때문이다. 산문적인 텍스트는 자신의 전체 구조 속에서—즉 텍스트가 지닌 요소들의 내부 분포상태 속에서—기표의 우위를 재생산하고 있는 것이다. (여기에서 텍스트가 지닌 요소들이 이루고 있는 내부의 분포상태는 고도의 상대적인 자율성이라는 특징을 갖고 있으며, 그 자율성은 텍스트가 그 어떤 현실적인 특정의 지시대상도 갖고 있지 않기 때문에 가능한 것이다).

이제 문학작품의 '기의'를 구성하는 것이 정확히 무엇인가를 해결해야 하는 문제가 남았다. '텍스트 내에서의' 기의는 내가 '유사현실적인 것'이라고 말했던 그것이다. 즉 텍스트가 '제시하고 있는' 상상적인 상황이다. 이 유사현실적인 것은 역사적인 현실과 직접적으로 상호 관련이 있는 것이 아니라, 텍스트의 전체적인 의미작용 과정의 결과이거나 그것의 한 부분이다. 그 전체 의미작용 과정이 의미하는 것은 이데올로기이며, 이데올로기 자체는 역사의 의미작용이다.

다음과 같은 간단한 도식에 의해 여기서 문제 삼고 있는 관계가 명확해질 수 있다.

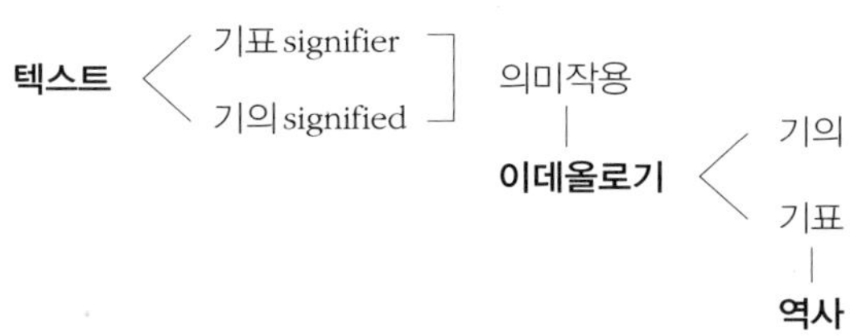

'원형적'인 문학적 언술에서의 기표와 기의 간의 '혼란된' 관계는 그 문학적 언술 전체와 이데올로기와의 관계에서 비롯된다. 텍스트가 현실적인 특정의 지시대상을 결하고 있으며, 또 그러한 지시대상의 부재를 자신의 구성조직이 지닌 상대적 자율성 속에서 전개시키고

있음은 텍스트 자체의 내용이 역사적이라기보다는 이데올로기적이기 때문이다. 다시 말하자면 텍스트가 자신과 역사 사이에 파놓은 '공동'空洞 속에 그 텍스트가 존재하기 때문이다. '시적' 텍스트 역시 기표와 기의의 불균형 속에 현실적인 지시대상의 결여를 보여주는데, 그러한 기표와 기의의 불균형, 즉 '유사현실적인 것'에 대한 의미부여 과정의 우세 속에 구체적인 역사적 대상의 부재가 분명하게 나타나는 것이다.

그러나 텍스트가 취급하는 이데올로기와 그 취급과정에 관해 좀 더 정확하게 해야 할 필요가 있다. 그 문제를 이런 식으로 설명한다는 것은 이미 사실곡해의 위험을 무릅쓰고 하는 일이다. 왜냐하면 앞으로 밝혀지겠지만 텍스트는 단순히 자신에게 비본질적인 그런 이데올로기적 요소들을 취하지 않기 때문이다. 이데올로기는 텍스트에 선재先在한다. 그러나 '텍스트의 이데올로기'는 이데올로기 그 자체에 의해 미리 의도된 방식대로 이데올로기를 규정하고, 운용하며, 구성하는 것은 아니다. 우리가 '텍스트의 이데올로기'라고 말하는 특정한 이데올로기의 생산은 전혀 선재성이 없으며, 텍스트 그 자체와 동일한 것이다. 사실상 여기서 문제가 되는 것은 이중적인 관계—객관적으로 규정할 수 있는 텍스트와 이데올로기 간의 관계뿐만 아니라 (동시에) 텍스트 자체에 의해서 '주관적으로' 과시되고, 은폐되고, 암시되고, 신비화되는 텍스트와 이데올로기 간의 관계—이다. 모든 텍스트는 텍스트 이전에 존재하는 요소들과의 관계를 은연중 명시하면서 그 요소들이 텍스트에 얼마만큼 선재하는가를 나타내 준다(트롤로프와 말라르메Stephane Mallarmé를 대조해 보라). 이 관계가 반드시 유일한 관계는 아니다. 왜냐하면 한 작품은 어떤 요소들에 대하여 완전한 자율성을 주장하기 위하여 다른 요소들에 있어서는 그 요소들의 선재성에 자신이 의존하고 있다는 것을 인정할 수도 있기 때문이다.

'텍스트 이전의' 이데올로기는 '일상적인 언어', 승인된 상징과 관습, 인식습관의 법칙, 그 밖의 인위적인 것 등 다양한 형태를 띠고 작품에 그 모습을 드러낸다. 그런 이데올로기는 좀 더 형식화된 방법으로도 나타나는데, 가령 '일상적인 언어' 속에 즉각 스며들지만 그 속에서 개별적인 의미결정체로서 모습을 드러내는 특정의 미학적 · 정치적 · 윤리적 상투어 등의 모습으로도 나타난다.

문학작품이 그와 같은 상투어, 즉 형식적인 문구와도 비교적 직접적인 관계를 형성할 수 있다는 사실이 간과되어서는 안 된다. 이데올로기가 범주로서보다는 '삶'으로서, 개념의 체계로서보다는 직접적인 경험으로서 매우 전형적인 모습을 하고 텍스트에 제시된다는 것도 사실이다. 그러나 기독교 문학이나 신고전주의 문학, 혹은 스탈린주의 문학의 대부분에 있어서 이데올로기는 비교적 '순수한' 형태로 텍스트 속에 삽입되며, 어느 정도 '체험'의 우연성으로부터 그 이데올로기의 범주들을 자유롭게 하는 방식 속에 그 범주들이 되풀이해서 설명된다. 그러한 경우는 흔치는 않지만 다음과 같은 범주들과 텍스트 사이의 직접적인 관계들을 찾아볼 수 있다.

1. '일반적' 이데올로기의 범주들
2. '일반적' 이데올로기의 언술들
3. 미학적 이데올로기의 범주들
4. 미학적 이데올로기의 언술들
5. 텍스트

예를 들어 스탈린주의의 경우에 미학적인 범주들은('사회주의적 리얼리즘') '일반적인 이데올로기'와 독특하고도 직접적인 관계를 맺음으로써 얼핏 '일반적'인 이데올로기의 양식을 모방하는 듯이 보이는 미학적 언술양식을 생산해낸다. 그러나 그러한 작품에 있어서조차도 텍스트적인 언술이 이데올로기적 언술로 '환원된다'는 것에는 의심의 여지가 없다. 이데올로기의 범주들은 텍스트의 직접적인 요소들을 구성하는 일련의 이데올로기적 의미작용들을 생산해내며, 그 이데올로기적 의미작용들은 이데올로기적 범주들을 구체적으로 '생산해내는 것'으로 간주될 수 있다. 텍스트의 연구는 그렇게 해서 생산된 범주들의 생산에 관한 연구, 즉 제2의 이데올로기적 생산에 관한 분석이다.

비교적 '순수한' 이데올로기적 작품 속에서 생산된 이데올로기적 언술들은 자신들을 생산한 범주 속으로 '되돌아 들어간다.' 그러한 작품을 헤겔 철학의 방식대로 자신의 요소들을 '보편화시키고' 특수자 가운데서 보편자를 발견하는 그런 텍스트로 이해해서는 안 된다. 그러한 작품이 이데올로기를 나타내는 것은 특수자를 보편자로 '끌어올리는 데' 있는 것이 아니라, 텍스트의 이데올로기 운용에 있어서의 특수성—단순한 '모방'의 효과를 가져다 주는 정확한 변형과 대체—에 있는 것이다.

그러나 생산에 유용한 요소들이 이데올로기의 요소들보다 더욱 분명하게—직접경험 속에 저절로 은폐되어 이데올로기의 범주적 구도를 '의식하지 못한 채'—'작용하는' 텍스트들도 있다. 이런 경우 이데올로기는 텍스트의 변형작용을 위해 이미 만들어진 상태에서 강하게 '작용하는' 것으로서 텍스트에 다가온다. 여기에는 문학작품과 '일상적인 언어'와의 관계가 관련되어 있다. 왜냐하면 이데올로기가 생산 · 전달되고 자연스럽게 되는 것은 '일상적인 언어' 속에서 가능하기 때문이며, 텍스트와 이데올로기와의 관계가 텍스트의 이데올로기적 성격의 중요한 지표가 되기 때문이다. 문학작품과 일상적인 언어와의 '관계'가 절대적인 모순의 관계인 경우—예를 들어 제국주의의 지배계급이 사용하는 이질적인 언어로 쓰인 작품의 경우—를 제외하고는 모든 텍스트들은 그 사회에서 이루어지고 있는 보통의 언술행위와 어떤 관련을 맺고 있다. 그러나 그러한 언술행위를 재생산하는 듯이 보이는 텍스트('듯이 보인다'고 한 것은 이 텍스트 역시 하나의 관습이므로 우리가 그와 같은 텍스트를 읽는 법을 배워야 하기 때문이다)와 그러한 언술행위를 근본적으로 변형시키는 작품 사이에는 분명한 차이점이 있다. 엄격히 말해서 그것은 단지 언어의 문제만은 아니다. 왜냐하면 텍스트 내에서 발생하는 모든 것이 언어적인 측면에서 발생하는 것이라고 말하는 것은 이 세상에서 발생하는 것 모두가 신神 때문이라고 말하는 것과 같기 때문이다. 그러한 주장은 아무 데서나 적용 가능한 것이므로 취소되어야 하며, 모든 것을 있는 그대로 놔두어야 하는 것이다. 『페어리 퀸』*The Fairy Queen*역주44이나 『피네간의 경야』*Finnegans Wake*역주45 같은 작품에서 사용된 언어학적 기교들은 넓은 의미에서 이데올로기적 언술들의 변형—인식, 가정, 상징화 등—을 보여준다. 여기에서는 미학적 이데올로기의 작용에 의하여 이미 생산된 범주들의 생산이 이루어진다. 그리고 텍스트와 이데올로기 간의 진정한 관계가 내재하는 곳은 바로 이 제2의 생산에 있다고 주장할 수 있다. 텍스트는 자신의 형식적 장치를 통해서 자신과 이데올로기 간의 변형관계를 확립하며, 그로 인해 우리는 텍스트가 출현하는 곳에서부터 통상 은폐된 이데올로기의 윤곽을 간파할 수 있다.

루이 알튀세Louis Althusser가 『레닌과 철학』*Lenin and Philosophy*의 유명한 한 구절에서 주장하고 있는 것이 바로 이러한 입장이다.

> 나는 예술이 비록 이데올로기와 상당히 특수하고도 구체적인 관계를 맺고 있다 할지라도 '진정한 예술을 이데올로기들 사이에 위치시키지 않는다 … .' 예술은(**보통의 수준이나 시시한 수준의 작품이 아니라 믿을 만한 예술작품을 의미한다**) '엄밀한 의미'로 보아 우리에게 어떤 지식을 전해주는 것이 아니다. 따라서 예술은 지식을(**현대적인 의미로 말하자면 과학적 지식을**) 대신하지 않는다. 그럼에도 불구하고 예술이 우리에게 주는 것은 지식과 어떤 구체적인 관계를 맺고 있다. 이 관계는 일치의 관계가 아니라 상이**相異**의 관계이다. 설명을 해보자. 예술의 독특함은 우리로 하여금 현실을 '암시하는' 그 무엇인가를 '보게 하고, 인식하게 하고, 느끼게 하는' 것에 있다고 나는 믿는다 … . 예술이 우리로 하여금 보게 하는 것은 이데올로기이다. 예술은 이 이데올로기로부터 출현하게 되고, 그 속에 잠겨 있다가 예술로서 스스로 분리되어 나오고, 결국에는 예술이 그 이데올로기를 암시하게 되는 것이다 … .
>
> 발자크와 솔제니친Alexander Solzhenitsyn이 우리에게 보여주는 것은 그들 작품의 언급대상이 되면서 그들 작품을 계속해서 살찌우게 하는 어떤 이데올로기에 대한 '견해'이며, 이 견해는 그들 소설의 출현지인 바로 그 이데올로기로부터의 '후퇴', 즉 '내면적인 거리두기'를 전제로 한다. 어떤 의미에서 그들은 우리들로 하여금 그들을 둘러싸고 있던 바로 그 이데올로기를 '내부로부터 인식하게'(**그러나 알게 하는 것은 아님**) 하는 것이다 … .[2)]

암시적이긴 하나 근본적으로는 불만족스러운 문장이다. 우선 루시앙 골드만의 '정당한'valid 텍스트라는 개념처럼 그 자체가 애매모호한 '진정한', '믿을 만한' 예술이라는 몹시 회피적인 개념이 나타나고 있다. 두 경우에 있어서는 예술구조에 관한 과학적인 설명이라는 그와 같은 의도 속에 어떤 평가적인 판단이 비논리적으로 삽입되어 있는 (혹은 재빠르게 빠져나오는) 것이다. 여기에서 설명된 그 과정이 일어나야만 미학적인 '진정성'이 구성된다는 말인가? 아니면 그 과정이라는 것이 아직 검토되지 않은 다른 기준에 의해 평가되어야 하는 그런 '진정성'眞正性을 지닌 작품에 단순히 뒤따라 나오는 것이란 말인가? 어떤 작품이 그 작품을 둘러싸고 있는 이데올로기를 우리에게 인식하도록 해주었기 때문에 '진정한' 작품인 것인가? 이것이 어느 경우에 어떻게 '미학적' 판단이 되는가? 아니면 그러한 거리두기는 다른 결정요인을 갖고 있는 어떤 가치의 결과인 것인가? 그리고 정확히 어떻게 해서 그러한 거리두기가 성취되는가? 피에르 마슈레Pierre Macherey는 텍스트가 이데올로기에게 부여하는 것이 형식의 효과라는 것을 제시함으로써 그 논의를 상세히 설명하고 있다.[3] 그러나 그 문제에 관한 논의가 거기에서 머무르고 만다면 형식주의라는 비난만 받게 될 것이다. 왜냐하면 텍스트와 이데올로기와의 관계가 텍스트의 형식에 의해서 지대한 영향을 받는 것이 사실이라 할지라도 그것이 전적으로 옳은 것만은 아니기 때문이다.

알튀세와 마슈레는 텍스트를 순전히 이데올로기적인 것으로 여기는 불명예로부터 텍스트를 '구조'하고 '구원'하기를 원하는 것 같다. 그러나 그들의 글에서 그들은 '내면적인 거리두기'와 일반적으로 인정된 예술의 이데올로기로부터의 '초월'이라는 개념 사이의 차이점에 단지 수사학적인 특성만을 빌려주는, 다시 말해 뜬구름 잡는 식의 은유적인 언어에 의존함으로써만 그와 같은 일을 해낼 수 있었다. 이것은 마치 미학이 아직까지도 신비스러울 정도의 특권적 지위에 있음을 당연한 것으로 여겨야 하는 것처럼 보이지만 현재로서는 당황스러울 정도로 그릇된 어조 속에 표현된 것이다.

만약에 '진정한' 예술이 이데올로기들 속에 위치되어서는 안 된다면 사회구성체 내에서 알튀세식의 경제적 · 정치적 · 이데올로기적 · 과학적 범주들 말고 어떤 개별적인 영역을 진정한 예술이 형성한단 말인가? 실제로 그렇다면 그것은 상당한—지나치다고까지 생각될 수 있는—특권을 진정한 예술에 부여하고 있다는 의심을 받게 될 것이다. 특히 마슈레의 경우는 사실 이데올로기에 대한 그 자신의 논리 때문에 그로서는 준형식주의적인 입장을 취할 수밖에 없었다. 왜냐하면 이데올로기를 환상이라고 말한다면(마슈레의 용어대로), 이데올로기가 지식의 지위에 가까이 갈 수 있다는 것은 사실상 다소 형식적인 그 어떤 것이 개입함으로써만 가능한 일이기 때문이다. 그러나 만약에 이데올로기가 지식이 아니라면 그것은 순수한 환상도 역시 아니다. 텍스트는 형식을 수단으로 해서 이데올로기와 관계를 형성한다. 그러나 그 관계는 텍스트가 운용하는 이데올로기의 '성격'에 근거하여 설정된다. 텍스트가 의미심장한 의미작용을 성취하느냐 아니면 무가치한 지각작용을 이루어내느냐 하는 정도를 결정하는 것은 이데올로기가 생산해내고 능력을 부여한 문학형식의 전환 작용과 '관련을 맺고 있는' 이데올로기의 특성인 것이다.

엥겔스Friedrich Engels는 발자크의 인식이 정당함을 단지 형식이 내재적으로 지니고 있는 자각과 계시의 기능 탓으로 돌리지 않았으며, 레닌Nikolai Lenin도 톨스토이Lev Nikolaevich Tolstoy에 대해, 그리고 트로츠키Leon Trotsky도 마야코프스키Vladimir Vladimirovich Mayakovski역주46에 대해서도 마찬가지였다. 텍스트의 과정은 이데올로기가 텍스트를 생산해내는 형식들을 생산함으로써 그 이데올로기가 텍스트에 작용하는 도구와 장치들, 그리고 그 작용과정의 성격 자체를 결정하는 과정이다. 텍스트가 이데올로기를 생산하면서 그것에 형식을 부여하는 것은 사실이지만, '이데올로기에 형식을 부여하는 것'으로서의 텍스트에 관한 마슈레의 논의가 시사하듯 형식은 단순히 자의적인 것만은 아니다. 왜냐하면 주어진 형식은 최종의 순간에는 텍스트가 운용하는 그 문제틀의 '형식'에 의해서 결정되기 때문이다. 확신하건대 이것은 '엄격한' 텍스트를 생산해내는 형식들의 결정성은 아니다. 왜냐하면 다양한 문학형식에 의해서 똑같은 이데올로기가 생산될 수 있기 때문이다. 그렇지만 그 결정성은 어떤 형식들의 가능하게 하고 또 어떤 형식들은 불가능하게 할 수 있을 것이다. 텍스트에 의해 운용되는 '요소들'은 이미 어떤 '형식'을 띠고 나타난다. 다시 말해 그 요소들은 프레드릭 제임슨Fredric Jameson이 말하는 바 텍스트의 내용의 '논리'를 부분적으로 구성하는 다소 일관성 있게 나열되고 조직되는 의미작용으로서 텍스트에 제시된다.[4)]

물론 이것은 형식이 이데올로기의 미완성을 극복한다는 것—예술이 경험의 혼돈에 질서를 부여한다는 부르주아 비평의 가정과 유사한 주장—과 같은 것이 아니다. 이데올로기는 비교적 응집력 있는 조직체이며, 따라서 우리가 문학형식이라 부르는 의미의 구조적인 정의와 배열을 폭넓게 결정한다. 그러나 한편으로 텍스트의 형식은 어떤 이데올로기적 '내용'의 부수적인 결과물이 아니다. 물론 이데올로기적 내용의 형식—이데올로기적 문제틀의 범주적 구조—은 장르의 결정에 있어서만큼이나 텍스트의 형식을 결정하는 데 '폭넓은' 영향력을 행사한다. 그러나 텍스트의 형식 그 자체는 텍스트의 장르와 동일한 것은 물론 아니다. 오히려 그것은 장르의 독특한 생산물인 것이다.

만일 문학작품이 제2의 이데올로기적인 생산으로 생각될 수 있다면 어떻게 그 이중적 생산이 부분적으로는 스스로를 소멸시키면서 지식과 유사한 것으로 거꾸로 되돌아갈 수 있는가를 살펴보는 것도 가능한 일이다. 왜냐하면 텍스트가 이데올로기적 묘사들을 생산해내는 가운데 그러한 묘사들을 생산해낸 범주들을 특이하게 강렬하고, 탄탄하고, 응집력 있는 형식 속에 드러내 놓기 때문이다. '드러내 놓는다'라는 말은 여기서는 아마 잘못 쓰이고 있는 용어일지도 모른다. 그 이유는 모든 텍스트가 다 그 이데올로기적 범주들을 표면에 전개시키는 것은 아니기 때문이다. 부연하자면 그런 범주들의 가시성可視性은 범주들 자체의 성격뿐만 아니라 그 범주들을 운용하는 텍스트의 운용양식에도 달려 있기 때문이다. 사실 대부분의 문학작품에 있어서 이데올로기적 범주들을 은폐하고 '자연스러운 것으로 만들어' 그 범주들을 '체험'의 자연성 속으로 용해시키는 것은 생산양식의 결과이다.

이런 의미에서 이데올로기가 역사에 대해 행하는 것을 문학작품은 제2위의 위치에까지 끌어올려 놓음으로써 의미작용을 '자연스러운 것'으로 생산하며, 또 그 의미작용에 의해 역사는 스스로 자연스러운 것이 되는 것이다. 그러나 문학작품은 동시에 어떻게 그 자연화가 특정한 생산의 결과가 되는지를 보여준다(대충 살펴보면 보이지 않지만 비평적인 눈에는 보인다). 만약 텍스트가 스스로를 자연스러운 것으로서 나타낸다면 마찬가지로 그 텍스트는 구성된 고안품으로서의 자신의 모습을 내보이며, 바로 이러한 이중성에서 텍스트와 이데올로기와의 관계가 판별될 수 있는 것이다.

그러므로 상호 구성적인 두 개의 구성체, 즉 텍스트에 의해 운용되는 이데올로기적 성격과 그러한 운용의 미학적 양식을 서로 연결시켜 검토하는 것이 필수적이다. 왜냐하면 텍스트는 현실적인 요소들을 포함하고 있는 어느 한 이데올로기를 운용하면서 동시에 텍스트의 운용방식에 의해 현실적 요소들을 전체적이든 부분적이든 '해체시킬 수' 있기 때문이다. 거꾸로 현저하게 '무기력해진' 이데올로기는 미학적 형식에 의해 지식에 가까운 그 무엇으로 변형될 수 있다. 좀 더 복합적인 상황 또한 가능하다. 예를 들어 『황무지』*The Waste Land*역주47와 같은 시는 그 시가 취할 수 있는 문제들의 범위와 복잡성에 비추어 보아 조지 왕조 시대의 시역주48보다는 잠재적으로 더 생산적인 문제틀로부터 출현했다고 말할 수 있다. 그러나 이러한 잠재성이 『황무지』의 신화적 형식의 독특한 효과로 '방해받고' 억압되었다고도 말할 수 있다. 또한 그러한 형식들이 문제틀 그 자체 내에 내재하며, 그리고 그 문제틀을 그것들의 영역 너머에 존재하는 인식으로 변형시키는 것은 그 시가 지닌 전위적轉位的이고 실험적인 장치라고도 주장할 수 있다. 이데올로기와 미학적 생산양식은 둘 다가 전형적으로 복잡한 구성체이며, 그들 요소 사이에서 특정의 많은 상사相似관계와 모순관계들이 가능한 것이다.

알튀세의 설명이 지니고 있는 더 큰 약점은 그것이 소위 소비자(독자) 중심적이라는 데서 찾을 수 있다. 이것은 마치 '독자'가 텍스트의 정당성을 보증해 주는 최후의 보증인인 것처럼, 다시 말해 텍스트의 '진정성'을 보장해 주는 것은 그 작품이 '몸담고 있는' 이데올로기를 '우리가'(누가?) '보고' '느끼는' 데(기분 나쁘게도 육감적인 용어들이다) 있는 것처럼 생각하는 것이다. 사실은 그런 결과를 낳는 것은 작품 자체이나 이 과정의 메커니즘이 아직 검토되지 않은 채 남아 있기 때문에 초점을 '독자의 반응' 쪽으로 옮긴 것이라 할 수 있다. 자유주의적 휴머니즘의 문제들은 다른 형식 속에 보존된다. 즉 통찰력이라는 특권의 순간에 우리에게 보이는 것은 현실이라기보다는 이데올로기라는 것이다. 여기서 다시 텍스트 자체의 생산과정으로 되돌아갈 필요가 있다. 앞에서 비교적 '순수한' 이데올로기적 텍스트는 이데올로기적 언술들을 생산하여 그 언술들을 낳게 한 범주들 속으로 그 이데올로기적 언술들을 '거꾸로 되돌려 보낸다'라는 사실이 제시되었다. 그러나 텍스트와 이데올로기 간의 또 다른 관계들도 형성될 가능성이 충분히 있다. 여기에 역사적으로 불변하는 고정된 관계가 존재하리라는 것은 의심의 여지가 없다.

다른 텍스트들은 이데올로기적 언술들을 생산하여 다양한 내적 갈등과 무질서를 내보이기도 한다. 여기서의 무질서란 텍스트의 미학적 생산법칙에 따라 텍스트의 문제들을 '해결'할 필요성에 의해서 텍스트에 부과되는 이데올로기의 전위와 변화 때문에 생겨나는 무질서이다. 그러한 텍스트에서는 비교적 응집력 있는 이데올로기적 범주들이 은폐라는 형태로 드러난다. 즉 텍스트 자체의 '분열', 다시 말해 텍스트가 문제의 '해결'에 관심을 두면서 자신의 요소들을 운영하려고 노력하는 와중에서 빠져들게 된 그 의미심장한 혼란에 의해서 드러나는 것이다.

여기서 중요한 것은 '해결'이라는 용어를 문자 그대로 받아들이지 말아야 한다는 점이다. '해결'이라는 단어가 단순히 명료한 질문에 결정적인 답변을 하는 것을 의미하지는 않는다. 대부분의 모더니즘 문학과 포스트모더니즘 문학의 경우도 그렇게 생각하지 않는다. 그러나 '해결'이라는 용어의 의미에 융통성을 발휘해 보자면 모든 텍스트는 '해결'이 이루어져야 하는 하나의 '문제'로 간주될 수 있으며, 그런 뜻에서 텍스트의 과정은 문제해결의 과정이라고 말할 수 있다. 즉 모든 텍스트는 초기의 상황을 제기하며, 그런 다음 그 상황은 어떤 변화를 겪게 된다. 간단히 말하자면 모든 텍스트에서 무엇인가가 '발생한다.' 이것은 a–b–c라는 가장 단순한 구조를 지닌 설화체의 문학에서 가장 분명하게 나타나는데, 이 구조에서는 b가 개입하여 a를 c로 변형시킨다. 그러나 이것은 비설화체의 작품에도 해당되며, 심지어는 가장 간결한 이미지즘의 시에도 해당된다. '문제'라는 말은 텍스트에서 처음부터 주어진 요소들을 의미하며, 그것을 소재로 무엇인가가 '형성된다.' 그리고 이러한 형성이 통시적인 것으로서 형식적인 형상을 띠게 되는 것은 단지 어떤 특정의 텍스트(특히 설화체의 텍스트) 내에서만 가능하다. 텍스트에 초기부터 주어진 요소들이 '시제 상으로' 초기의 것이 될 필요는 없으며, 비록 그렇다 하더라도 그것은 본질적으로 '공시적인' 어떤 문제해결의 형식상 혹은 속성상의 지표일 따름이다.

『톰 존스』*Tom Jones*역주49의 서술구조에서 낙원의 전당Paradise Hall에서의 톰의 최초의 상황은 일련의 에피소드로 변화되며, 그런 다음 그 에피소드들은 소설의 종결부분에서 '해결된다.' 그러나 이와 같은 통시적인 축은 어떤 지속적인 이데올로기적 갈등(자유/권위, 형제애/위계질서, 자비/인색 등)을 '공시적으로' 해결하는 것의 지표에 불과한 것이다. (그 이데올로기적 갈등들은 비슷한 시기에 나온 텍스트들 안에서는—예를 들어 포프의 『도덕론』*Moral Essays*—직접적으로 그와 같은 공시성의 형식을 띠고 나타난다). 그렇다고 통시적인 축이 단지 우연적인 것, 즉 순전히 텍스트의 현상적인 층위에 불과하다는 것을 주장하는 것은 아니다. 그와는 반대로 어떤 결합의 시점에서 그 '문제'가 연쇄적으로 연결되어 '연대기화'되어야 한다는 사실이 이데올로기적으로 중대한 문제인 것이다.

그러나 '문제'와 '해결'은 작품의 이데올로기 운용양식에 관한 서로 다른 대안의 서술인 양 항상 함께 주어진다. 반복하건대 텍스트는 반드시 어떤 구체적인 질문에 대해 명확한 대답을 내릴 필요는 없다. '미해결'의 특징은 '해결'의 특성만큼 중요한 것이기 때문이다. 어떠한 텍스트도 단순히 끝난다는 의미에서의 해결을 결하고 있지는 않다. 만약 텍스트가 '완결된' 텍스트여야 한다면—엄격히 말해서 그 밖에 다른 것은 없다. 왜냐하면 텍스트의 완결이라는 것은 텍스트 정의의 한 부분이기 때문이다—텍스트의 '미해결'은 중대한 의미를 지닌다. 여기서 문제가 되는 것은 전자의 미해결이 아니라 '후자의' 미해결, 즉 '문제'가 제기된 방식에 의해서 결정되는 '미해결'이다. 이런 의미에서 모든 텍스트는 자신이 제기한 물음에 대한 대답이며, 텍스트가 스스로에게 제기하는 문제들은 그 스스로가 해결할 수 있는 문제들이거나, 아니면 그 문제들의 조건에 대한 근본적인 의문을 제기하지도 않고 그냥 해결하지도 않고 내버려두어도 되는 문제들이다.

문제와 해결은 공시적이다. 이것은 텍스트가 자신의 물질적 요소들에 작용하여 그 요소들을 해결하려는 노력 속에서 그것들을 처음부터 '해결 가능한'(혹은 해결할 수 없다 하더라도 '받아들일 만한') 형태로 만든다는 의미에서 그렇다. 그러므로 텍스트를 거꾸로 읽는 것이—말하자면 '해결점'에 비추어서 '문제들'의 성격을 파악하는 것이—중요하다. 작품의 최초 요소들이 주어졌기 때문에 그 요소들로부터 이데올로기적으로 허용될 수 있는 '해결들'의 유형을 구성해낼 수 있으며, 이런 점에 비추어 작품이 '스스로를 결정한다'라고 말할 수 있다. '일반적인' 이데올로기와 '미학적' 이데올로기의 어떤 결합 내에서 텍스트 요소들의 일정한 변화들만이 가능하게 될 것인데, 가령 a가 설정되고 나면 텍스트는 x가 아닌 b 혹은 c를 위치시킬 수 있을 것이다. 사실상 텍스트의 이중적 특성은 바로 여기에서 비롯된다. 즉 '독서'라는 특유의 경험은 바로 이 정체성과 내적 논리, 열림과 닫힘, 자유로운 활동과 고정성, 잠정적인 것과 확정적인 것의 조화에 놓여 있는 것이다.

이제 중요한 것은 '이데올로기적인 것'과 '미학적인 것' 사이의 관계의 밀접성을 파악하는 일이다. 텍스트는 이데올로기적 갈등을 미학적으로 '해결하기 위하여' 그 갈등들을 '취하는' 것이 아니다. 왜냐하면 그러한 갈등들의 성격 자체가 그것들을 생산해내는 텍스트의 양식들에 의하여 다중규정되었기 때문이다. 그러므로 어느 특정의 이데올로기적 갈등을 해결하려는 텍스트의 해결양식은 다른 곳에서—예를 들어 텍스트의 다른 층위에서—또 다른 텍스트의 갈등들을 생산해낼 수 있으며, 그러면 또 그 갈등들이 '처리되어야' 할 필요가 있는 것이다.

그러나 여기서의 작업은 특수한 '미학적' 문제들을 해결하는 형식 속에서 이데올로기적 갈등을 '처리'하는 것이며, 그래서 텍스트의 문제해결 과정은 결코 선재하는 어떤 이데올로기적 난제들을 텍스트가 표면적으로 참조하는 그런 단순한 문제가 아니다. 오히려 그것은 '미학적'인 형태로 제시되는 '이데올로기적인 것'의 문제이며, 또한 그 반대로 '이데올로기적' 형태로 제시되는 '미학적인 것'의 문제인 것이다. 즉 이데올로기적 갈등을 '미학적으로' 해결하려는 것이 이제는 미학적인 문제를 야기하며, 또 그 미학적인 문제는 이데올로기적 해결을 요한다는 등등의 문제이다. 이데올로기는 단순히 텍스트의 형식적 · 미학적 운용을 위해서 '자료를' 제공하는 것이 아니다. 오히려 텍스트의 과정은 그 두 가지(미학적인 것과 이데올로기적인 것)의 상호 복합적인 결합이며, 이 결합에 의해 미학적 양식들은 이데올로기적 문제들을 규정하고 결정함으로써 자기 스스로를 끊임없이 재생산할 수 있는 것이다. 그러나 그것도 이데올로기적인 것에 대한 미학적인 양식들 자체의 다중규정성이 제기하는 문제들의 범위와 조건 내에서만 가능한 일이다. 이것이 바로 갈등과 해결의 과정들이 통시적이라기보다는 공시적인 것이라는 의미이다.

텍스트의 모든 구절과 모든 이미지는 그것들이 일반적으로 어떤 결정성에 의해 결정되고 또 스스로도 어떤 결정권을 행사하는 한, 즉 그것들이 항상 생산품이면서 동시에 생산자가 되고 목적지이면서 출발점이 되는 한 '해답'인 동시에 '질문'이며, 따라서 잠정적인 '해결'의 힘을 발휘하는 바로 그 순간에 새로운 갈등들을 유발시키는 가능성을 안고 있다고 할 수 있다. 그러므로 이런 의미에서 텍스트가 '그 스스로를 생산한다'고 말할 수 있는 것이다. 그러나 이것도 자신에게 그러한 상대적인 자율성을 허용해 주는 이데올로기와의 지속적인 관계 속에서 스스로를 생산하는 것이며, 따라서 자신의 문장에 담긴 의미를 끊임없이 공들여 다듬고 재발견하는 과정이 동시에 결정력을 발휘하는 이데올로기의 생산과정이기도 하다. 또한 텍스트의 '자기 자신과의 관계'는 동시에 그것이 어떤 이데올로기적 문제들과의 관계이기 때문에 문제성 있는 것이라고 말할 수 있다. 따라서 텍스트는 결코 자신과 일치하지 않는다. 왜냐하면 만일 그렇게 된다면 말할 것이 아무것도 없을 것이기 때문이다. 차라리 텍스트는 자기 자신과 '일치되어 가는' 과정이라고 말하는 것이 낫다. 달리 말해 이 과정은 텍스트 자체가 이데올로기적 '해결'의 반영이라기보다는 생산이라는 사실에서 비롯된 자기 자신의 문제를 극복해 나가려는 시도라고 할 수 있다.

이 시점에서 다시 한 번 피에르 마슈레의 저서를 참고하는 것이 도움이 될 수 있을 것 같다. 마슈레는 문학작품들이 내부적으로 부조화한 상태 속에 있으며, 이 부조화는 문학작품과 이데올로기와의 독특한 관계에서 비롯된 것이라고 주장한다. 문학작품과 이데올로기와의 거리는 작품 속의 내적인 거리, 말하자면 작품을 스스로로부터 분리시켜 의미들의 끊임없는 분화와 구분 속으로 밀어넣는 내적 거리에서 구현된다. 이데올로기를 작품에서 다룰 때 텍스트는 필연적으로 그 이데올로기의 부재를 조명하며, 이데올로기의 침묵을 '떠벌리기' 시작한다. 결코 어떤 통합된 의미의 다양성을 구성하는 것이 아닌 문학 텍스트는 자신의 다양한 의미작용들을 갈등과 모순 속으로 빠져들게 하는 어떤 결정적인 부재들의 흔적을 자신의 내부에 새겨놓고 있다. 이러한 부재들—텍스트에서 '말해지지 않은 것'—이 바로 텍스트를 스스로의 이데올로기적 문제틀에 묶어놓은 것이다. 다시 말해 이데올로기는 능변의 침묵이라는 형태로 텍스트에 현존하는 것이다.

그러므로 비평은 스스로를 텍스트와 똑같은 공간에 위치시켜 텍스트로 하여금 말하도록 허용하거나 혹은 텍스트가 말하지 않고 남겨놓은 것을 자신이 완결하고자 하는 것과 같은 일을 하지 않는 것이 그 임무이다. 오히려 비평의 기능은 작품의 불완전함을 '이론화'하기 위하여 바로 그 불완전함 속에 스스로를 위치시키는 것이다. 즉 비평은 문학작품의 동일성의 원칙을 구성하는 그러한 '말해지지 않은 것'들의 이데올로기적 필연성을 설명하기 위하여 작품의 불완전함 속에 스스로를 설정하는 것이다. 비평의 대상은 작품의 '무의식', 즉 작품이 알지도 못하고 알 수도 없는 무의식이다. 텍스트가 '말하는' 것은 단순히 이런저런 의미가 아니라 그런 의미들의 차이와 구분이다. 요컨대 그것은 텍스트가 지니고 있는 다양한 의미들을 분리시키고 또 한데 결합시키는 공간을 형성하는 것이다. 그러므로 텍스트와 이데올로기와의 관계로 인해 텍스트가 어떻게 '공동화'空洞化되었는지를—즉 텍스트가 이데올로기를 운용하면서 이데올로기와 역사와의 관계에서 비롯된 그런 단절과 한계들에 대항하여 어떻게 이끌어져 왔는지를—밝히는 것이 비평의 임무이다. 말해져서는 안 되는 그 어떤 것들이 존재하기 때문에 이데올로기는 존재한다. 그런 식으로 이데올로기를 운용하면서 텍스트는 자신의 명료한 언술의 토대가 되는 이데올로기의 부재들을 조명하기 시작하는 것이다. 그리고 그렇게 함으로써 텍스트는 그 언술의 생산자인 이데올로기로부터 우리를 '자유롭게' 하는 데 도움을 준다.

이러한 마슈레의 설명들이 마르크스주의 비평과 마르크스주의 비평에서 종종 단순히 능변의 침묵자로 그려지곤 했던 위대한 과학자 프로이트Sigmund Freud와의 조우 가능성을 암시하고 있다는 사실은 언급할 만한 가치가 있다. 『꿈의 해석』*The Interpretation of Dreams*과 그 밖의 다른 저서에서 프로이트는 꿈의 분석가는 꿈의 숨어 있는 내용을 밝혀내기 위해서는 꿈의 현시顯示된 내용을 간파해야 한다고 주장하고 있다. 그러나 꿈의 분석은 간단한 해석학적인 과제가 아니다. 왜냐하면 분석자의 임무는 왜곡된 텍스트의 의미를 발가벗기듯 밝혀내야 하는 것일 뿐만 아니라, '텍스트의 왜곡 그 자체의 의미'까지도 밝혀내야 하는 것이기 때문이다. 즉 정신분석학자는 프로이트가 말하는 이른바 '꿈의 작업'dream-work—실제적인 꿈의 생산과정—을 재구성해야 한다. 꿈의 진실은 바로 꿈의 왜곡에 놓여 있다. 분석가는 꿈을 꾸고 난 후에 의식에 의해 만들어진 꿈의 2차적인 완성의 결과, 즉 프로이트가 말하는 '꿈의 최상층'을 벗겨내야만 한다. 그러나 이것은 꿈의 '심층'부분, 즉 위장된 형태로 숨어 있는 잠재된 내용을 표명하는 상징들을 다루기 위한 준비작업에 지나지 않는다.

프로이트의 '꿈의 최상층'은 꿈을 체계화하고, 꿈의 공백을 채워주며, 꿈의 모순성들을 덮어주고, 그 꿈으로부터 비교적 일관성 있는 텍스트를 생산해내기 위해 존재하는 것이다. 그러나 이것의 하부에는 해석을 거부하는—환자의 머뭇거림과 우회적인 연상에서 분명하게 드러나는 저항, 즉 내용의 일부분들에 대한 그의 망각—불완전하고 자기분열적이며 훼손된 꿈 자체의 실질적인 텍스트가 존재한다. 프로이트는 이 저항의 압박감이 바로 꿈의 발생의 근원에 있으며, 그것이 '가장 멋진 꿈에서조차 그 꿈의 연속성을 방해하는 공백, 모호, 혼란' 등의 원인이 된다고 믿었다.

왜곡되고 훼손된 텍스트로서의 꿈은 표현을 추구하는 무의식적 요소와 이데올로기적인 검열 사이의 갈등이자 타협이다. 이것의 전형적인 결과는 무의식적인 것이 자기가 말하고 싶은 방식대로가 아니라 오직 누그러지고 왜곡된 형식으로, 그리고 어쩌면 인지할 수 없는 형식으로 자기가 말하고 싶은 것을 말할 수 있게 된다는 사실이다. 이러한 분열은 특히 꿈의 공백에서 두드러지게 나타나는데, 프로이트의 말을 빌리자면 "텍스트 내의 갈라진 틈은 해석이 판을 치는 곳이며, 그 해석은 비록 자아의 산물이기는 하지만 자아와는 이질적인 것이다."

아마도 프로이트가 말하는 '꿈의 최상층'은 마슈레가 말하는 '규범비평', 즉 있는 그대로의 텍스트를 '거부하며', '있을 법한', 원숙하고도 이상적인 텍스트의 구축에 대비하여 그 텍스트를 수정하고, 텍스트의 부분적이고 갈등적인 현존 모습의 결정적인 특성을 거부하는 비평과 부합될 것이다. 텍스트를 그것에 '선행하는' 이상적인 대상—텍스트와는 이탈되어 있는 영속적인 진리나 본질로서 텍스트 내에 현존하는 이상체—의 허구적인 리허설에 지나지 않는 것으로 파악하는 '규범비평'의 전형적인 태도는 작품의 여백에다 '좀 더 나아질 수 있다'라는 말을 새겨놓는 것과 다를 바 없다. 그러한 '규범비평'의 환상은 작품을 단순히 자연발생적으로 주어진 존재로 '받아들이는' 경험론자들의 오류를 대체한 것에 지나지 않는다. 즉 '규범비평'은 텍스트를 치료하고 수정하여 그것이 더 잘 소비될 수 있도록 텍스트에 개입하는 것에 불과한 것이다. 그러므로 꿈의 최상층은 '규범비평'에 의해 정의된, 그리고 텍스트 스스로에 의해서 규정된 문학작품—자연발생적이고 완벽한 것으로, 그래서 이데올로기적인 것으로 나타나기를 원하는 텍스트—과 유사하다 할 수 있다.

이와는 대조적으로 '진정한' 꿈의 텍스트는 과학적인 비평에 의해서 정의된, 즉 자기 자신에 대해서는 '무의식적'이고 직접적으로 말할 수는 없지만 자신의 훼손 속에서는 분명하게 드러나는 자신과 이데올로기와의 '관계'에 의해서 구성된 그런 문학 텍스트와 부합된다. 프로이트와 마슈레 두 사람은 문제의 언술을 텍스트의 생산조건들과 연관시킴으로써 텍스트의 공백과 단절을 설명하고 있다. 실제로 마슈레 자신이 프로이트는 꿈의 의미를 꿈 자체를 벗어난 '여타의 다른 곳', 즉 꿈을 생산해낸 구조 속에 위치시켰다고 평했을 때 그것은 스스로가 프로이트와 유사하다는 사실을 언급한 것이나 다름없다.

꿈과 문학 텍스트, 이 두 경우에서 그 구조는 '소우주적으로' 언술 내에 제시되는 것이 아니라 바로 그 언술을 분열시켜 비대칭의 상태로 들어가게 하는 것 그 자체이며, 이데올로기는 무질서의 한 양식으로서 텍스트 '속'에 나타난다. 그러므로 비평이나 꿈의 분석에서 해야 할 일은 언술이 말함이 없이 말하고 있는 것을 명확하게 설명하는 것—혹은 좀 더 정확히 말하자면 그 분열된 언술을 생산해내는 왜곡의 메커니즘을 조사하는 것, 그리고 텍스트가 자신의 가능성의 조건들과 맺는 관계에 의해서 내적인 전위를 겪게 되는 그 작용과정을 재구축하는 것—이다.

프로이트의 '꿈의 최상층'은 '현상적'인 텍스트라고 칭할 수 있는 것—검토자의 눈에 계속해서 '읽을 만한' 언술로서 자연발생적으로 제시되는 자기 일관성 있는 의미의 집합—과도 일치한다고 생각할 수 있다. 부르주아 이데올로기 내에서 전적으로 적절한 의미가 갖는 특권적인 공간의 중심에 자리하는 독자를 자기 일관성 있는 동등한 '주체'로서 구성하는 역할을 하는 것이 바로 이 텍스트의 현상적인 모습이다. 그러나 현상적인 모습에 '반대하여' 그 '현상적'인 텍스트가 계속적인 봉합에 의해 은폐시키려고 하는 어떤 언술, 이른바 '진정한' 텍스트가 구축될 수 있다. 물론 비평가는 텍스트의 '치료자'가 아니다. 그의 임무는 텍스트를 치료하거나 완성시키는 것이 아니라, 왜 텍스트가 현재의 모습을 지니게 되었는지를 설명하는 것이다.

그렇지만 비평과 꿈의 분석 간의 유사성은 언술양식으로서의 텍스트와 꿈이 유사하다는 점에서 시사적이다. 그것들과(텍스트와 꿈) 그것들의 생산조건들 사이의 문제성 있는 관계는 양쪽 모두의 경우에 본질적으로 '애매모호한' 언술들을 낳게 하였다. 그래서 프로이트가 꿈의 장치들이 지닌 특징을 설명하면서 사용한 용어들은 다분히 '문학적인 것'을 암시하기까지 한다. 가령 꿈은 그 구성요소들이 변화하는 어의적語義的 강조성을 띠면서 기본적인 논리적 규칙에서 벗어나 '느슨하게 연결된 압축', 혼합, 요약 등을 통해서 작용하는 탈문법화된 언어인 셈이다. 이것은 의미의 전이와 생략에 적합한 모호성이며, 따라서 문학 텍스트에도 적합한 양식이다.

내가 이미 주장했듯이 텍스트가 현실적인 것에 대해 지니고 있는 고도의 상대적인 자율성은 텍스트의 전형적인 '구체성', 즉 독특하게 다중규정된 의미들의 농축성을 생산한다. 그러나 이 농축성은 또한 문학적인 언어에서 전형적으로 찾아볼 수 있는 모호하고 다의적多義的인 특성을 지니고 있다. 문학적인 언술은 현실적인 특정의 지시대상이 없기 때문에 그 언술과 이데올로기와의 관계에 의해서 때때로 발생하는 그런 의미의 전이와 생략을 가능하게 하는 방식 속에서 문학적 언술의 의미작용들을 다양하게, 그리고 부분적으로는 '개방'시킨 채 제시하는 것이다.

텍스트-이데올로기 관계에 대한 마슈레의 개념은 의미가 풍부한 암시적인 개념이지만 또한 지엽적인 개념이기도 하다. 그의 저서 속에서 '부재'라는 중심 개념은 마르크스주의적 사고 요소와 구조주의적 사고 요소 사이에서 이론적인 연결수단으로 작용한다. 간단히 말해서 그 개념으로 인해 마슈레는 문학작품을 인공품으로서의 고도의 자율성을 지닌 것으로 유지시키는 것이 가능했을 뿐만 아니라 그 문학작품을 역사와 관련시킬 수도 있었던 것이다.

다른 말로 표현하자면 그 '부재'의 개념은 문학언어에 관한 본질적인 형식주의 이론이 역사적 유물론과 공존하기 위해서는, 즉 1920년대 러시아에서의 문학논쟁이 일거에 극복되기 위해서는 꼭 필요한 절대적인 개념이었다. 그러나 그 개념에는 문학작품의 정체성을 전적으로 현재의 그 모습이 아닌 것에 의해 구성된 것으로서 인지하는 기묘한 헤겔 철학적인 그 무엇이 있다. 그뿐만 아니라 거기에는 텍스트와 역사의 관계에 관한 '부정적인' 개념도 있다. 그러나 이 경우는 다소 신헤겔 철학적이며 '속류' 마르크스주의적인 이론에 의해 채택된 상당히 '실증적'인 모델에 대해 유익한 반격을 가하면서도 그 자체가 독단주의적 특성을 지니고 있는 그런 위험성도 노출시키고 있다. 왜냐하면 텍스트와 이데올로기의 관계에 의해 텍스트가 심각한 내부적 혼란으로 빠져들어 간다는 것이나 혹은 자신이 거부하고 있는 역사에 대항하여 텍스트가 이데올로기를 억지로 추켜세우는 것에서 텍스트와 이데올로기의 관계를 찾을 수 있다는 것이 항상 진실은 아니기 때문이다.

우리는 이미 이데올로기를 '재생산'하지 않고서도 이데올로기와의 관계에 있어서 그렇게 많은 문제점을 내포하지 않고 있는 텍스트들이 있음을 보아왔다. 포프의 『인간론』*Essays on Man*은 텍스트 자체와 모순관계에 있지 않는 어떤 이데올로기를 고상하게 '생산해낸' 작품이다. 즉 이 작품에서는 이데올로기 속에 내재된 '받아들일 만한' 모순들과 역설들이 심각한 훼손 없이 잘 조정되었다. '해결'이라는 명목 하에 이데올로기적 구성요소를 운용·대치·변형시키는 가운데 일련의 부조화를 내보이지만, 그러한 부조화들을 심각한 자기 모순 속으로 얽혀들어 가게 하지 않는 또 다른 텍스트들도 존재한다. 그러한 텍스트들에서 선택된 이데올로기적 언술들은 종종 직접적인 이데올로기적 결정성을 '알아채지 못하는', 그래서 그런 관점에서 보면 더 불순하고 모호한 언술로 나타난다. 따라서 그 언술들은 좀 더 엄밀한 것으로 생산할 필요성에서 생산양식에 대하여 어떤 반항적인 징표로 나타나는 것이다. 이것은 마치 여기서 문제삼고 있는 이데올로기적 범주들이 그들에게 적합한 언술들을 '자생적으로' 결정하는 것이 아니라, 수많은 대안들과 불확정적인 것들—'제거'되어야 하면서도 최종적인 생산품에서 어느 정도는 그 이데올로기적 범주들 주변에 무리를 지어 남아 있을 수 있는 불확정적인 것들—을 미학적인 운용에 '맡겨버리는' 것과 같은 것이다.

여기서 다시 포프의 시 중 몇몇 작품이 모범적인 예가 되는데, 그 이유는 포프의 작품이 지니고 있는 특정한 '미학적 효과'의 일부가 바로 미학적 변형 메커니즘의 지속적 · 역동적 가시성—은폐됨과 동시에 '자연스럽게 드러난' 가시성—이기 때문이다. 말하자면 텍스트는 마치 텍스트 자체의 구성요소들이 지니는 특정한 무게와 암시성으로 인해 그 요소들이 미학적 처리과정에 따르지 않아도 되는, 그러니까 제한적이나마 그 구성요소들이 '자유'를 누린다는 환상을 보란 듯이 내보이지만 결국에는 미학적 처리과정에 따르지 않을 수 없다는 것을 증명하는 꼴이 된다는 것이다. 단어와 구절들은 '텍스트 이전'의 언술들에 자신들의 위치를 설정하려고 하나 결국에는 텍스트상의 그들의 위치가 불가피한 것임을, 즉 텍스트의 특정 이데올로기적 구성체 내에서의 그들의 위치가 불가피한 것임을 인정하게 된다.

또한 마슈레가 주장하듯이 이데올로기의 연출이 의미의 심각한 자기 분화를 야기하는 텍스트들이 있다. 예를 들어 『서곡』*The Prelude*역주50과 같은 작품이 있는데, 이 작품에서는 유기론적 진화론의 이데올로기에 동화되기를 거부하는 반항적인 요소들, 즉 완전히 현현적顯

現的인 '순간적 시간'에 의해 그 유기론적 진화론의 이데올로기가 파열되고 있다. 이를테면 텍스트의 '공시적'인 이데올로기가 그 이데올로기를 생산한 텍스트의 생산양식과 어긋나고 있는 것이다. 즉 말해진 것과 보이는 것이 일치를 이루지 못하고 있는 것이다. 거꾸로 말하면 『서곡』이 개별적인 에피파니들이 암시하는 비극의 순간으로부터 뒤로 물러서면 그 작품의 '공식적인' 이데올로기는 성공을 거두었다고 말할 수 있게 된다. 그러나 '루시 시편'Lucy poems역주51들 중 한두 편의 시에 대해서는 그 반대로 말할 수 있다. 즉 그 시편들 속에서는 어떤 불분명한 감정의 압박감이 '공식적'인 이데올로기를 근본적인 문제 속으로 밀어넣고 있는 것이다.

달리 말하면 이데올로기가 텍스트를 압박하여 무질서 속으로 빠트리는 서로 모순되는 방법들이 존재한다. 그런데 여기에서도 우리는 '의미'의 무질서(혹은 의미의 층위들)와 '형식'의 무질서를 구별해내야 한다. 『서곡』은 자체의 이데올로기적 모순점들로 인해 '형식적으로' 분열되어 버렸으며, 따라서 그 스스로가 원하던 완벽한 몰개성적 서사시로 나아갈 수가 없었다. 그 작품의 본질적인 불확실성, 조직의 불균형, 서술의 단절과 회복, 그리고 관점의 변화들은 그 작품의 전체적 조망이랄 수 있는 위안이 되는 진화론주의와 일치하지 않으며, 그것이 바로 작품 자체의 스스로와의 통일성 결여를 나타내는 것이다. 그러나 그와는 대조적으로 '루시 시편'의 몇몇 시는 이데올로기적 갈등들이 그 시들이 지닌 매끄러운 형식의 완결성에 의해 잘 해명되고 있다.

텍스트와 이데올로기 사이의 특징적인 관계들을 옹호하는 것이 절충주의를 옹호하는 것은 아니다. 그보다는 그러한 관계들이 역사적으로 변화 가능하다는 것, 즉 '일반적'인 이데올로기나 '미학적'인 이데올로기 자체들만큼이나 변화 가능하다는 것, 그래서 구체적인 역사적 정의를 요한다는 것을 보여주고자 하는 것이다. 실제로 그러한 변화 가능성은 한 작가의 경력을 통해 추적할 수 있다. 생각나는 작가가 토마스 하디이다. 그의 『녹림원 나무 밑에서』*Under The Greenwood Tree*라는 작품은 전원적인 이데올로기를 생산하고 있으며, 그러는 가운데 그 이데올로기가 포함될 수 없는 사회적인 유동 · 분열 · 해체의 형식들을 극화시키면서 자신의 한계들을 노출시키고 있다. 그러나 이러한 요소들이 전원적 형식을 철저하게 뒤엎도록 허용되는 것은 아니다. 그 소설의 다소 자기반어적인 부제 '네덜란드 화파의 전원적 화법'A Rural Painting of the Dutch School이 암시하듯이, 그 전원적인 형식은 자신이 동화할 수 없는 것과의 일정한 거리를 유지함으로써 스스로를 보존하고 있는 것이다. 『광란의 무리를 떠나서』*Far from the Madding Crowd*라는 작품은 더욱 공공연하게 아이러니한 작품이다. 이 작품은 더욱 더 철저한 리얼리즘 기법들을 사용하여 '전원적'인 이데올로기에 영향을 미치고 그 전원적인 이데올로기를 철저한 자기 의문 속으로 빠져들어 가게 하지만, 최종적으로는 비극을 선택함으로써 그 이데올로기를 불확실하게나마 확인하는 그런 소설에나 적합한 작품이다. 전원적인 것, 신화, '고전적'인 비극, 그리고 허구적 리얼리즘이 '뒤섞인' 전형적인 하디식의 복합적 기법을 갖춘 『귀향』과 『카스터브리지의 시장市長』*The Mayor of Casterbridge* 같은 작품에서 형식상의 불협화음은 전원적인 것에 대한 제한적인 이데올로기적 초월의 결과이며, 그것은 완전하게 다듬어진 리얼리즘 속에서—즉 『숲속에 사는 사람들』*The Woodlanders*과 『더어버빌 가家의 테스』에서처럼—형식상의 완벽한 극치를 이루게 된다. 그러나 하디는 그러한 관계를 완성한 직후 『비운의 쥬드』*Jude the Obscure*에서는 그 관계를 허구의 양식으로 몰고 감으로써 자기 모순에 빠지는데, 이것은 바로 리얼리즘 자체의 한계를 뚜렷하게 보여주는 것이라 할 수 있다. 『비운의 쥬드』에서의 극적인 내적 전위와 모순들은 실제로 그 작품이 취급하고 있는 이데올로기를 극한의 한계까지 몰고 간 결과이다. 그러나 그 선까지 가기 전에 하디의 소설은 텍스트와 이데올로기 사이의 여러 관계들을 전개시키고 있는 것도 사실이다.

마슈레는 텍스트상의 모순들이 현실 역사상의 모순들을 반영하는 것으로서 파악해서는 안 된다고 주장했다. 그의 말에 따르자면 텍스트상의 모순들은 바로 그와 같은 반영이 '부재'한 상태에서—작품과 역사 사이에 위치하고 있는 이데올로기가 작품에 끼치는 왜곡된 상황에서—비롯된다. 그러나 만일 텍스트의 내적 모순들이 역사상의 모순들을 반영하는 것이 아니라면 그것은 또한 이데올로기적인 모순들을 반영하는 것도 아니다. 왜냐하면 모순점 제거를 그 기능으로 하고 있는 이데올로기의 '내부에서는' 엄격히 말해서 모순이 있을 수 없기 때문이다. 오직 이데올로기와 그 이데올로기가 흡수하는 것—역사—사이에서만 모순이 존재할 수 있다. 그러므로 텍스트상의 부조화는 작품이 이데올로기를 '생산'한 결과에서 비롯되는 것이다.

텍스트는 이데올로기를 모순에 '빠지게 하고', 이데올로기와 역사와의 관계에서 특징적으로 나타나는 한계와 부재들을 들추어내며, 그런 과정 속에서 스스로 의문에 빠지고 자체 내에서 결함과 무질서를 생산해낸다. 그러나 그렇게 하면 너무나 팽창주의적이고 '전체주의적인' 이데올로기의 개념으로 빠져들어갈 위험이 있다. 왜냐하면 이데올로기가 항상 어디에서나 결함이 없는 상상의 통일체—항상 어디에서나 '최선의 상태'—로 존재하는 것처럼 보이지는 않기 때문이다. 이데올로기는 그 내부에서 보면 외부 세계를 갖고 있지 않으며, 이런 의미에서 지리적인 경계선을 넘나드는 것처럼 이데올로기의 외부 경계선을 넘나들 수는 없다. 이데올로기의 입구는 또한 내부의 경계가 되며, 이데올로기의 공간은 실제의 공간처럼 곡선을 이루고 있다. 그리고 오직 신만이 우주를 넘어서 존재할 수 있듯이 역사만이 이데올로기를 넘어서 존재한다.

이데올로기의 심장부로부터 이데올로기의 경계선을 넘어서 '통로'를 만든다는 것은 불가능하다. 그 이유는 심장부라는 그 유리한 지점에서부터 넘어 들어갈 수 있는 경계선이 존재하지 않기 때문이다. 이데올로기는 곡선을 그리며 회전하여 다시 자신에게로 돌아오면서 그 외부에 진공상태를 만드는데, 그 진공상태는 무無이기 때문에 탐험할 수도 없는 것이다. 만일 내부로부터 경계를 넘어서 건너간다는 것이 불가능하다면 그것은 그러한 경계들이 존재하지 않기 때문이며, 그 경계들을 벗어나서는 아무것도 존재하지 않기 때문이다. 이데올로기적 의미의 궤도를 따라 무한정 여행한다고 해서 어떤 연결의 최종적인 입구에 도달하는 것은 아니다. 그것은 어쩔 수 없이 그 출발점으로 되돌아오는 원호를 그리는 것에 불과하다. 이데올로기가 자신의 경계를 발견하는 순간 자기 해체가 일어난다. 즉 이데올로기는 자신과 인접해 있는 이질적인 영역과의 우연한 접촉으로 발생하는 '문화충격'으로부터 살아남을 수 없게 된다.

이데올로기는 그러한 이질적인 영역을 발견하면서 자신의 '고향'을 찾아내게 되고 그곳으로 되돌아갈 수 있지만 그렇게 되면 자신은 소멸되는 것이다. 왜냐하면 자신의 억압되었던 출처에 대한 충격적인 인식—자신은 결코 자생적인 것이 아니라 역사적으로 탄생이 주어졌다는 사실, 즉 자신이 존재하기 이전에 역사가 존재했다는 치욕—으로부터 살아남을 수 없기 때문이다. 이데올로기가 자신과 경쟁적인 반갑지 않은 형제, 즉 자신에게 자신의 탄생의 비밀을 밝혀줄 절대적인 이데올로기를 발견함으로써 그러한 충격적인 인식이 생겨날 수 있다. 그 탄생의 비밀은 직접적으로 말해질 수도 있다. 그러나 또한 이데올로기가 자신의 경쟁자가 역사의 태내胎內에서 출현했던 그 순간을 인식하면서 자신 역시 똑같은 혈통의 소산이라는 것을 인정하지 않을 수 없는 경우도 있다. 달리 표현하면 이데올로기가 자신의 비밀을 넘겨주도록 위협당하는 것은 문학 텍스트가 이데올로기를 이용하여 역사의 장벽에 맞서게 했기 때문만은 아니라는 것이다.

이데올로기의 모순점들은 역사적으로 규정된 또 다른 이데올로기와의 만남 혹은 이데올로기의 불완전한 조화에 의해 자체 내에서 발생할 수도 있다. 사실 대부분의 주요 문학의 발생 순간은 그와 같은 역사상의 결합에서 찾아볼 수 있다. 셰익스피어의 극이 단순히 역사적인 이데올로기들 간의 갈등을 '재생산'하고 있지 않다는 것은 사실이며, 또한 어느 특정 이데올로기가 자신의 의미심장한 침묵들을 드러낼 정도까지 그 이데올로기를 밀고 나가는 것이 아니라는 것도 사실이다. 오히려 셰익스피어의 극은 그 극 내부의 어느 특정 관점에서 볼 때 고도의 '해체성'이라는 특징을 지니고 있는 한, 이데올로기적 구성체의 심각한 모순점을 생산하고 있는 것이다. 여기서의 '해체'는 어떤 특정한 단계의 계급투쟁에서 찾아볼 수 있는 반목적인 이데올로기들의 갈등에서 비롯된다.

과학적인 비평을 보장해 주는 것은 이데올로기적 구성체에 대한 학문이다. 과학적인 비평이 확립될 수 있는 것은 그 학문의 기반—우리가 문학 텍스트에 관한 지식이라고 주장할 수 있는 이데올로기에 관한 지식의 보증—위에서만 가능하다. 과학적인 비평이라는 것이 단순히 역사적 유물론을 문학에 '적용시키는 것'임을 말하려는 것은 아니다. 상부구조 이론의 한 특정 요소인 비평은 그것에 어울리는 적절한 대상의 특정 법칙을 연구하는 것이다. 따라서 비평의 임무는 이데올로기적 구성체의 법칙들을 연구하는 것이 아니라 문학으로서의 이데올로기적 언술들의 생산법칙을 연구하는 것이다.

만일 문학 텍스트를 그것의 이데올로기적 구성체로 환원할 수 있다면 비평은 결국 그러한 구성체들에 관한 학문을 구체적으로 적용하는 것에 지나지 않는다. 매우 조야한 형식의 그러한 환원주의는 마르크스주의 비평에서 대체로 사라졌으며, 좀 더 세련되고 흥미로운 새로운 방법들이 출현하여 그 자리를 대신하고 있다. 문학작품을 해독해야 할 '암호'를 지니고 있는 수수께끼 같은 '메시지'로 이해하려는 것이 그러한 현대 방법론 중의 하나다. 이것은 마슈레가 주장했듯이 문학작품을 본질적으로 이상적인 인공물로 보는 개념에 근거한다. 만일 텍스트가 암호화된 메시지라면 그것은 단지 매개체로서, 즉 은폐된 구조의 환영으로서밖에 작용하지 않을 것이며, 따라서 텍스트를 은폐된 구조의 '복제품'으로 설명하는 일종의 구조주의적 분석은 환영의 환영이 되는 것이다. 작가가 하는 생산은 그 생산의 진정한 대상이 생산의 이면 혹은 내면에 존재하기 때문에 생산의 '외면'에 불과할 뿐이다. 따라서 작품의 비평은 텍스트의 '외면'을 그 '내면' 속에 은밀히 숨어 있는 구조로 환원하는 것이다.

그러나 텍스트는 한 이데올로기적 본질의 현상이 아니다. 거시구조의 미시구조가 아니라는 뜻이다. 텍스트가 속해 있는 이데올로기는 텍스트 내부에서 텍스트의 '심층구조'로서 모습을 나타내는 것은 아니다. 루시앙 골드만이 말한 '발생론적 구조주의'의 문제틀이 그러한 오류의 극단적인 예를 보여준다. 왜냐하면 골드만이 언급한 '정당한' 작품이라는 것은 한 사회단체나 계급이 지니는 '세계관'의 구조를 '상상적인 창조'의 수준에다 가장 '완벽하게 전위시켜 놓은' 작품이기 때문이다. 골드만의 손 안에서 텍스트는 자신의 물질성을 무참하게 강탈당했으며, 한 정신적 구조의 소우주에 불과한 것으로 영락해 버렸다. 골드만에게는 실례가 되는 말이지만 역사적으로 서로 별개의 것으로 존재하는 작품들이 똑같은 '세계관'을 '표명'할 수 있다는 것은 사실이 아닐 뿐만 아니라, 동일한 작가의 작품들이 똑같은 이데올로기에 속할 것이라는 것도 결코 사실이 아닌 것이다.

동일한 이데올로기에 속하는 작품들조차도 동일한 방식으로 그 이데올로기를 나타내지 않을 것이다. 실제로 다양한 방식으로 그 이데올로기를 나타내므로 우리는 그것을 독특하게 구성된 표현의 세계로서 '텍스트의 이데올로기'라고 적절하게 말할 수 있다. 이데올로기를 축소해서 반영하는 것이 결코 아닌 그런 표현의 세계는 적극적으로 이데올로기를 확장하고 정성들여 다듬음으로써 이데올로기의 자체 생산의 한 구성요소가 되는 것이다. 이런 의미에서 텍스트와 이데올로기 간의 '관계'에 대하여 언급한다는 것은 그 자체가 바로 그 문제를 상당히 비본질적으로 제기할 위험이 있다. 왜냐하면 그것은 외부적으로 관련된 두 현상의 문제라기보다는 이데올로기 '내부에서' 텍스트에 의해 설정된 '상이相異관계'—이데올로기가 텍스트 속에서 상당한 정도의 자율성을 생산한다는 '바로 그 이유 때문에' 이데올로기를 이데올로기 자체의 재생산의 본질적인 구성요소가 될 수 있게 해주는 관계—의 문제이기 때문이다. 심지어 텍스트를 이데올로기가 자체 재생산을 가능하게 해주는 자기 자신과의 관계양식 속으로 진입하는 과정이라고 말할 위험성도 있다. 그러한 설명은 헤겔 철학식의 표현에 비추어 보면 그릇된 설명이라는 것을 쉽게 알 수 있다. 즉 텍스트는 이데올로기의 정신이 물질적 구체화로 접어들지만 결국에는 스스로를 재전유再專有하는 일이 일어나는 장소로서 오해되기 쉬우며, 문학은 이데올로기 자체 내에서의 단순한 통행 혹은 거래로서 오해되기 쉬운 것이다. 우리가 텍스트와 이데올로기 간의 생산관계에 대해서 언급할 필요가 있는 것도 그러한 그릇된 개념을 피하기 위해서이다. 또한 그 관계를 단순한 외부적 관계로 파악하지 않는 것도 중요하다.

이데올로기 자체와 자본주의 생산양식과의 관계에서 어떤 유사점이 발견될 수도 있을 것이다. 이데올로기는 단지 자본주의 생산양식과 외부적으로 관련을 맺고 있는 어떤 '표현체계'에 불과한 것이 아니라, 자신들의 현상적인 현존의 모습 속에 자본주의 생산의 진실을 은폐하고 있을 수밖에 없는 바로 그러한 경제적 형태들에 기반을 두고 있는 표현체계이다. 그러므로 이데올로기와 생산양식과의 관계는 '내면적인' 관계이다. 그렇지만 이데올로기는 또한 어떤 '내적 거리두기'에 의해 스스로가 비교적 자율적인 한 구성체로서 존재한다. 비슷한 방법으로 문학 텍스트는 이데올로기와의 내부적 유대관계를 토대로 해서 비교적 자율적인 하나의 구성체로 구성된다.

이와 같은 텍스트와 이데올로기 간의 복잡한 관계는 텍스트가 이데올로기의 부수적 현상이 아니며 또한 전적으로 자율적인 요소도 아님을 보여줌으로써 '텍스트 구조'의 문제와 연관된다. 텍스트는 비록 그 구조가 균형에 의해서가 아니라 분열과 탈중심화에 의해서 구성된 것일지언정 어쨌건 한 구조를 지니고 있다고 말할 수 있다. 왜냐하면 텍스트의 다양한 요소들 간의 차이점과 모순점들이 불투명한 것이라기보다는 한정적인 것인 한, 텍스트 스스로가 어떤 특정한 구조를 구성하기 때문이다. 그러나 이 구조를 이데올로기의 소우주 혹은 암호문으로 보아서는 안 된다. 왜냐하면 극의 대부분이 공연의 '진실'이 아니듯이 이데올로기가 텍스트의 '진실'이 아니기 때문이다. 텍스트의 '진실'은 어떤 실체가 아니라 실천—텍스트와 이데올로기와의 관계의 실천—이며, 그런 점에서 보아 역사와의 관계의 실천이다. 이런 실천의 토대 위에 텍스트는 하나의 구조로서 스스로를 구성한다. 즉 텍스트는 비교적 자율적인 조건 하에서 이데올로기를 재구성하기 위하여, 그리고 미학적 생산 속에 이데올로기를 처리하고 개조하기 위하여 이데올로기를 탈구조화시키는 한편 그와 동시에 자기 스스로도 이데올로기의 영향에 의해 다양한 정도로 탈구조된다.

이러한 탈구조화의 행위 가운데 텍스트는 자기 자신의 독특한 결합과 관계에 압력을 가하는 비교적 잘 구조화된 구성체인 이데올로기와 마주치게 되며, 텍스트 자신의 자체 생산의 외곽을 형성하고 있는 '구상적具象的인 논리'를 가지고 이데올로기와 대결한다. 텍스트는 자신의 결합력에 가해지는 다양한 압력에 때로는 부응하고 때로는 대항하면서 작용하는 가운데 어떤 이데올로기적 요소는 비교적 덜 가공된 형식 속에 받아들인다. 그에 따라 다른 요소들은 제거하거나 개조시킬 필요성을 느끼게 됨으로써 그 이데올로기적 요소의 반항에 대항하여 싸움을 벌이며, 그러한 싸움 가운데 자체적으로 새로운 문제점들을 낳는다.

이런 식으로 해서 텍스트는 이데올로기를 혼란시켜 자신의 내적 질서를 구축하는데, 이 내적 질서는 텍스트 자체와 이데올로기 내부에서 새로운 무질서를 야기할 수 있는 것이다. 이 복잡한 움직임을 '이데올로기의 구조'를 변화시키거나 재생산하는 '텍스트의 구조'로 생각할 수 없으며, 오직 이데올로기에 대한 텍스트의, 텍스트에 대한 이데올로기의 끊임없는 '상호작용', 즉 텍스트가 자기 자신의 결정요소들을 지속적으로 다중규정하는 상호간의 구조화와 탈구조화로만 파악할 수 있는 것이다. 그러므로 텍스트의 구조는 이런 과정의 '산물'이지 텍스트의 이데올로기적 주변성들의 반영이 아니다. 그리고 '텍스트의 논리'는 '이데올로기의 논리'를 배가시켜 주는 언술행위가 아니다. 오히려 텍스트의 논리는 더욱 더 포괄적 논리인 이데올로기의 논리에 '거슬러서' 구성된 논리인 것이다.

그러나 비록 텍스트의 구조가 이데올로기의 구조를 재생산하지 않는다 하더라도 다른 한편으로는 문학작품에 대한 새로운 경험론으로 빠져들어 가지 않는 것이 중요하다. 내가 주장해 왔듯이 '일반적인' 이데올로기나 '작가의' 이데올로기로 환원될 수 없는 특정한 '텍스트의 이데올로기'가 존재하며, 이 이데올로기는 어느 두 텍스트에 있어서는 그 두 텍스트들이 문자 그대로 일치하는 경우에만 똑같은 것으로 나타난다. 이런 의미에서 모든 작가 그리고 모든 작가의 개개의 텍스트는 '서로 다른' 이데올로기를 생산해낸다고 간주할 수 있다. 위철리 William Wycherley역주52의 이데올로기는 에써리지Sir George Etheredge역주53의 이데올로기가 아니며, 『시골 아낙네』역주54의 이데올로기 역시 『솔직한 사람』*The Plain Dealer*역주55의 이데올로기가 아니다. 그러나 텍스트만큼이나 많은 이데올로기가 존재한다고 주장함으로써 결국 얻어지는 것은 아무것도 없다—이것은 계급사회에서 각 개인들만큼이나 많은 이데올로기가 존재한다고 주장하는 것과 똑같이 공허한 것이다.

여기에서 우리는 처음에 제기했던 텍스트와 극 연출의 비유로 되돌아갈 수 있다. 비유적으로 말해서 『오델로』의 서로 다른 두 가지 연출은 사로 다른 텍스트를 생산한다는 것이 사실이지만 그 연출들에 대한 비평적 분석은 단 하나의 결정적인 텍스트, 즉 셰익스피어의 텍스트와 관련해서 그 두 연출이 이루어질 때만 가능하다. 마찬가지로 위철리와 에써리지의 작품들을 동일한 이데올로기적 영역에 위치시키는 것이 그들 작품을 변형하는 것은 아니다. 그 두 작가들의 차이점과 그들의 독특한 주체성이 확립될 수 있는 것은 그들의 작품을 동일한 이데올로기의 영역 속에 위치시킴으로써 가능하다. 문학작품에 대한 경험론은 불가피하게 이데올로기의 명목론을 수반하는 것이다.

따라서 텍스트와 이데올로기의 관계는 대강 다음과 같이 요약될 수 있다. 이데올로기는 어떠한 '형식'이나 일련의 형식들로 이미 표현된 어떤 의미작용 체계로서 텍스트에 제시되어 특정의 일반적인 구조적 관계들을 전개시킨다. 이데올로기는 또한 구체적이고 결정적인 일련의 미학적 생산양식들과 생산 메커니즘들을 텍스트에 제공한다. 즉 이데올로기적 의미작용들을 미학적으로 생산하는(그러면서도 이데올로기적으로 결정된) 있을 법한 양식들을 텍스트에 제공한다. 이러한 구체적인 양식들은 일반적으로 이데올로기에 의해 '자연스럽게' 취해진 구조적 형식들에 의하여 결정된다. 다시 말해 그 양식들은 이데올로기적 의미작용 자체의 구조 속에 내재되어 있는 일반적인 인지형식이나 표현형식과 갈등 혹은 상사관계라는 한정된 관계 하에 놓이게 된다. 어떤 특정한 서술양식이 '개인적인 진보'를 표현하는 일반적인 이데올로기의 형식과 함께 주어지듯이 그 구체적 양식들은 인지나 표현의 일반적 형식들과 역사적 · 이데올로기적으로 '함께 주어질 수도 있다.' 아니면 그 양식들은 그와 같은 일반적인 표현양식들과 역사적 · 이데올로기적으로 비공시적인 것들이 될 수도 있다. 일반적으로 텍스트는 그러한 미학적 생산양식의 복합적인 통일체이므로 자신의 의미작용 구조에 의하여 주어진 일반적 형식들과 자신이 맺고 있는 차별적이고 상호 모순적인 일련의 관계들을 한데 결합시킬 수 있다.

이와 같은 의미에서 텍스트는 자기 자신과 역사적으로는 일치하는 것이 아니다. 그러므로 이러한 미학적 생산양식들은 이데올로기의 일반적인 표현양식들이 지니는 결정성을 기반으로 특정 일반적인 이데올로기적 범주들의 산물인 일련의 이데올로기적 의미작용들을 '생산'해낸다. 여기서 이데올로기적 범주들은 어떤 특정의 형식 속에서 그러한 의미작용들을 포현한다. 의미작용들을 생산해내면서 생산형식들은 동시에 그것들을 '미리 선정한다.' 즉 '어느' 의미작용들을 생산할 것이냐를 부분적으로나마 결정한다. 그리고 그렇게 선정된 의미작용들을 취급함으로써 자신의 미학적 양식들이 지니는 이데올로기적 결정성을 토대로, 그리고 작용 중에 있는 이데올로기적 의미작용들의 구체적인 형식과 특성을 토대로 미학적 생산양식들은 자신들의 비교적 자율적인 법칙에 따라 그 의미작용들을 전위시키고 개조 또는 변화시키는 것이다.

이러한 전위와 변화의 과정은 '미학적인 것'이 자신에 의해 다중규정된 이데올로기의 결정서에 근거하여 '이데올로기적인 것'을 생산하게 함으로써 텍스트와 이데올로기 사이의 일련의 복잡한 거래로서 스스로를 비평에 드러낸다. 그리고 그러한 거래는 생산 · 해결되고, 그래서 다시 생산되는 어느 정도 가시적인 갈등과정으로서 텍스트 안에 모습을 나타낸다. 바로 이 과정 안에서 사회적 의미작용들의 생산과정이 지니고 있는 일반적인 구조의 그 무엇인가가(이데올로기) 분명하게 드러난다. 텍스트는 자신의 의미구축 양식이 지니고 있는 이데올로기적으로 결정된 관례를 비평에 전가함과 동시에 이데올로기와 현실역사 간의 관계를 간접적으로 조명하는 것이다.

문학은 우리가 소유하고 있는 이데올로기에 경험적으로 접근하게 해주는 가장 계시적인 양식이라고 말할 수 있다. 무엇보다도 바로 이 문학에서 우리는 계급사회의 체험된 경험의 조직 속에서 특유의 복합적이고, 일관성 있고, 집중적이고, 직접적인 방식으로 작용하고 있는 이데올로기를 관찰할 수 있다. 문학은 과학적인 양식보다 더 직접적인 이데올로기에로의 접근양식이며, 일상생활에서 통상 이용할 수 있는 양식보다 더 일관성 있는 접근양식이다. 이런 의미에서 문학은 과학적 지식이 지니는 서름한 엄격성과 체험 자체가 지니는 생생하면서도 느슨한 우연성 사이의 '중간 매개체'로서 스스로를 나타낸다. 과학과는 달리 문학은 이데올로기적인 형식으로 부여된 현실적인 것을 전유하지만, 자연발생적이고 직접적인 현실의 환상을 생산하는 방식으로 현실적인 것을 전유한다. 따라서 문학은 과학보다 현실에서 더 멀어져 있는 것이지만 동시에 현실에 더 가까운 것으로 나타난다.

과학과 마찬가지로 문학은 어떤 범주들과 격식들—문학의 경우에서 장르, 상징, 관습 등등—을 전개시킴으로써 그 대상을 전유한다. 과학의 경우 이러한 범주들은 그 자체가 인식과 개념작용에 의해 공들여 만들어진 생산품이지만, 문학의 경우에는 그러한 공들임이 '개념들'을 생산하는 것이 아니라 어느 특정의 형식을 생산하는 것으로 나타난다. 그리고 그 형식들은 과학에서의 개념적인 범주들이 지니는 기능과 '유사한' 기능을 수행하면서 동시에 그들이 생산해내는 '내용들'과 아주 밀접하면서도 자연발생적인 관계를 형성하면서 스스로를 은폐시키고 자연스럽게 내보이는 것이다. 여기서 문학이 자신이 생산한 내용들과 맺는 관계는 이데올로기로 변화 가능한 것이지만 자신들의 생산양식들을 자신의 생산품인 '구체적인 삶' 속에 부분적으로 '용해시키는 것'은 문학이 지니는 전형적인 효과라 할 수 있다. 그러므로 문학 텍스트는 개인 소유물처럼 자신의 생산과정의 결정요소들을 거부하는 '자연적'인 객체로서 나타나는 것이다. 따라서 비평의 기능은 문학작품의 자연발생적인 현존 모습을 거절하는 일, 즉 문학작품의 진정한 결정요소들이 나타나도록 하기 위해 그 '자연성'을 거부하는 일이라 할 수 있다.

유기적 형식의 균열이 진보적 행위라는 주장은 게오르그 루카치에 의해 주도되어 온 마르크스주의 미학 전통 내에서 수용되는 입장이 아니었다. 그러나 조지 엘리엇에서 로렌스에 이르기까지의 영국 문학작품을 이데올로기와 문학형식 사이의 내적 관계에 착안해 살펴본다는 것은 곧 1930년대 루카치와 베르톨트 브레히트 사이에 행해진 중대한 논쟁을 재활성화하는 작업이 된다.

4

이데올로기와 문학형식

앞에서 나는 이 연구가 개재하고 있는 비평적 상황을 검토하였고, 그 연구분야의 체계적이면서도 개념적인 위상을 개괄하였으며, 텍스트와 이데올로기 간의 제 관계들에 대한 상세한 분석을 시도했다. 이제는 매슈 아놀드에서 로렌스에 이르는 영문학사의 특정 기간 동안 그 관계들이 어떻게 설정되어 왔는지 살펴보고자 한다.

19세기 영국의 부르주아 이데올로기는 한 가지 심각한 문제에 봉착했다. 공리주의의 박약한 토양에서 배양된 부르주아 이데올로기는 영국 사회의 삶의 경험구조에 스며들 만큼 호소력이 강한 신화들을 생산해낼 수가 없었다. 따라서 당시의 이데올로기는 낭만주의적 휴머니즘의 유산—나중에 콜리지를 거쳐 칼라일Thomas Carlyle,역주56 디즈레일리Benjamin Disraeli,역주57 아놀드, 러스킨역주58에게로 전해지면서 '문화와 사회'의 전통으로 알려지기 시작한 버크Edmund Burke역주59식의 보수주의와 독일 관념론이 애매하게 뒤섞인 것—에 계속해서 의지할 필요가 있었다. 그 전통은 자본가 계급의 권리 신성화와 결부되어 부르주아 사회 제 관계에 대해 관념론적 비판을 가한 전통이었다. 이 독특한 영국의 19세기 이데올로기는 지배계층 내에 서로 복잡하게 연결되어 있는 부르주아 계급과 귀족계급에 기반을 둔 것이었으며, 그 이데올로기가 지니는 복잡성은 부분적으로 안토니오 그람시역주60가 언급한 바 있는 '유기적'인 요소들과 '전통적'인 요소들 사이의 모순적인 통합에서 비롯된 것이었다.[1]

완벽한 이데올로기의 수준에까지 오를 수 없었던 허약한 경험주의는 낭만주의적 휴머니즘의 풍부한 상징적 수단들을 이용할 수밖에 없었는데, 가령 부르주아의 소유관계를 확인하기 위해서는 낭만주의적 휴머니즘의 형이상학적 인가수단들과 준봉건주의적 사회 모델들을 끌어들일 수밖에 없었던 것이다. '문화와 사회' 전통은 바로 이러한 이데올로기적 결합에 관한 문학적 기록인데, 존 스튜어트 밀John Stuart Mill은 1830년대 말에 기계적으로 콜리지를 벤담Jeremy Bentham역주61에 연결시킴으로써 그 전통의 좀 더 명확한 사례들 제기했다.[2]

실제로 그람시는 19세기 영국의 이러한 이데올로기적 구성체에 관해 다음과 같이 직접적으로 언급했다. "매우 포괄적인 부류로서 존재하는 유기론의 지식인층이 있다. 그들은 동일한 산업영역에서 출현한 경제적 집단이다. 그러나 그들 위에는 실질적인 독점의 위치를 유지하고 있는 구 지주계급이 있다. 그 지주계급은 신흥 그룹이 득세

함에 따라 자신들의 경제적 우위성을 잃어가면서 '전통적인 지식인층' 또는 지도 그룹으로 흡수되어 간다. 그 구 지주계급의 귀족들은 봉합선 같은 연결고리로 산업자본가들과 연결되어 있는데, 그것이 바로 다른 국가들에서는 전통적인 지식인층과 신흥 지배계급들이 서로 연결 · 통합되는 방식이기도 하다."[3)]

이러한 동화의 일면은 사회의 '유기론' 개념에 점차적으로 눈을 돌리고 있는 부르주아 이데올로기에서 찾아볼 수 있다.[4)] 빅토리아 시대의 자본주의는 점진적으로 조합의 형태를 띠게 되면서 자신의 이데올로기적 요구들에 부응하는 총체성과 감수성의 모델들을 예술에서 발견하였고, 따라서 낭만주의적 휴머니즘 전통의 사회적 · 미적 유기론에 경도되기 시작했다. 한편 19세기 후반에 시에서 최초로 등장한 '유기적 형식'이라는 개념이 당시의 지배적 문학양식이었던 소설에까지 점진적으로 확대되어 갔다. 그 결과로 소설의 순수미학이 발전되었으며, 세기말에 헨리 제임스[역주62]라는 주요 이론가의 출현을 보게 된다.[5)] 이 글은 19세기 주요 문학의 한 분야와 그 분야가 자리하고 있는 이데올로기적 구성체 사이의 몇몇 관계를 도식적인 형식으로 개괄한 것이며, 또한 역사와 문학생산 사이를 연결해 주는 중요 개념으로서 '유기적인 형식'이라는 개념을 도입하여 분석 · 개괄한 글이다.[6)]

매슈 아놀드

(Matthew Arnold, 1822–1888)

빅토리아 시대의 주요 시인이자 비평가이면서 동시에 이론가였던 아놀드가 치지하고 있는 역사적인 비중을 이해하는 데는 그람시가 말한 '전통적인 지식인층과 유기론의 지식인층의 동화'라는 말이 중요한 열쇠가 된다. '교양'culture의 전도자이자역주63 부르주아 속물근성의 혹독한 비판자였던 아놀드는 현대 자유주의자들은 물론 사회주의자들에게도 항상 지대한 영향력을 행사해 왔다. 무엇보다도 그는 교양은 '계급을 없애기 위한 것이고, 교양인들은 진정한 평등의 사도'라고 주장하지 않았던가?[7] 그러나 우리가 여기서 알아두어야 할 것은 아놀드의 구상이 혁명에 의해 계급사회를 폐지하자는 것은 아니었다는 점이다. 오히려 정반대로 그는 프롤레타리아 계급을 좀 더 효과적으로 통합할 필요성에서 영국 빅토리아조 집권층 내에서의 계급 세력분포의 근본적인 재정렬을 꾀하고자 했던 것이다. 아놀드의 사회비평이 보여주는 신랄함은 자기 자신의 물질적 이익에만 푹 빠져 있는 비전 없고 편협한 부르주아 계급을 진정한 '헤게모니를 쥔' 계급으로—자신들이 역사 속에서 장악한 세력 우위에 걸맞는 문화적 자원을 지닌 계급으로—전환하기 위함이었다. 아놀드의 입장에서 볼 때 귀족계급은 급속하게 정치적 헤게모니를 잃어가고 있었고, 그 계급의 역사적 계승자인 부르주아 계급은 불행하게도 그 지위를 계승할 준비가 되어 있지 않았다.[8] 따라서 그는 중산층은 교화적인 국가 교육제도의 품에서 좀 더 통합적이고 세련된 형태로 도달할 필요가 있다고 주장했다. 안토니오 그람시가 현대 프롤레타리아 계급에게 요구했던 것—즉 물질적인 권력뿐만이 아니라 '도덕적이고 지적인 지도력'도 겸비해야 된다는 것—이 바로 매슈 아놀드가 빅토리아조 부르주아 계급에게 주문했던 것이다. 그람시는 『근대의 왕자』*The Modern Prince*에서 프롤레타리아 계급은 "정치적 권력과 경제적 권력을 정복하는 문제와 관련하여 정치와 경제를 위해 스스로를 어떻게 조직화할 것인가에 대해 생각해

왔듯이 이제는 문화를 위해 스스로를 조직화하는 문제도 생각해야 한다"고 주장했다.[9] 아놀드의 입장이 이 이상 더 능숙하게 설명될 수는 없을 것이다.

바로 이러한 이데올로기적 필요성이 완고한 동료 부르주아 계급을 '그리스화하려는'(교양화하려는) 아놀드 자신의 명백한 이타주의적 노력의 기조를 이루고 있다. 국립학교들은 중산층을 '그들 국가의 최선의 문화'에 연결시켜 줌으로써 "그들이 지닌 품격으로 보아 현재로서는 스스로가 발산하지 못하는 위대성과 고상한 정신을 그들에게 부여할 것"[10]이라고 본 아놀드는 교육을 통해 "중산층의 자기 존중과 도덕적 힘이 실제로 증대할 것이며, 그들이 상위계급과 융화됨으로써 그들이 바라는 평등을 확실히 가져다 줄 것"이라고 주장했다.[11] 부르주아 계급은 그 이전에 귀족계급 통치를 확인시켜 준 그와 같은 정신적 우월성을 갖고 있지 못했다. 따라서 부르주아 계급이 신속하게 그러한 문화적 우월성을 성취하여 스스로가 사회의 '지적 중심부'에 위치하는 진정한 국가 계급으로서 성장하지 못한다면 자신들이 이용하는 계급, 즉 프롤레타리아 계급을 정치적으로 통합시키는 자신들의 역사적 임무를 수행하지 못하게 된다는 것이 그의 생각이었다.

> 만일 중산층이 지닌 정서의 품격과 정신의 위엄성이 격하되거나 무디게 된다면 그것 자체가 한 국가의 심각한 불행이다. 그러나 중산계급이 편협하고, 조악하고, 반지성적이고, 매력적이지 못한 정신과 교양을 지닌 채 현재에 머무르고 말아 현재로서는 그들보다 실제적으로 더 폭넓고 더 진보적인 공감력을 지닌 하부 계급의 대중들을 동화시킬 수 없음이 거의 확실하다는 점을 고려해 볼 때 그 불행은 더더욱 심각한 것이 될 것이다. 결국에

> 는 이 대중들이 세계 점유를 꿈꾸고 자신들의 삶과 활동에 좀 더 실감나는 의미를 부여하기를 갈망하는 순간이 도래할 것이다. 억제할 수 없는 이러한 그들의 도약단계에서 그들의 진정한 교육자가 되고 교도자가 되어야 하는 사람들은 바로 그들 위에 위치하는 중산층이다. 만약 이 중산층이 대중의 공감력을 얻어내지 못하거나 그들에게 방향을 제시하지 못한다면 사회는 무질서의 상태로 빠질 위험에 처하게 된다.[12]

그러므로 중산계급이 대중들에게 침투할 수 있는 이데올로기(교양)를 갖추기 위해서는 몰락해 가는 귀족계급의 교화된 심미적 유산을 차지해야 한다. '교양 있고 진보적이며 품위 있는, 즉 변모된 중산층' 속에서 프롤레타리아 계급은 '그들의 여망을 기꺼이 한데 모을 수 있는 지점'을 발견하게 되리라는 것이다.[13]

동시에 주목해야 할 것은 계급 헤게모니에 관한 아놀드의 개념이 이론적으로는 타당하지 못하다는 점이다. 사실상 계급 헤게모니라는 개념은 이데올로기를 한 '계급주체'의 '세계관'으로, 즉 그 계급에 의해 사회 전체에 부과된 정신적인 비전으로 파악한 역사주의자들의 오류를 보여주는 고전적인 실례이다.[14] 그럼에도 전체적으로 보아 아놀드의 주장은 19세기 자유주의에 상당한 변화를 초래케 한 것이었다. 빅토리아조의 자본주의가 초기의 개인주의적 국면을 초월하여 공공의 형태로 조직화됨에 따라 존 스튜어트 밀의 『자유론』 속에서 말기의 좌절된 모습으로 그려졌던 고전적인 자유주의 역시 유사한 변모를 겪게 된다. 아놀드는 "인간본성의 모든 성향들이 다 그 자체가 중대한 것이고 유익한 것"[15]이라고 믿었지만, 이제는 그러한 모든 성향들이 응집력 있고 갈등 없는 하나의 질서 속에서—한마디로 말해서 '교양'

속에서—조화를 이루도록 하는 것이 지상과제였던 것이다.

정신적인 '자유방임'은 역사적으로 쓸모없는 것이 되어버렸다. 다시 말해 '자유방임'은 '전체적인 이익을 위해 행사할 유력한 권위를 부여받은, 그리고 개인의 이익보다는 더 큰 이익을 위한다는 명목 하에 개인의 의지를 통제하는 집단적이고 조합적인 성격의 국가'[16]에 대한 믿음에 굴복해야 했다. 개인주의적 독단주의에 젖어 있는 부르주아 계급이 이제는 '한때 위험스러웠던 국가행위가 본질적으로 위험스러운 것이 되지 않을 수도 있을 뿐만 아니라, 다른 곳으로부터의 위험에 대항하여 우리를 보호해 주는 수단이 될 수도 있는지'[17]의 여부를 고려해야 한다는 뜻이다.

따라서 조합국가는 교양—한 문명의 유기체적 형식인 모든 충동들의 조화로운 총체성—이 자리하는 사회적 장소이다. 그러나 이런 의미에서 아놀드가 부르주아 국가의 새로운 욕구들을 지지하면서 시대를 앞서가는 '미래의 진보주의자'[18]였다면, 그것은 또 다른 의미에서 보면 그가 보수적이었기 때문에 가능했던 것이다. 부르주아 실용주의에 대한 그의 비판이 좀 더 풍요롭게 다듬어진 이데올로기를 원하는 분별력 있는 욕구에서 비롯된 것이라면, 그것은 또한 교양을 '사람들이 높게 평가하는 기계문명이나 물질문명과는 일치하지 않는 … 마음과 정신의 내적 상태'[19]로 생각하는 전통주의적 태도에서 비롯된 것이다. '진보적'인 교육감이면서 동시에 시를 가르치는 귀족적인 교수였던 아놀드는 이 두 직책 상 인습적인 부르주아적 자유주의와는 어울리지 않고 갈등을 일으키지만 『교양과 무질서』*Culture and Anarchy*의 심미적 사회학 속에서는 화해를 이루게 된다.

교양의 미학적 의미에 관한 아놀드의 관심은 그가 추구하는 이데올로기적 목적에 비추어 보면 생산적인 동시에 무력한 것이었다. 여기서 아놀드의 관심이 생산적이라 함은 인간주체들이 어떻게 자연발생적·잠재의식적으로 '감화되는지' 그 원형을 제시해 주는 것이 예술이고, 그래서 예술이 전반적으로 이데올로기의 문제와 관련이 된다는 점에서 그렇다는 뜻이다. 한편 그의 관심이 무력한 것이라 함은, 그와 같은 직관적인 미학의 결과가 정치적으로는 파국적인 모호성을 초래한다는 점에서 그렇다는 것이다. 아놀드는 이데올로기들이 주의나 교리체계를 통해서라기보다는 주로 이미지와 재현을 통해서 스스로를 확립해 간다고 정확히 인식하고 있었다. 말하자면 '쟈코뱅주의'와 대조가 되는 교양은 '어느 한 체제에 속하는 사람들이나 어느 스승 밑의 문하생들이나 학파에 속하는 사람들'과는 영원히 불화를 일으킬 수밖에 없으며, 그런 점에서 '콩트Auguste Comte, 고故 버클Henry Thomas Buckle, 혹은 밀과 같은 사람들'과도 불편한 관계에 있을 수밖에 없다.[20] 사실상 이데올로기가 육성해야 하는 본능적인 경건함과 정신적인 충실성을 파괴하고자 위협하는 것은 바로 '교리들'을 놓고 벌이는 합리주의자들의 논쟁인 것이다. 따라서 신조나 교리는 반드시 시에 굴복하여야 하며 문학은 도그마를 축출해야 하는 것이다.

> 시의 미래는 무궁하다. 그 이유는 우리 인간의 가장 숭고한 운명들을 담을 만한 가치가 있는 시 속에서 우리는 시간이 흘러감에 따라 더욱 더 확고한 거처를 발견할 것이기 때문이다. 시 속에는 고정불변의 교리도 없고, 완벽한 듯이 보이는 공인된 도그마도 없으며, 해체될 위험이 없는 인정된 전통도 없다 …. 우리를 위해 우리의 삶을 해석해 주고, 우리를 위로해 주며, 우리를 지탱시켜 주는 시에 우리가 의지해야 한다는 사실을 사람들이

점점 깨닫게 될 것이다. 시 없이는 우리의 과학은 불완전한 것으로 나타날 것이며, 우리가 현재 종교와 철학으로 여기고 있는 것의 대부분이 시로 대체될 것이다 …. 왜 우리가 종교와 철학에 의지해 왔으며, 왜 그것들을 심각하게 받아들였는지를 우리 스스로 이해할 때가 올 것이다. 우리가 그것들의 공허함을 인식하면 할수록 우리는 시가 우리에게 제공해 준 '지식의 숨결과 지식의 보다 더 순수한 정신'을 더욱 더 찬미하게 될 것이다.[21)]

말하자면 '시'는 긴박한 이데올로기적 위기 속에서 비평을 위안으로, 분석적인 것을 감동적인 것으로, 전복을 지속 가능함으로 대체함으로써 한 사회의 최후의 의지처가 된다. 그렇기 때문에 시는 어떤 특정의 문학적인 행위라기보다는 전반적인 이데올로기의 운용양식을 나타낸다고 할 수 있다. 그러나 프레드릭 해리슨Frederic Harrison이 『교양과 무질서』를 통렬히 비판하며 패러디한 글에서 교양과 마찬가지로 시는 전면적인 침투성에 정비례하여 내용은 텅 비게 된다고 지적했다.

거기에는[역주64] 조화는 있으나 체계가 없고, 본능은 있으나 논리가 없으며, 영원한 성장은 있으나 성숙은 없고, 끊임없는 움직임은 있으나 묵묵히 받아들일 만한 것은 없으며, 모든 질문들이 계속해서 쏟아져 들어오나 어떤 답변도 없으며, 그저 무한한 가능성들이 존재하는 곳이며, 모든 것들이 무엇이 되어가고는 있지만 존재하는 것은 아무것도 없는 곳이다.[22)]

아놀드의 비평 개념인 '시금석'이라는 개념에서 분명히 드러나는 것은 그 개념이 이론적으로는 아무런 가치가 없는 개념이라는 점이다. 왜냐하면 그 '시금석' 개념으로 인해 어느 형체 없는 울림에 대해 전적으로 직관적으로만 반응을 내보이는 것, 즉 미학적 · 역사적 맥락에서 떨어져 나온 한줌의 시적 이미지들에서나 흔히 볼 수 있는 그런 직관적인 반응이 짐짓 문학작품 평가의 절대적인 척도라도 되는 양 대접받고 있기 때문이다.

『교양과 무질서』는 중산층의 정신적 헤게모니를 심화시키기 위한 노력에서 '헤브라이즘'에 맞서서 '헬레니즘'을 내세우고 도덕적 책임에 맞서서는 진보적인 교양을 내세웠다. 그러나 그러는 가운데 사실상 부르주아 계급의 헤게모니를 뒷받침하던 '절대적'인 도덕적 가치들을 소멸시키고 말았던 것이다. 그래서 아놀드는 『교양과 무질서』에 뒤이어 나온 '신학적'인 저작들에서는 의무, 복종, 순종과 같은 헤브라이즘의 덕목들—위험스러울 정도로 합리주의적인 노동자 계급을 정치적 사회 안에서 이데올로기적으로 통합시킬 수 있는 덕목들—을 내세워 헬레니즘과 균형을 맞출 필요가 있다고 느꼈던 것이다. 『신과 성서』*God and the Bible*에서 아놀드는 많은 대중들이 어떤 가상의 '인간의 권리'에 기반을 두고 있으면서 모든 전통적인 문화에 적대적인 성향을 보이는 일종의 혁명적인 자연신론[역주65]을 신봉해 왔다고 불만을 터뜨렸다. 그가 생각하는 근본적인 개선책은 기독교 사상이었다. 그리스도 안의 사람은 권리보다는 의무를 인식하고, 신성한 법이라는 총체적인 질서가 지니는 '아름다운 정당성'에 순응하는 사람이기 때문이다. 그런데 만일 대중들이 '자코뱅주의'로부터 교화되려면 수용할 수 없는 많은 종교상의 교리는 시적으로 처리되어야 할 필요가 있다는 것이다. 아놀드는 『문학과 도그마』*Literature and Dogma*에서 프롤레타리아 계급이 그럴듯한 신학적인 범주들에 철저히 속았기 때문에 성서로부터 눈을 돌렸다고 언급했다. 그렇기 때문에 전반적인 탈신화작업이 중대한 문제로 등장하게 된다. 다시 말해 성서는 보수적인 사회적 도덕성을 지탱하기 위해서 암시적인 시적 구조로 탈각되어야 한다는 것이다. 헬레니즘화된 종교가 헤브라이즘적인 윤리를 뒷받침하는 보조적인 것이 되어야 한다는 뜻이다.

매슈 아놀드를 둘러싼 사실 가운데 그의 명성에 금이 가도록 만들었던 사실 중의 하나는 아마 그가 당시의 진정한 탈신화론자였던 존 윌리엄 콜렌소John William Colenso 주교에 대한 지지를 거부했다는 사실일 것이다. 라이오넬 트릴링Lionel Trilling이 지적했던 것처럼 아놀드는 "콜렌소가 염두에 두고 있던 공장 직공들은 아마도 이런 탈신화작업에 의해 교화될 수 없을 것이다. 다시 말해 그들의 정신들은 고양될 수 없으며, 그들의 도덕의식도 고취될 수 없고, 그들의 종교적 신앙 역시 강화될 수 없을 것이다"[23]라고 믿었기 때문에 콜렌소를 비판했다. 성서와 관련해서 콜렌소가 제기한 질문들도 이데올로기적으로 해로운 것들이었다. "인류의 대다수가 그들의 가슴과 상상력을 통해서 순화되고 인간스럽게 되어야만 지식이 살아 있는 뿌리를 내릴 수 있는 토양이 그들 안에 발견될 수 있다 …. 이런 식으로 [사상이] 그들에게 다가갈 때에만 그들의 종교적 의식에 별 반감 없이 순응하게 된다."[24] 요컨대 콜렌소는 시적이지 못하며, 따라서 정치적으로도 위험스러운 인물이었다. 성서에 대한 그의 합리주의적 비판은 도그마가 이미지로 용해되는 것을 제지하고 있는데, 실상은 그 이미지만이 프롤레타리아 계급의 감수성에 스며들어 분열보다는 확신을, 타파보다는 위안을 가져다 줄 수 있는 것이다. 만일 교양이라는 것이 너무 이해하기 어렵고 또 너무 엘리트주의적인 수단이라서 이런 절박한 일을 감당할 수 없다면 종교가—종교는 전통적으로 가장 강력하고 침투력

강한 이데올로기 통제양식 중 하나이다—이런 목적을 위해 일신되고 변모되어야 한다. 아놀드가 콜렌소에 대해 지니고 있던 우려는 1853년 그의 『시편』*Poems*이라는 시집의 서문에 기록된 그의 두려움, 즉 초기의 그의 시가 정신적으로 해로운 영향을 미치지 않았나 하는 그의 두려움을 생각나게 해준다. 아놀드는 『에트나 산 위의 엠페도클레스』*Empedocles on Etna*라는 시를 그 시집에서 빼버렸는데, 그 이유는 그 시가 독자들을 고양시키기보다는 암울하게 해주는 것처럼 보였기 때문이었다. 또한 진정한 시는 우울과 신경증보다는 '사심 없는 객관성'을 베풀어 '시간에 상관없이 종족에 영원토록 지속되는 그런 기본적인 감정들'[25]에 호소해야 한다고 생각했기 때문이었다. '도덕적 숭고함'은 '정신적인 불안'과 투쟁해야 하며, 시는 현실의 모순들을 해결하는 이데올로기적 해결책이 되어야 한다는 것이 아놀드의 생각이었다.

조지 엘리엇

(**George Eliot**, 1819–1880)

이제 논의를 매슈 아놀드에서 조지 엘리엇으로 돌리는 것은 아놀드가 교양이라는 개념으로 해결하려 했던 아주 복잡한 형태의 이데올로기적 갈등들을 살펴보기 위함이다. 스트라우스David Strauss의 『예수의 생애』*Das Leben Jesu*(1846)를 번역한 것에서부터 시작하여 『다니엘 데론다』*Daniel Deronda*(1876)에 이르는 엘리엇의 문학경력은 1830년대와 1840년대의 심각한 경제침체와 격렬한 계급투쟁의 뒤를 이어 시작된 빅토리아조의 번영의 시기와 거의 일치한다. 그 기간 동안 생산량은 눈부시도록 증가했고, 영국의 세계 교역량도 급속도로 증진됐으며, 임금 역시 1850년에서 1870년 사이에 적어도 약 1/3이 상승했다. 흔히 볼 수 있듯이 이러한 번영에 따르는 정치적인 결과는 부분적인, 그러나 주목할 만한 노동자 계급의 결사結社였다. 1850년대부터 시작해서 침체의 1880년대에 프롤레타리아 계급의 투쟁이 부활할 때까지 조합주의는 광범위한 노동운동의 주요 특징이었다.[26] 노동자 계급 투쟁의 첫 번째 파도를 물리친 산업 부르주아 계급은 1850년경에 이르러서는 그 승리를 공고히 하기 시작했다. 노동자 계급의 각 부문들이 경제적으로 큰 발전을 이루었지만, 그 결과 매 단계마다 정치적으로는 부르주아 계급에 편입되는 꼴이 되고 말았다. 제2차 선거법 개정안이 있기 직전에 휴톤R. H. Hutton은 『개혁론』*Essays in Reform*(1867)에서 노동조합이 노동자들에게 협동과 희생과 단결의 가치를 가르쳐 주었으며, 이런 원칙이 전체 사회 속에서 유용하게 통합될 수 있다고 주장했다. 노조를 통하여 노동자 계급은 진정한 정부의 가치를 평가하게 되었으며, '분산되어 여기저기 산재해 있는 에너지들'은 불신하게 되었다는 것이 휴톤의 생각이었다. 그리고 이러한 '계급 애국주의'는 어떻게 해서든지 국가적인 이익으로 연결되어야 하고, 노조의 정신은 '우리 국가 정치의 좀 더 나은 성장 속으로'[27] 이식되어야 한다는 것이 그의 주장이었다.

조지 엘리엇 소설의 이데올로기적 기반은 증가일로에 있는 빅토리아조 자본주의의 조합적 성격과 그 시대의 정치기구에 의해서 마련되었다. 엘리엇의 작품은 빅토리아조 중반기의 두 가지 형태의 이데올로기 사이에 있었던 구조적 갈등을 해결하려고 시도했던 작품이다. 그 두 가지 이데올로기란 '자유정신'의 줄기찬 발전에 관심을 보였다가 이제는 점차로 잠잠해진 낭만주의적 개인주의와 좀 더 '고상한' 어떤 조합적인 이데올로기적 양식들이었다. 여기서 좀 더 '고상한' 양식들(본질적으로 포이에르바흐식의 휴머니즘과 과학적 합리주의)은 낭만주의적 개인주의가 윤리적 무질서와 사회분열을 피하려면 반드시 순응해야 하는 불변의 사회법칙들과의 일체감을 추구하는 양식들이다. 원칙적으로 낭만주의적 개인주의도 자체의 가치들에 어긋나지 않으면서 그와 같은 일체감을 추구할 수 있다. 왜냐하면 과학적 합리주의가 벤담주의적 이기주의의 분열적 성향들을 현명하게 규제하는 가운데 낭만주의적 자기 표현 역시 저지하는 것이 사실이라면, 그것은 또한 발전한 개인들이 상상을 통해 화합할 수 있는 역사적인 측면에서 진보적인 어떤 특정의 법률들을 드러내 놓는다는 것도 사실이기 때문이다. 더군다나 인도교(人道敎 the religion of humanity)역주66는 인간의 정열과 경건한 행위 속에 새겨져 있는 그 법률을 찾아내면서 과학적인 법률에 낭만주의적 휴머니즘의 정신을 불어넣는다. 추상적이고 체계적인 것에 사로잡혀 있는 콩트주의의 상징학과는 달리 인도교는 '개인적인 것'에—직접경험과의 체험관계에—손상을 입히지 않고서도 통합적인 교리로서 제시될 수 있다. 그 인도교는 공격적인 합리주의에 대항하여 낭만주의적 가치들을 보호하지만, 그런 가치들을 인간적인 공동체에 정착시킴으로써 방종한 개인주의에도 대항하여 그 가치들을 방어한다. 이러한 이데올로기적 결합에 의하여 낭만주의적 개인주의자들은 개인적인 자기 성취를 희생함이 없이 사회적인 전체성에 순종할 수 있는 것이다.

원칙상으로는 그렇다는 얘기다. 그러나 실제적으로는 '조합적'인 이데올로기와 개인주의적인 이데올로기 사이에 잠재되어 있는 비극적 충돌이 엘리엇 소설의 여러 형식들에 의해 시종일관 완화되고 억압되어 나타나고 있다. 농장 관리인의 딸이었던 엘리엇에게 있어서 조합적인 가치가 머무는 사회적인 장소는 농촌사회였다. 『아담 비드』 *Adam Bede*(1859)와 『사일러스 마너』 *Silas Marner*(1861)와 같은 작품에서 가장 뚜렷하게 나타나듯이, 바로 이 농촌사회에서 국가 이데올로기가 사회적 단합의 이미지를 요하는 시점에서 영국 시골지방에 귀속되는 일단의 전통주의적 관습들과 '유기적'인 유대감을 모범적인 이미지로 '선택'할 수 있었던 것이다. 존 구드John Goode가 평했듯이[28] 『아담 비드』에서의 농촌사회가 문학적인 주제로 채택된 것은 농촌사회에 숨어 있는 독특한 매력 때문이 아니라, 그 농촌사회가 전체 사회구성체의 단순화 모델이기 때문이었다. 즉 한 구성체를 결정하는 법률들이 보다 순수하고 보다 도식적인 형태로 한데 모아질 수 있는 곳이 농촌사회이기 때문이었다. 엘리엇의 농촌소설들이 지니는 구조적이고 외면적인 형식들—전원, 신화, 도덕적 우화—은 그러한 '명료함'을 고려한 것이지만, 그렇게 함으로써 엘리엇 소설의 핵심에 놓여 있는 역사적 모순들은 이데올로기적으로 해결 가능한 용어들로 개조되어 버리고 말았다.

물론 엘리엇 소설의 유기론적인 양식들이 그녀가 지니는 작가의 이데올로기를 '표현'하는 것은 아니다. 문학생산자로서 조지 엘리엇은 자유주의, 과학적 합리주의, 경험주의에 의해 지배되는 이데올로기적 구성체 속에 이데올로기적으로 불완전한 조화를 이루는 '전원적인 것', 종교적인 것, 낭만주의적인 것들을 뒤섞어 삽입시킴으로써 만들어진 '공간'을 그려내고 있다. 그녀의 경우 이러한 결합은 성性적 이데올로기의 요소들에 의해 다중규정된다. 그리고 성적 이데올로기의 요소들은 개인의 해방을 위한 노력을 강화시켜 주는 동시에 그러한 노력을 방해하기 위해 요구되는 '여성적'인 가치들(연민, 관용, 소극적인 체념)도 인정해 주는 것이다. 대도시의 합리주의적 지성인인 조지 엘리엇이 지방의 소부르주아적 '계급 이데올로기'의 '주체'로 바뀌고 말았다는 사실에는 의문의 여지가 없다. '조지 엘리엇'이라는 이름을 들었을 때 떠오르는 것은 어떤 구체적인 이데올로기적 결정요소들—복음주의 기독교 사상, 농촌 유기체론, 초창기의 여권신장 운동, 소부르주아적 도덕관—이 패권적인 이데올로기적 구성체 속으로 삽입되었다는 사실이다. 그리고 그 패권적인 이데올로기 구성체는 삽입된 구체적인 결정요소들에 의해 부분적으로 지원을 받고 또 부분적으로는 방해를 받는다는 사실이다.

이데올로기적 구조들의 이러한 모순적인 통합은 그녀 소설의 생산기반을 제공해 준다. 물론 그렇다고 해서 그녀의 텍스트들이 지니는 이데올로기가 그 모순적인 통합으로 환원될 수는 없다. 왜냐하면 엘리엇의 문학생산은 '일반적'인 이데올로기의 수준뿐만 아니라 문학형식의 변화라는 비교적 자율적인 수준에서도 이루어져야 했기 때문이다. 또한 그녀의 텍스트 각각은 각각의 일반적인 양식들에 적합한 허구적 장치들의 복합적인 혼합체—'전원적인 것', 역사적 리얼리즘, 우화, 신화 구성적이고 교훈적인 언술, 심지어는 (『다니엘 데론다』의 경우) 유토피아적 환상의 요소들의 혼합체—를 전개시키기 때문이다. 이러한 언술들 중 어느 것도 이데올로기적 형태들과 단순한 표현적인 관계에 놓일 수가 없다. 오히려 그와는 반대로 문학적인 의미작용으로서의 그러한 이데올로기적 형태들을 '생산'하는 것은 텍스트 내에서의 이러한 언술들의 상호 결합이다. 이런 과정을 보여주는 예 중 두 가지만 들어도 충분할 것이다.

『플로스 강변의 물방앗간』*The Mill on the Floss*(1860)이 지니고 있는 전기적 양식은 적어도 두 개의 독특한 문학 언술양식을 포함하고 있다. 하나는 일종의 묘사적인 '전원생활' 양식이며(도드슨Dodson 가家, 물방앗간에서의 매기의 어린 시절), 또 하나는 매기의 개인적인 성장이 보여주는 복잡한 심리학적 드라마이다. 서로 모순되는 이러한 양식들의 상호작용에 의해 톰Tom과 매기 탈리버Maggie Tulliver라는 인물에 심어진 '전통'과 '진보' 사이의 이데올로기적 논쟁이 엮어지는 것이다. 그러나 그 소설의 '전원적'인 장치들이 일거에 해결하고 있는 것이 바로 이 이데올로기적 논쟁이다. 왜냐하면 텍스트의 종합적인 종결부분에서 톰이 영원한 어린 시절을 대표하는 한 유형으로 단순화되었듯이 강의 이미지—표류하는 도덕과 변덕스러운 욕망의 상징—는 자유주의적 개인주의의 가치들을 자연스럽게 만들면서 그 가치들을 긍정적인 성장으로서보다는 자연적인 욕망에 아무 생각 없이 굴복하고 마는 것으로 변형시키고 있기 때문이다. 즉 '자연적'인 언술과 문화적인 언술 간의 대립이 자연적인 의미작용의 두 가지 대립적인 양식으로, 즉 긍정적인 자연(전원적인 것)과 부정적인 자연(욕망)으로 변형된 것이다.

다른 한편으로 『미들마치』에서는 어떻게 리얼리즘 형식 자체가 '텍스트의 이데올로기'를 결정하는가를 쉽게 찾아볼 수 있다. 초기의 '전원'소설 속에서 엘리엇의 리얼리즘은 그녀가 사회적으로 불분명한 운명들에 변명조로 개입함으로써 부분적으로나마 의미를 부여받을 수 있었다. 그러나 그런 개입이 반드시 완전히 '내적'인 인물묘사 양식으로까지 확대되는 것은 아니었다. 만일 거기까지 확대되기만 한다면 소설형식은 즉각 탈중심화하게 된다. 왜냐하면 모든 운명은 의미심장한 것이므로 그 운명들 각각이 결과적으로는 상대화되는 것이기 때문이다. 엘리엇이 구상하고 있는 리얼리즘은 교착된 과정들을 능숙하게 해결하고, 작가의 동정을 균일하게 분포시키고, 경쟁적인 가치들을 불완전하게나마 평형 속에 억제하는 리얼리즘이다. 이 '텍스트의 이데올로기'에 대한 '일반적'인 이데올로기의 상관물은 당연히 진보적 개혁주의였다. 그런 허구적 장치들의 집합으로는 다른 어떤 이데올로기적 결과들이 생산되리라고는 상상할 수가 없다.

엘리엇 소설이 역사적인 모순들을 이데올로기적으로 해결 가능한 형태로 변화시키고 있다는 사실은 『아담 비드』의 경우에서 매우 명확하게 드러난다. 직업에 대한 칼라일적인 철저한 신조와 완고한 도덕주의를 표명하는 아담 자신은 '유기적'인 유형의 인물이다. 즉 '세상을 바로잡으려는 어떠한 이론도 지니고 있지 않는' 소부르주아적 실용주의자이며, 그렇기에 지배계급의 믿음직한 대리인으로서의 역할을 수행하는 인물이다. 그러나 이런 '유기적' 가치들이 그 소설의 형식으로 인해 '진정한' 자유주의적 개인주의와 심각한 교착상태로 빠져들어 가지는 않도록 되어 있다. 또한 그런 자유주의적 개인주의는 텍스트 속에서 쾌락적 이기주의라는 저속하고 천박한 형태(아서 도니손 Arthur Donnithorne과 헤티 소렐Hetty Sorrel의 무절제한 성적 욕구)로 나타나는데, 그 이기주의는 농촌사회의 안정된 구조가 뚜렷한 자기 분열 없이 추방하거나 흡수할 수 있는 것이다. 헤티는 아담으로 하여금 아서를 거역하게 함으로써 뜻하지 않게 대지주와 기능공 사이의 계급적 협력관계를 깨트린다. 그러나 그녀가 소설에서 축출되기만 한다면 그 유기적인 충실성은 점차적으로 재확인될 수 있다. 더군다나 도덕적으로 비타협적인 아담도 그의 시련을 통해 좀 더 '고상한' 노동계급 출신의 처녀 다이나 모리스Dinah Morris와 결혼하기로 마음을 정하는 단계까지 교화된다. 여기에서 모리스가 지니고 있는 충절한 자기 희생이라는 복음주의적 열정은 아담 자신의 끈질긴 반지성적 순응주의와 잘 조화를 이루고 있다. 따라서 아담은 자연화된 문화와 개화된 자연 간의 멋진 융합을 보여주는 유기적인 유형으로서의 자신의 신화적인 지위에 손상을 입지 않고서도 더 강렬한 개인주의적 의식 속으로 진입할 수 있게 되는 것이다(결국 그는 목재저장소를 소유한다).

농촌의 소부르주아적 생활을 '모범적'인 영역으로 선택한 엘리엇은 그 생활에 대해서 모호한 태도를 내보이는데, 그런 태도가 작가 자신과 독자층과의 관계를 문제성 있는 것으로 만들고 있다. 그녀는 문학적 리얼리즘의 관습들을 확대시켜 사회적으로 볼 때 무명의 인물에 속하는 사람들까지도 민감하게 처리한다. 그러나 그녀는 자신이 제시하고 있는 주변적인 삶에 숨어 있는 의미를 계속 내세우는 한편, 독자들의 마음을 이해한다는 투와 임시방편적인 아이러니를 뒤섞어 가며 그런 계몽되지 않은 영역을 심각한 소설의 주제로 선택한 것에 대해 변명을 늘어놓기도 한다.

이와 같은 논조의 우유부단함은 이데올로기적 갈등으로 초점이 맞추어진다. 그 갈등은 (답답한 지역적 한계를 넘어서려고 애쓰는 한 낭만주의적 개인주의자와 결부된) 농촌의 속물근성에 대한 합리주의적 비판과 더 고귀한 개인적 성취를 북돋워 주는 소박하면서도 영양분 많은 토양인 타성에 젖은 편협한 전통주의의 가치들을 찬양해야만 하는 피할 수 없는 의무 사이의 모순을 드러내 놓고 있는 것이다. 『아담 비드』는 아담과 다이나의 평범한 생활을 낭만적으로 이상화시킴으로써, 즉 평범함에 강렬함을 융합시킴으로써 이러한 난관을 부분적으로나마 해결하려고 시도한다. 그러나 『플로스 강변의 물방앗간』에서는 문학적 장치들을 눈에 거슬릴 정도로 심하게 조작함으로써 그러한 융합을 도모하고 있다.

『플로스 강변의 물방앗간』의 농촌사회—도시의 은행업과 농업산업의 압력에 의해 재산을 하나씩 저당잡혀 가며 파멸해 가는 소작인들의 사회—는 『아담 비드』의 농촌사회처럼 그렇게 쉽게 이상화되지 않는다. 도시의 자본이 농촌사회에 파고듦에 따라 『아담 비드』에서 암시는 됐지만 표출되지는 않았던 농촌사회 내의 그러한 갈등이 『플로스 강변의 물방앗간』에서는 폭발하듯 분출되어 그 작품의 중심적인 이미지 중의 하나를 만들어낸다—돌코테Dorlcote 방앗간의 재정파탄이 그것이다. 그리고 『아담 비드』의 헤티 소렐이 사회적으로 분열된 이기주의자로서 효과적으로 객관화될 수 있었다면, 『플로스 강변의 물방앗간』의 매기 탈리버는 진정한 자유주의적 가치들을 지닌 인물로서 결코 쉽사리 몰아낼 수 없다. 또한 『아담 비드』에서는 다이나와 헤티 사이에 도덕적 열의와 불안정한 개인주의의 구별이 이루어지고 있는 반면에 매기 탈리버는 이 두 가지를 다 겸비한 인물이다. 바로 이러한 매기의 특성이 그 이전의 소설(『아담 비드』)에서는 가능했던 간단한 해결을 사전에 차단해 버리고 있는 것이다. 농촌 소부르주아 계급의 지리멸렬한 답답함을 결정적으로 뿌리칠 수 있는 자유주의적 개인주의에 매료되었음에도 불구하고 매기는 그녀의 어린 시절의 전통주의적인 사회환경에 얽매여 자유주의적 개인주의의 윤리를 거부한다. 이런 식으로 물방앗간에서의 이상화된 성장에 대한 향수는 배타적이고 폐소공포적인 '도덕관'을 옹호하는 것으로 변형되어 믿을 수 없는 탐욕적인 이기주의와 얽혀 있는 자아의 낭만주의적 자발성에 대항하게 된다. 소설에서 분명하게 나타나는 폐소공포증, 그리고 자기 희생의 올가미가 단호하게 거부될 수 없는 한 가지 이유는 매기가 택할 수밖에 없는 유일한 인물이 스티븐 게스트Stephen Guest이기 때문이다. 그러나 게스트는 매기에게 진정한 성취를 대변하는 인물이 될 수 없다. 왜냐하면 그의 개인적인 결점들이 그의 계급적 위치와 교묘하게 연결되어 있기 때문이다. 그는 매기 아버지의 옛 농촌세계를 침해하고 있는 약탈적인 자본주의에 심취해 있는 인물이다. 이러한 연관성을 담고 있는 이 소설은 『아담 비드』의 범위를 넘어서는 복합적인 감각을 보여주는 동시에 매기가 성聖 오그즈St. Oggs에게로 돌아서는 것을 더욱 실감나게 해주고 있다. 유사한 방법으로 매기의 오빠인 톰 탈리버Tom Tulliver의 경력도 농촌사회의 모순점들을 뚜렷하게 보여준다. 톰은 물방앗간의 몰락을 초래한 바로 그 도시 자본주의 내에서 성공을 거둠으로써 파산한 그의 아버지를 도우려 한다. 그러나 매기와 최종적으로 화합하는 자는 역사적으로 복잡하고 자기분열적인 인물인 톰이 아니다. 그 소설에서 빤히 들여다 보일 정도로 교묘하게 처리된 결말—매기가 오빠와 함께 자기희생적인 동반익사를 한 사건—은 문학적 장치의 마술적인 책략을 통해 이데올로기적 갈등이 어떻게 억압되고 있는지를 잘 보여주고 있다. 매기의 죽음은 떳떳치 못한 속죄인 동시에 긍정적인 자기 실현이다. 낭만적 사랑의 대상이며 유기적인 공동체 사회의 전형적인 편협한 인물인 오빠와의 결합을 통해 그녀는 '유기적'인 도덕성의 지상과제적인 의무들을 인정하면서도 그런 것들을 초월한 개인적인 성취감에 도달함으로써 그녀 자신을 성취하고 동시에 포기하는 것이다.

역사적으로 볼 때 시대에 뒤떨어진 엘리엇의 농촌소설에서 표현되고 있는 향수 어린 유기론이 최종적으로는 현재의 긴박성에 의해 결정된 것이라는 사실은 제2차 선거법 개정안이 있기 직전에 쓰여진

제1차 개정안에 관한 작품인 『급진주의자 펠릭스 홀트』*Felix Holt, The Radical*(1866)에서 명확하게 드러난다. 한 소부르주아적 기능공인 펠릭스는 아담 비드의 도시판 인물로서 산업사회 이전의 그의 전임자인 아담만큼이나 그가 대변한다는 프롤레타리아 계급을 사실은 제대로 대변하지 못하는 인물이다. 따라서 그의 '급진주의'는 도덕교육에 있어서는 개혁주의자로서의 신뢰를 보이고 정치적 변화에는 실증주의자로서의 의구심을 내보이는 것으로 나타난다. 이는 대중들의 무분별한 비이성주의와 기회주의적인 급진주의 정치 사이의 역겨운 제휴에 반대를 제기하는 영웅적인 행동의 배합을 보여주는 것이다. 계급의 이해관계를 계급의 의무로 전환시킬 것에 대한 요구, 문화적인 특권에 대한 옹호, 그리고 대중행동에 대한 두려움이 표시된 펠릭스의 「노동자들에게 고함」*Address to Working Men*은 단지 '유기적'인 변화라는 소설의 자주적인 이데올로기를 좀 더 노골적이고 명확한 용어로 나타낸 것일 뿐이다. 이런 의미에서 『펠릭스 홀트』는 엘리엇의 리얼리즘 소설양식 내에서 지속되고 있는 전원적인 이미지들이 이데올로기적으로 무력한 것들임을 보여주는 작품이다. 이 작품은 자기 모순을 드러낸 작품이다. 왜냐하면 이 작품은 (자의식이 강한 단정적인 제목이 암시하듯이) 단지 버림받은 도덕적 인물인 아담 비드 같은 사람을 도시로 이주시키는 것과 같은 실제적인 전위轉位를 강요하기만 하는 도시상황의 중심에 그러한 이미지—펠릭스 자신—를 고집스럽게 위치시키려 하기 때문이다. 소설의 '공식적'인 기획은 그 소설이 드러내고 있는 것과 일치하지 않는다. 가령 펠릭스의 '진보적'인 정치비판은 정치 그 자체에 대한 전통주의적 가치들의 관념론적 항거에 불과할 따름이다. 이 작품이 주인공에 관하여 주장하고 싶은 것, 즉 그가 급진주의자들보다 더 급진적이라는 사실은 작품이 그에 관해서 보여주고 있는 것, 즉 그가 과단성 있는 토지소유권의 옹호자임을 보여주는 것과 쉽사리 일치될 수 없다. 이러한 모순의 해결책은 그가 정치적으로 결여하고 있는 것에 대해서는 몸으로 때우는 식의 강력한 카리스마적인 영웅으로서 펠릭스 자신을 '성격화'시키는 데 달려 있다.

이런 의미에서 만약 펠릭스가 '거짓된' 중심인물이라면 그 소설에서 위치가 뒤바뀐 진정한 중심인물은 트랜섬 부인Mrs. Transome이다. 두 인물은 모두 역사적으로 시대에 뒤떨어진 인물이다. 트랜섬 부인의 경우 그녀는 시대에 뒤진 감상적인 봉건주의자이며, 그녀의 진심어린 언행들이 급진주의자인 그녀의 아들에 의해 마구 짓밟히는 것으로 나타난다. 그러나 만약에 그 소설이 그녀를 통해서 전통사회의 파멸을 한탄하고 있다면, 똑같이 시대에 뒤진 인물인 펠릭스의 경우에 있어서는 그러한 한탄이 어떤 '진보적'인 입장으로까지 굴절되어야 한다. 트랜섬 부인을 다루고 있는 장면들은 소설의 핵심에 놓여 있는 이러한 이데올로기적 모순을 미학적으로 표출한 것이다. 달리 말해 그 장면들은 황량함, 향수, 그리고 좌절과 같은 동화되지 못한 영역으로, 그 영역에서는 정치적으로 이루어질 수 있는 것이 아무것도 없으며, 그래서 그 작품의 이데올로기적 외곽지역으로 추방되지만 작품의 순수한 예술성으로 인해 그러한 추방에 대항하여 항거하는 영역이다. 크랜섬 부인이라는 인물은 펠릭스라는 인물에 대한, 그리고 당대 역사에 대한 은근한 반박이다. 심지어는 펠릭스 자신이 근본적으로 당대 역사세계에 대한 거부감을 나타낼 때에도 그러하다. 따라서 작품 속에서는 이중의 전위가 이루어지고 있는 것이다. 『펠릭스 홀트』는 형식상의 구조 속에서—작품의 정치적 영역과 트랜섬 부인의 에피소드 간의 분열 속에서—자기 분열을 나타내며, 따라서 주제상의 결합을 성취하지 못하고 있다. 즉 트랜섬 부인의 장면들이 갖고 있는 예술적인 힘은 근절할 수 없는 '개인적'인 환멸이 잔존하고 있음을 암시하며, 그것은 그 소설의 공식적 이데올로기인 진보주의적 이데올로기에 통합되지도 않고 흡수되지도 않는 것이다. 자유주의는 준실증주의자인 홀트에 의해 더 조합적이고 '과학적'인 형태로까지 끌어올려짐과 동시에 전제적인 것이 될 가능성이 있는 그러한 총체성으로부터 스스로 이탈하여 총체성에 의해 위협당하고 있는 '개인적'인 가치들을 방어한다. 바로 이러한 이데올로기적 부조화가 텍스트의 구조적인 전위를 초래한 것이지만, 그 부조화는 전체 소설 내에서 우위를 점하려고 서로 다투는 3개의 서로 다른 '텍스트들' 사이의 상호작용에서 비롯된 것이다. 왜냐하면 『펠릭스 홀트』는 유기론적 신화(펠릭스), 심리학적인 드라마(트랜섬 부인), 그리고 정치적 허구성이 서로 모순이 되면서도 한데 혼합되어진 작품이기 때문이다. 그리고 이 작품의 언술은 이러한 전통적인 형태들 각각이 다른 형태들로 매끄럽게 전이되거나 변화됨으로써 생겨난 결과이다. 그리고 이 작품의 이데올로기가 내재하는 곳은 바로 이런 부분적이고 비효율적인 양식의 변형들에 의해 생겨난 간극인 것이다.

실제로 엘리엇 소설은 고전적인 자유주의보다 우세한 이데올로기적 총체성들과 자유주의적 전통에서 자라난 '개인적'인 가치들에 미치는 그러한 총체성의 분열적인 영향에 대한 두려움에서 비롯된 갈등을 처음부터 전개시키고 있다. (이것은 그녀가 지지는 했지만 합세할 수는 없었던 영국 실증주의자들과의 모호한 동반자적 관계에서 드러나는 갈등이다). 소설은 유기체적 총체성이지만 그것은 '현상학적'인 총체성이기도 하다. 소설 속에서의 흠결 하나 없이 대칭적인 온전함의 창조는 직접경험의 본래의 모습에 손상을 가하지 않고 이루어져야 한다.[29] 그 문제는 『로몰라』 *Romola*(1864)의 주제에서 명확하게 드러난다. 그 작품에서 사보나롤라 Savonalora의 매혹적인 조합적 비전인 '무한성에 대한 열정적 의식'은 자유주의의 신성한 의무를 해치는 도덕적 폭정주의와 얽혀 있다. 그러나 그러한 신성한 의무는 그것 자체만으로는 불충분하다. "가장 가까이에 있는 것에 대한 다정다감한 동조적 감정은 그 나름의 위험성을 지니고 있으며, 더 거대한 목표에 대해서는 겁을 먹거나 회의적이 되기 쉽다. 그 거대한 목표 없이는 삶이 종교로 승화될 수 없다."[30] 아놀드의 말을 빌리자면 이것은 위험스러울 정도로 중심에서 이탈한 헬레니즘과 답답할 정도로 분파적인 헤브라이즘 사이의 갈등과도 같은 것이다.

펠릭스 홀트와 같은 진보적 정신을 지닌 노동자들은 '문화'와 도덕적 규율을 혼합하면서 그 문제에 대한 해답을 제시하는 것처럼 보인다. 그러나 『펠릭스 홀트』 이후의 엘리엇은 도시풍경 내에 그런 '전원적' 인물들을 중심에 위치시키는 불운한 실험을 반복하지 않았다. 『미들마치』에서 비드-홀트로 이어지는 인물은 농촌 유기체론의 전형적 인물인 칼렙 가스Caleb Garth이다. 그러나 그는 그 소설의 구조 내에서는 주변적인 인물이며, 단호히 침묵을 지키고 있는 인물로 나타난다. 이데올로기적 영향력에 있어서 그런 인물들이 쇠퇴함에 따라 어떤 다른 대립적인 입장으로 가치가 전이된다. 『미들마치』의 경우는 사해동포주의적인 예술가 윌 래디슬로우Will Ladislaw에게로 가치가 전이되고 있다. 만일 그 전통주의적 기능공(가스)이 부르주아 사회 내에서 정신적인 저항을 하고 있다면 그 사해동포주의적인 예술가는 부르주아 사회 외부의 반대자의 공간에서 거주한다. 그러나 그는 시대에 뒤진 유기론적 유형의 인물을 대신하는 완전한 보상의 인물은 아니다. 만약 래디슬로우가 진보적 문화라는 관점에서 가스보다 우위에 있다면 그것은 그가 사회적인 정착성을 결하고 있기 때문이다. 이러한 이데올로기적인 난관은 대강의 개요적인 비전과 확고한 충의를 겸비하고 있는 다니엘 데론다에 의해서만 궁극적으로 해결될 수 있는 것이다.

그렇다고 이것이 『미들마치』에서 가스의 가치들이 끝내 승리를 거두지 못했음을 말하는 것은 아니다. 그 가치들은 승리를 거두었다. 그러나 그 승리는 순진한 자유주의적 환멸이라는 좀 더 '고귀한' 방식으로 이루어진 승리였다. 다시 말해 야심적으로 시도했던 사회참여가 실패로 끝남에 따라 가장 손쉬운 소박한 개혁주의자의 임무에서 위안을 찾을 수밖에 없었던 것이다. 『미들마치』의 아이러니는 이데올로기적 총체성에 깊은 의구심을 나타내는 미학적 총체성의 승리이다. 그 소설의 4명의 중심인물들은 각각 역사에서 전형적으로 등장했던 그러한 총체성을 대변한다. 즉 카소본Casaubon의 관념론, 릿게이트Lydgate의 과학적 합리주의, 벌스트로드Bulstrode의 복음 기독교주의 사상, 그리고 도로시아 브룩Dorothea Brooke의 행동 통합원칙을 통한 낭만주의적 자기 성취가 그것이다. 이들 총체성 각각은 일상의 덫에 걸려 허무하게 무너지고 만다. 여기서 일상의 덫은 두 가지 방식으로 이해될 수 있다. 한편으로는 이론주의의 횡포에 대한 건전한 경험주의적 제재이며, 또 다른 한편으로는 깊게 뿌리박힌 지방의식을 초월하려는 합리주의적 혹은 낭만주의적 노력들에 대항하여 그 지방의식이 거둔 서글픈 승리를 의미하기도 한다. 소설의 제목이 암시하듯이 그러한 교착상태는 제1차 선거법 개정안 시기에 농촌사회가 겪었던 과도기의 단계에서 비롯된 것이다. 그러나 그 소설에 나타난 무언의 환멸, 즉 '이데올로기의 종말'이라는 분위기는 제2차 선거법 개정안 이후의 상황에 속한다는 것은 의심의 여지가 없다. 『미들마치』에서 객관적으로 제기되지만 해결되지 못한 문제는 어떻게 이데올로기가 개념적으로 정교한 것이 되고 감성적으로는 감동적인 것이 될 수 있느냐 하는 문제였다. 다시 말해 어떻게 이데올로기가 '비이성적'인 개인적 경건함을 육성하면서 그러한 경건함을 경험주의와 낭만주의적 자발성을 능가하는 구조 속에 결합시키느냐 하는 문제였다. 래디슬로우에 따르자면 필요한 것은 '지식이 즉각적으로 감정으로 바뀌고, 그리고 그 감정이 순간적으로 다시 지식의 새로운 조직이 되어 되돌아오는 영혼'이다. 그리고 이것은 우리가 보아왔듯이 매슈 아놀드가 자신에게 던진 질문이기도 하다. 『펠릭스 홀트』에서 풍자적으로 묘사된 노동자들의 계급의식의 공격적인 양상에 직면하여 부르주아 계급의 자유주의적 전통이 지니는 조심스러운 경험주의는 반드시 재확인되어야 한다. 그러나 그 경험주의는 좀 더 강력하면서도 통합적인 이데올로기를 요구했던 선거법 개정안 이후 영국의 역사적 시기에 비추어 보면 이데올로기적으로 적절한 대응책이 되지 못하는 것이다.

이러한 딜레마는 『미들마치』에서 핵심 이미지의 하나인 '거미집' web 이미지에서 형상화되어 나타난다. 그 거미집은 사회구성체의 이미지이며, 『아담 비드』의 동물 이미지와 '구조'라는 좀 더 발전된 이론적 개념 사이의 중간지점에 속하는 '파생적'인 유기적 이미지이다. 그 거미집의 복잡성, 즉 비교적 자율적인 각 거미줄의 미묘한 얽힘, 전반적인 약탈적 분위기, 부분적인 복잡함의 가능성 등은 『아담 비드』

에서는 더욱 완벽한 유기론적 이미지로 인해 나타나지 않았던 갈등의 형태들을 내포하고 있다. 그러나 동시에 그 거미집의 대칭, 사회적인 과정의 '공간적'인 탈역사화, 모든 단계의 모순 배격 등은 그 유기적 양식의 본질적인 일체성을 보존해 준다. 또한 그 거미집의 복합적인 허약함은 신중한 정치적 보수주의를 촉구한다. 말하자면 각 거미줄이 더욱 더 섬세하게 얽혀 있으면 있을수록 행동의 분열적인 결과들이 한층 더 증가될 수 있으며, 따라서 야심적인 총체화 계획을 실행함에 있어 더욱 더 용의주도해야 한다는 뜻이다. 그러나 거꾸로 거미집의 어떤 지점에서의 행동이 거미줄을 통해 진동을 일으키며 전체 구성체에 영향을 끼친다 하더라도 전체와의 관계가 거의 신비에 가까울 정도로 잘 유지된다. 그 소설의 결말부분에 나타나는 비유, 즉 각 지류支流들에게 힘을 확산시키면서 전체적인 영향력을 강화하는 강江의 비유에서 볼 수 있듯이, 사회적 총체성에 충실한 관계망이 이데올로기적 추상성에 의해서가 아니라 외견상 주변적이고 실용적인 작용에 의해서 어떻게 성취될 수 있는가를 나타내기 위해 자연의 이미지가 이용되기도 한다. 그리고 『미들마치』에서의 자연의 메타포가 이러한 기능을 수행한다면 미학적인 이미지 역시 그 기능을 수행한다. 래디슬로우는 도로시아에게 다음과 같이 말한다. "세계 전체를 돌보려 하는 짓은 소용없는 일이지. 당신이 예술 혹은 여타의 다른 것에서 희열을 느낄 때, 그때가 전 세계를 돌보고 있는 것과 마찬가지거든." 소설 내에서의 총체성의 문제는 능률적으로 미학적 형식의 문제로 바뀌었으며, 그 미학적 형식은 소설의 내용들이 담고 있는 경험의 풍부성을 해치지 않고 그 내용들에게 구조라는 틀을 입히는 것이다. 달리 말하면 소설은 주제상에 제기된 문제를 형식을 통해 해결하는 것이다.

오로지 소설가만이 탈중심화된 자신의 소설에서 중심적인 주체가 될 수 있으며, 이것이 바로 소설 전체의 전거典據에 개입하고 동시에 각 부분과 감정이입적인 관계를 형성하는 소설가의 특권의식인 것이다.

『미들마치』는 실질적인 역사적 내용을 거의 담고 있지는 않지만 형식상으로 볼 때 역사소설이라고 말할 수 있다. 선거법 개정안, 철도, 콜레라, 기계파괴 운동 등등의 '현실적'인 역사적 요소들은 단지 그 소설의 주변에만 침범해 있을 뿐이다. 텍스트가 언급하는 '현실' 역사와 텍스트 사이의 중재가 너무나 농후하기에 그 결과 이 소설은 '역사소설'에서 '윤리소설'로 옮겨가고 말았다. 『미들마치』에서 분명하게 드러나는 것은 이기주의와 동정, '머리'와 '가슴', '자기 성취'와 '자기 굴복'이며, 이러한 윤리적 요소가 압도적이라는 사실은 역사적인 난국을 암시하는 동시에 그 난국을 이데올로기적으로 극복하는 수단을 제시해 주는 것이다. 그 소설 속에서 역사는 공식적으로는 과도기 상태에 있지만 작품을 읽다보면 과도기보다는 '정체'라는 용어가 더 적절한 표현이라는 것을 알 수 있다. 궁극적으로 '증대되는 세계의 행복'을 주도할 시대로서 공식적으로 제시된 양립적인 중간 시기는 사실상 역사적인 진공상태, 그 이상의 시기이다. 예를 들어 전통주의적 성향을 지닌 미개한 미들마치 마을은 『아담 비드』의 헤이슬로프Hayslope보다 역사적 발전에 훨씬 덜 반응적인 것으로 나타나는 것이다. 그리고 그 소설이 주장하는 것과 보여주는 것 사이에는 상이한 점이 발견된다. 제목이 암시하고 있는 사회 개량주의적 이데올로기를 미학적으로 '생산하고 있는' 『미들마치』는 역사적 진보에 관해서는 매우 비판적인 견해를 보이고 있다. 실제로 그 작품은 1830년대 초기의 이미지를 드러내고 있는데, 그 이미지는 1830년대 초기의 시대가 실제로 나아간 방향—윌 래디슬로우의 선구적인 개혁주의적 열정이 '상당히 제지를 받았던' 1870년대 초기—에 대한 편견을 나타나는 이미지다. 『미들마치』는 당대의 교착상태에 대한 감각을 과거 속에 담아 제기하고 있으며, 이러한 투영의 결말은 '현실' 역사에 대한 근본적인 불신이다. 말하자면 역사가 윤리적인, 따라서 '무시간적'인 조건 속으로 효과적으로 옮겨가는 전위가 이루어진 셈이다. 그러한 전위는 엘리엇에게 어떤 이데올로기적 해결책을 가져다 준다. 왜냐하면 '역사적'인 견지에서 해결될 수 없는 문제라 할지라도 그것을 도덕적인 차원으로 옮겨감으로써 수용할 수 있기 때문이다. 사실상 이것은 리얼리즘 소설의 형식 속에 내재된 신비화의 과정이며, 이 신비화를 통해 객관적인 사회관계들이 개인 상호간의 관계로 변형되어 하나를 다른 하나로 환원시키는 가능성이 계속해서 상존하게 되는 것이다.[31] 『미들마치』에서 그와 같은 역사의 윤리에로의 환원은 자기 희생이라는 '해결책' 속에서 이루어지고 있으며, 이런 자기 희생을 통한 해결은 도로시아, 릿게이트 그리고 (어떤 의미로는) 벌스트로드까지도 그들 나름대로의 여러 방법으로 이루려고 애쓰는 해결책이기도 하다. 고통스러운 자기 부정이 역사의 수수께끼에 대한 해답으로 제시되고 있는 것이다.

그러나 소설 속에서의 윌 래디슬로우의 존재가 암시하는 것처럼 그러한 해결이 이데올로기적으로 충분한 것은 아니다. 왜냐하면 래디슬로우는 사회 진화과정을 인정하면서도 심사숙고해 내려진 그와 같은 자기 부정에 대항하여 맞서는 개인주의적 활력을 견지하고 있기 때문이다. 정치적 개혁성향을 지닌 예술가로서 그는 경험주의적 노력과 낭만주의적 자기 확신이 서로 대립할 필요는 없다고 생각한다.

브룩 씨의 말을 빌리자면 그는 '셸리Percy Bysshe Shelley역주67의 기질을 가진 버크와 같은 인물'이다. 소설이 그를 제대로 '현실화'시키고 있지 못한 이유는 신중한 점진주의를 환상적인 낭만주의에 연결시키는 바람직한 이데올로기적 결합이 소설이 묘사하고 있는 역사적 상황 속에서 어떻게 이루어지고 있는가를 잘 보여주지 못하기 때문이다. 따라서 이 시점에서 또 다른 형태의 역사가 필요하게 된다. 래디슬로우에게서 효과적으로 성취될 수 없었던 것이 낭만주의적 예언자이며 개혁주의적 정치가인 다니엘 데론다라는 인물 속에서는 보다 순조로운 관계 속에서 재시도될 수 있기 때문이다.

실제로 필요한 것은 '총체화'의 비전이다. 여기서 '총체화'의 비전이란 개인을 사회구성체의 법에 구속시키고, 『로몰라』와 『미들마치』에서 전체주의적 이상에 의해 침해당한 '개인적'인 충실함을 보존시켜 주고, 그리고 낭만적으로 자아를 해방시켜 주는 그런 비전이다. 이 문제에 대한 대답이 『다니엘 데론다』이다. 이 소설에서 엘리엇은 그녀의 이데올로기적 딜레마의 기막힌 해결책을 데론다의 유대인 기질에서 발견한다. 유대인 기질 덕택에 데론다는 조합적인 역사적 문화라는 복합적인 총체성 속에 편입되면서도 자기 실현이라는 자신의 낭만적 정체성을 유지하게 된다. 초기의 데론다의 자유주의는 무익한 헬레니즘이며, 원칙에 따른 행동을 수행할 수 있는 그의 능력을 침식하는 동정심의 확산에 지나지 않았다. '지나치게 반사적이고 확산적인 동정심은 도덕적 힘의 조건인 악에 대한 분노와 우정의 선택을 마비시킬 위험이 있었다.' 여기에 헤브라이즘이 본질적인 개선책을 제공한다. 즉 그것은 '최고의 신에 대한 영혼의 고분고분한 순종'을 통해 '시류 속에 흐르고 있는 완벽한 개인적 사랑과 더 거대한 의무와의 혼합'을 내포하는 신념이다. 그러나 그러한 순종은 자유주의의 '개인적' 가치들을 때 묻히지 않고 그대로 남겨놓는다. 따라서 데론다의 비전은 '더 거대한 인간 운명의 행진과 더불어 의식적으로 힘차게 움직이며, 그럼에도 가까운 곳에서 걸어가는, 그리고 의지할 곳을 필요로 하는 발자국들에 대한 자각과 부드러운 인정으로 가득 차 있는 마음'의 비전으로 타나난다(원문 그대로임).

바꾸어 말하면 그 문제는 선거법 개정안 이후 영국의 무익한 탈총체화 과정에서 벗어나 어떤 다른 곳에 '전위된' 총체성을 고안해냄으로써 '해결'될 수 있다. 말하자면 그 총체성은 데론다가 중동지역으로 그의 운명을 찾으려고 떠나가는 것처럼 즉각 외부로 보내지는 총체성이다. 그렇다면 이제 어려움은 이 인위적인 총체성을 부르주아 영국과 어떻게 재생적인 관계를 맺게 하느냐 하는 것이다. 이는 영국 사회에서 파산당하고 절망하는 희생자인 그웬돌렌 할레쓰Gwendolen Harleth에 대한 데론다의 구원적인 감화력에 의해 '해결되는' 어려움이다. 그러나 이러한 해결을 시도하는 가운데 소설은 자기 모순 속에 분열되고 만다. 실제로 중간부분에 이르러 분열된다. 왜냐하면 데론다는 그웬돌렌을 떠나 중동으로 물러남으로써, 그리고 그녀가 이상적인 선에 대한 아놀드식의 애매모호한 신뢰에 빠지도록 방치함으로써 그 자신의 운명을 충족시킬 수 있기 때문이다. 『다니엘 데론다』의 형식상의 전위는 그 소설의 출현배경이 되는 이데올로기적 모순들을 극복하기 위한 노력에서 비롯된 것이다. 그리고 그러한 모순들의 진실이 가장 잘 드러나는 곳이 바로 '그웬돌렌' 에피소드와 '다니엘' 에피소드 사이의 침묵인 것이다.

『미들마치』가 '현실' 역사에 대해 상대적으로 경도되어 있는 것은 부분적으로는 사회적 존재를 형성시키는 관념의 힘에 대한 엘리엇의 믿음(실증주의와 관념론이 혼합된)에서 비롯된 것이다. 그러나 그 소설이 분명하게 나타내고 있는 것은 관념과 사실 사이의 치명적인 분리이다. 즉 관념은 공허한 유토피아적인 것으로, 그리고 사실은 케케묵은 경험적인 것으로 그리고 있다는 사실이다. 만일 데론다의 비전이 역사적인 구체성을 지니려면 그런 모순의 가능성은 반드시 없어져야 한다. 따라서 『미들마치』는 관념의 결정적인 힘에 대한 엘리엇의 믿음을 신비적인 극단으로까지 몰고 간다. 그래서 꿈, 욕망, 환영적인 충동과 같은 것들이 실제로 존재하는 것에 대한 미리 상정된 상징으로 파악되도록 하고 있다. 그러한 꿈들은 미래를 창출하는 일에 실제로 관여한다. 가령 다니엘은 모드케이Mordecai의 특성이 '스스로가 믿고 원하는 결과들을 결정하는 열화와 같은 믿음 속에 그 결과들에 대한 현명한 평가를 융합시키는' 그런 꿈들 중의 하나일 수 있다고 생각한다. 역사는 그런 열화와 같은 믿음 안에서 작동하는 정신적인 요소들을 현상적으로 표현하는 것이다. 따라서 상상력에 의해 진실로 파악되는 것과 역사적으로 발산되는 것 사이에 본질적인 모순이란 전혀 있을 수 없다. 달리 말하면 그 소설은 자신의 문제를 해결하기 위해 신비적인 인식론을 채택하는 일에 필사적으로 의지하게 되며, 따라서 어쩔 수 없이 리얼리즘의 영역을 벗어나게 되는 것이다. 이야기를 지탱하는 우연성과 숨겨진 유사성으로 이루어진 믿기 어려운 그 전체 구조는 그와 같은 장치들이 거의 사용되지 않은 『미들마치』에 나타난 리얼리즘의 중대한 변화를 의미한다.

이런 의미에서 『다니엘 데론다』는 19세기 리얼리즘—이제는 더 이상 버틸 수 없는 이데올로기적 압력 하에 굴복하고 마는 리얼리즘—의 중요한 종착점을 나타낸다. 그러나 이것이 단순히 '이데올로기적인 것'에 의해 무참하게 침해당한 '미학적인 것'의 문제는 아니다. 왜냐하면 『다니엘 데론다』는 비교적 자율적인 리얼리즘 형식의 발전에 있어서 위기의 순간이 도래했음—다른 것에 둔감할 정도로 자기 확신으로 가득 찬 리얼리즘 형식들이 지니고 있는 문제성 있는 '허구성'이 텍스트 내에서 의미작용의 한 층위로 통합되어 가고 있는 상황에 다다랐음—을 함축하고 있기 때문이다. 그 소설에서 두드러지게 나타나는 예술에의 전념은 어떤 한 의미로 볼 때 유기론적인 이상을 갈망하는 전위된 욕구이다. 예술은 개개인을 자유롭게 하면서도 비인격적인 명령에 대한 순종을 강요하고, 이상적인 탁월성을 구체화하면서도 상당히 겸허한 노력을 요구하며, 금욕적인 헤브라이즘을 끌어내면서도 성적인 사랑과 유사한 헌신을 요구하기 때문이다. 그러나 그것은 또한 텍스트가 자신의 허구적인 위치에 대해 간접적으로 명상을 계속하고 있다는 뜻이기도 하다. 부연하면 소설 내의 '현실적'인 사건들 자체가 어떤 의미에서는 환상적인 부분들에 '현실성'을 예시하려는 '허구적인 것들'이라는, 그런 순환적인 움직임에 대한 간접적인 명상을 의미한다. 허구적인 언술의 경계를 넘어선 곳에는 (실제로 벌스트로드 같은 인물이 존재하듯이) 모드케이가 존재할 수 없다는 사실이 그 소설의 이데올로기적 딜레마—실제로 리얼리즘 의미작용의 위기 그 자체인 딜레마—의 진정한 지표가 된다. 『다니엘 데론다』 그 자체는 바람직한 사회현실이 어떤 것인가를 미리 예시해 주는 하나의 신호다. 그러나 그 사회현실이라는 것이 허구적인 구조물이고 미학적 언술의 한계를 넘어서는 제시될 수는 없는 것이기 때문에 결국에 그 텍스트는 자신만을 의미할 수 있을 뿐이다. 그런 자기 의미작용 과정 속에 그 텍스트가 드러내 놓는 것은 하나의 부재이다. 그 부재는 필연적으로 텍스트의 미학적 구성에서 벗어날 수밖에 없다. 다시 말해 '현실적'인 이데올로기의 결여(이 결여에 대한 허구적인 즉답卽答이 그 소설이다)를 상징적으로 대변하는 버림받은 그웬돌렌 할레스가 내보이는 억압된 공허가 바로 그것이다.

그러므로 엘리엇의 소설은 낭만주의적이고 경험주의적인 형태들 속에 자유주의적 이데올로기를 산업주의 이전의 모델이나 관념론의 모델 혹은 유기적인 실증주의적 모델들과 통합하려는 시도를 보여준다. 이러한 노력은 그녀의 문학생산 시기에 증가일로에 있던 19세기 자본주의의 조합적 특성에 의해 최종적으로 결정된 시도였다. 그렇다고 문학체계와 역사체계 사이의 단순한 유사성을 옹호하자는 것은 아니며, 엘리엇 작품에 대한 환원적이고 통시적인 해석을 옹호하자는 것도 아니다. 또한 이것은 엘리엇 작품이 부르주아 이데올로기의 어떤 선형적線形的인 발전에 부응하여 산업사회 이전의 '전원적' 형식으로부터 성숙한 리얼리즘으로 발전해 나갔다는 그런 문제도 아니다. 오히려 그것은 그녀 텍스트들의 이데올로기적 공시성과 형식적 불연속성을 동시에 파악하는 문제이다. 다시 말하면 개별적인 문학적 언술들이 처음부터 존재하고 있는 어떤 조합주의적 이데올로기를 생산하도록 해준 일련의 분열들을 이론화하는 문제인 것이다. 엘리엇 소설의 '차이점'은 그녀의 소설을 포함하는 문학형식들의 지속적인 반복순열—각각의 텍스트 속에서 어떤 특정의 지배적인 언술에 '특권을 부여하여' 다른 언술들을 '자리매김'하고 변형시키는 반복순열—의 결과에서 비롯된다. 이러한 공시적인 행위 내에서 한 가지 유의한 발전이 발견된다. 즉 이데올로기적 갈등을 본질적인 면에서 '은유적으로' 종결짓는 것에서부터(자연적 진화와 유사한 것으로서의 사회적 역사) '환유적'인 해결(사회악의 치유책으로서의 '개인적'인 가치, 비전, 관계 등)로 나아가는 발전이 그것이다.[32] 소설 속의 자연화 · 도덕화 · 신비화 장치들이 그러한 결말들을 가져다 주지만, 그런 과정 속에서 텍스트들을 끊임없이 괴롭혔던 이데올로기적 논쟁들의 흔적이 드러난다. 어느 한 허구적 양식에서 다른 양식으로의 이런 불규칙한 변화 속에서, 또한 논란이 된 문제들을 주변적인 것으로 만들지만 아직도 논란거리로 남아 있게 하는 그런 형식상의 전위 속에서 엘리엇의 유기적인 결말들은 그 자체의 '구성적'인 기능들을 드러내 놓는다. 그러한 구성적인 기능들을 타파하려 하는 것은 억압된 '외부'가 아니라 그것들이 내부적으로 생산하는 부재와 전위인 것이다.

빅토리아 시대의 자본주의가 제국주의적 국면으로 접어들게 됨에 따라 『아담 비드』에서 나타난 '전원적'인 농촌유기체론의 진정한 역사적 기반이 점차적으로 노출된다. 『테오프라스투스의 인상』*Impression of Theophrastus Such*(1879)은 민족주의적 주장과 '이질적인 피를 지닌 이주민들과의 때 이른 섣부른 융합'에 따르는 위험에 대한 경고라는 맥락에서 볼 때 '조합적인 실천'을 옹호하고 있다. 엘리엇은 다음과 같이 말한다. "우리를 역사상의 어떤 거대한 실체와 동일시하는 자부심은 그 이상적인 전체를 위하여 개인적인 안락과 이득 혹은 그 밖의 여타 이기적인 야망의 희생을 고무하는 인간적이면서 고상한 마음의 습관이며, 그러한 감정에 동요되는 사람이라고 해서 모두 다 아주 비굴한 사람이라고 말할 수 없다." 『다니엘 데론다』에서 아직 실현되지 않은 목표로 남아 있는 조합적인 사회, 따라서 당대 영국에 대한 관념론적 비판이 이제는 '현상'現狀에 대한 넘쳐 흐르는 찬사가 되었다. 자유주의적 휴머니즘의 목소리가 맹목적인 애국주의적 반응의 목소리로 바뀐 것이다.

찰스 디킨즈

(Charles Dickens, 1812−1870)

빅토리아 사회의 주요 소설은 소부르주아 계급의 산물이었다. 19세기 리얼리즘의 가장 뛰어난 업적은 브론테 자매들, 디킨즈, 엘리엇, 하디에서 발견되는 것이지 택커리, 트롤로프, 디즈레일리, 벌워 리톤 등에서 발견되는 것이 아니었다. 사회구성체 내에서 애매한 위치에 있는 소부르주아 계급에 속하는 사람들은 대체로 한 계급 내에서만 확고하게 자리 잡고 있는 작가들보다 더 풍부하고 더 의미 있는 경험을 할 수 있었다. 그러나 소부르주아 계급은 또한 그 계급의 조건 속에 부르주아 계급 사회 전체가 내보이는 가장 전형적인 모순 가운데 일부가 집약되어 있다는 것도 알 수 있었다. 실제로 영국에서의 '관습적'인 부르주아적 경험이 주요 소설의 생산에는 특히 불리하다는 것이 입증되었다.[33] 사회와의 양면적인 계급관계에 있었던 작가들만이 주요 문학작품을 생산케 한 모순들과 접할 수 있었던 것 같았다. (19세기 초기의 제인 오스틴의 경우가 이에 해당되는데, 그녀의 작품에서 소수의 신사계급의 상황이 귀족계급과 부르주아 계급 사이의 갈등과 협력관계를 알아볼 수 있는 묘한 특권적인 위치였다는 사실이 나타난다.) 소부르주아 계급의 리얼리즘 전통이 19세기 말엽에 자연주의—기싱George Gissing, 웰즈Herbert George Wells, 베네트Arnold Bennett—로 쇠퇴함에 따라 그 계급과 사회와의 문제성 있는 관계는 소위 국외 이주 작가들—헨리 제임스, 조셉 콘래드Joseph Conrad, T.

S. 엘리엇, 에즈라 파운드Ezra Pound—의 전유물이 되었다. 20세기 아일랜드 사회에서도 이와 비슷한 모호한 관계가 발생하여 예이츠와 조이스James Joyce의 대작이 나올 수 있었다.

그렇다고 해서 대다수의 19세기 리얼리즘이 소부르주아 계급의 '계급 이데올로기'의 산물임을 주장하는 것은 아니다. 왜냐하면 엄격히 말해서 그와 같은 이데올로기적 하부구성체는 존재하지 않기 때문이다. 다시 말해 '소부르주아 이데올로기'는 사회구성체 내의 지배계급과 피지배계급 양쪽 모두에서 추출된 요소들을 상당히 순수하게, 그러나 모순적으로 통합시킴으로써 존재하는 것이다. 19세기 리얼리즘의 모든 텍스트들에서 문제가 되는 것은 그 텍스트들이 헤게모니를 쥔 이데올로기적 형식들 속으로 진입할 때 독특하게 나타나는 복합적이고 다중규정된 특성이다. 이 복합성은 부분적으로는 문학 '리얼리즘' 그 자체의 결과이다. 왜냐하면 우리가 조지 엘리엇의 경우에서 보아왔듯이 리얼리즘은 그것의 흐름 속에서 한 '민주적'인 이데올로기—억압된 사회적 경험과 비천한 일상적 운명들에 대해 진보적으로 반응을 보이는 이데올로기—를 생산해내기 때문이다. 그러나 '유형'과 '총체성'이라는 리얼리즘의 미학적 이데올로기는(이 개념들의 '이데올로기적' 성격에 관해서는 의심하지 말아야 한다) 단일 '세계관' 속으로의 이러한 요소들의 통합을 주장한다. 물론 리얼리즘 텍스트의 이데올로기는 이런 지배적인 '세계관'에 있는 것이 아니라 형식상의 변화와 전위들에 있으며, 이 형식의 변화와 전위들은 다른 언술양식들을 종속시키려는 리얼리즘 이데올로기의 노력을 의미한다. 예를 들어 초기의 찰스 디킨즈의 경우 각각의 텍스트는 '리얼리즘'에게 어떤 특권적인 위치를 허용하지 않는 경쟁적인 소설양식들—고딕, 로망스, 도덕적 우화, '사회문제' 소설, 상업연극, '단편소설', 저널리즘, 삽화적 '여흥'—이 정말로 교통이 폭주하듯 범벅이 되어 있는 텍스트들이다. 이와 같이 디킨즈가 나타낸 후기의 '리얼리즘'은 극히 순수하지 못한 종류의 리얼리즘이었다. 달리 말하면 그것은 거의 시종일관 비사실주의적인 '내용들'을 둥그렇게 에워싸는 '총체화' 형식들의 문제였으며, 고전적 리얼리즘의 '조망적'인 안정된 시각을 다른 것으로 대체할 것을 끊임없이 요구하는 분산되고 갈등적인 언술들의 문제였다.

그와 같은 리얼리즘을 향한 디킨즈의 움직임이 어떤 '총체화'의 이데올로기를 생산한다면 그것은 매우 상반되는 문학적 장치들의 '분산'효과에 의해 내부로부터 계속해서 해체되는 이데올로기이다. 결국에 디킨즈의 소설은 모순적인 통합의 상징들(대법원Chancery Court, 번문욕례청Circumlocution Office)역주68을 제시하는데, 그것들이 바로 소설 자체의 구성원칙들인 것이다. 단지 이런 상징적인 언술들만이 결국에는 어떤 '조망'을 제공할 수 있지만, 그러한 언술들의 일관성이라는 것이 체계적인 모순을 안고 있는 일관성이기 때문에 그러한 조망은 상이한 미사여구들이 서로 연결되어 있는 부재의 공간에 불과하다.

찰스 디킨즈가 농촌 소부르주아 계급이 아닌 도시 부르주아 계급에 속했다는 사실은 그의 소설과 조지 엘리엇의 소설 사이의 중요한 차이점이 있다는 사실을 보여준다. 지난 일세기 반 동안의 모든 주요 영국 작가들 중에서 아마도 디킨즈가 유기론적 이데올로기에 가장 적게 오염된 작가일 것이다. 그에게 있어서 산업자본주의에 대한 낭만주의적 · 휴머니즘적 비판은 칼라일이나 로렌스의 작품에서 보이는 여실하고 정교한 이데올로기적 표현 없이 지극히 '자연발생적'인 것으로 남아 있다. 디킨즈는 가장 손쉽게 이용할 수 있는 당시의 유기론의 형태들—영국청년당,역주69 중세주의, 자연예찬, 옥스퍼드 그룹 운동역주70—을 전원의 신비화 과정 속으로 되돌아가는 일처럼 느긋하게 물러설 곳이 없는 '도시' 소부르주아 계급 출신 작가답게 경멸의 눈으로 바라본다. 디킨즈에 있어서 자연으로의 물러남은 대체로 죽음, 어린 시절로의 복귀, 사회적인 패러다임보다는 사회적인 이탈 등과 관련된 부정적인 제스처로 나타난다. 만일 조지 엘리엇의 자연이 사회적으로 구조화된 영국 시골의 세계를 의미한다면, 디킨즈에 있어서 자연은 사회학적인 법률의 소재지라기보다는 감상적 도덕주의의 소재지이다. 꼬마 넬Nell역주71은 약탈적인 도시로부터 추방된 자연적 가치의 상징이다. 그러나 디킨즈의 상상력을 끌어들이는 인물은 전형적인 도시인인 퀼프Quilp역주72이다. 『고난의 시대』*Hard Times*(1854)의 '크리스마스 정신'과 세속적인 생기론에서 분명하게 나타나는 디킨즈의 낭만주의적 휴머니즘이 지닌 자연발생적이고 경험론적인 특성은 미학적 · 이데올로기적으로 중대한 약점으로 나타난다. 그러나 그 작품에서 디킨즈는 바로 그 약점으로 인해 문제의 갈등들을 중재하고 '해결'할 『다니엘 데론다』식의 기형성된 유기론적 이데올로기를 박탈당했다. 『돔비와 아들』*Dombey and Son*(1848)과 같은 과도기적 작품에서는 그와 같은 이데올로기의 부재가 결과적으로 자신이 대충 재생산한 바로 그 모순들에 의해 자기 분열의 왜곡된 텍스트를 초래한다. 예를 들어 그 유명한 철도 장면은 부르주아 계급의 산업발전을 흐뭇하게 확인시켜 주는 동시에 쓸모없는 낙오자의 운명으로 전락한 소부르주아 계급을 대신하여 산업발전에 대항하는 우울한 항거도 보여주는 것이다. 그러나 그러한 항거가 자연의 이미지를 통하여 부분적으로나마 표현된다 하더라도 디킨즈는 상충하는 상징들을 미학적으로 통합시켜 줄 엘리엇식의 유기론적 이데올로기를 소유하고 있지 않았으며, 또한 '전통'과 '진보'의 조화를 보장해 주는 이데올로기적 수단들도 소유하고 있지 않았다. 그 모순들은 텍스트 속에 분명하게 각인된 채 남아 있으며, 결과적으로 그 모순들이 텍스트의 극적이고 불규칙적인 전개를 풍부하게 하고 활기 있게 만들고 있는 것이다.

디킨즈의 낭만주의적 휴머니즘의 가장 중요한 상징은 소설 속에서 성인 시절의 경험과 복합적인 구조적 관계를 이루고 있는 어린 시절의 순진무구함이다. 어린아이는 소외되고 희생된 존재이면서 자신이 인지한 단편적인 세계를 총체화시킬 수도 없는 존재다. 따라서 어린아이가 구체화하고 있는 긍정적인 가치는 실제로는 부정적인 것으로 형상화된다. 그러한 부정성은 부르주아 사회에 대한 디킨즈의 도덕주의적 비판이 지니는 이론적 한계성을 뚜렷하게 반영해 주는 것이다. 예를 들어 어린아이의 수동성은 그가 받는 억압의 극적인 지표가 될 뿐만 아니라, 어린아이가 세상에서 벗어나 때묻지 않은 선善의 영역으로 들어가게 해주는 역할도 한다. 한편 그 어린아이의 백지와도 같은 마음상태는 아이를 지배하려는 사회적 세력들을 극적으로 한곳에 집중시킨다. 즉 브레히트의 은유적 표현을 빌리자면, 어린아이는 역사적으로 전형적인 그러한 세력들이 서로 경쟁하는 텅 빈 무대가 되는 것이다.

올리버 트위스트Oliver Twist가 그런 부정적인 인물 가운데 중심인물이다. 그 자신의 이야기로부터 벗어나 있는 올리버는 수동적이나마 사회적으로 의미 있는 것들에 주의를 집중시킬 수 있게 된다. 하지만 그의 무가치성은 바로 그를 사회적 '산물'로 보여주지 못하는 소설의 이데올로기적 무능력에 의해 결정된 것이다. 실제로 올리버를 사회적 산물로 보여준다면 그것은 멋진 승리를 보장해 주는 역사로부터의 올리버가 이탈되는 것을 막아야 할 것이다. 이 작품은 올리버가 부르주아 사회의 억압의 산물이며 동시에 억압의 산물이 아니라는 것을 주장하는데, 이것은 마치 올리버가 마술에 끌린 듯 빠져 들어가는 부르주아적 사회관계가 보여주는 '현실'세계가 빈곤과 죄악의 '비현실적'인 지하세계에 대비되어 확인되는 동시에 그 지하세계에 의해 환상적인 세계로 나타나는 것과 같은 것이다.

따라서 디킨즈의 소설은 어린 시절의 순진무구성에 의해 중재되는 사회현실과 그 순진무구함이 구체화되는 초월적인 도덕적 가치들 사이의 한 모순점을 드러내 준다. 이 모순점은 인습적인 부르주아 윤리가 억압하고 있는 가혹한 사회현실에 대한 인식을 저버리지 않은 채 그 부르주아 윤리를 포용해야 하는 소부르주아적 의식의 본질적인 모순점이다. 이것의 결과로 나타나는 것은 소설 자체에 있어서의 형식상의 부조화들이다. 예를 들어 『픽윅 페이퍼즈』*Pickwick Papers*(1836-1837)는 전통적인 의미로 따지자면 '소설'이 될 수 없다. 왜냐하면 픽윅은 자기만족적 순진성으로 인해 단순히 삽화적인 것을 뛰어넘어 유의하게 상호 연관된 경험을 체험할 수 없기 때문이다. 따라서 그 작품은 공식적으로는 종속적인 인물이나(픽윅의 하인임) 실제적으로는 주인인 샘 웰러Sam Weller라는 인물에게서 보충적인 중심점을 찾는다. 그 텍스트의 부르주아적 온화함이 갖는 이중적인 전위 가운데 텍스트가 공식적인 이야기에서 축출해 버린 불쾌한 경험이 무시무시할 정도로 격렬하고 죽음에 사로잡힌 이야기들 속에 분출하듯 곳곳에서 튀어나오게 되고, 그로 인해 이야기는 계속 분열되고 만다. 이와 유사한 방식으로 『골동품상』의 퀼프Quilp는 소설이 그 자체의 단정하고 감

상적인 이야기 구조를 파괴하는 끓어오르는 광포한 복수심을 상징하는 인물로 나타난다.[34)]

엘리엇의 소설과 마찬가지로 디킨즈의 소설 역시 문학적인 장치들을 전개하여 이데올로기적 갈등을 해결하고 있다. 그러나 디킨즈의 소설은 그러한 갈등이 텍스트의 틈과 간극 속에, 혼합된 구조와 분리적인 의미들 속에 명료하게 새겨져 있다는 점에서 엘리엇의 소설보다 더 주목할 만하다. 앞에서 언급한 바와 같이 엘리엇의 작품이 그러한 형식상의 전위를 드러내고 있지 않다는 뜻은 아니다. 그렇지만 유기적인 형태의 사회적 이데올로기 및 미학적 이데올로기에 의해 유지되는 엘리엇의 소설은 디킨즈의 소설보다 더 의식적으로, 그리고 더 지속적으로 그러한 유기적인 결말을 추구하고 있는 것이다. 이와는 대조적으로 디킨즈의 소설은 자신들의 자기모순적인 형식들과 내부적 불일치성들을 역사적 의미의 부분으로 나타낸다. 디킨즈의 후기 작품은 분명 미학적 완성을 성취하고 있지만 그것은 엘리엇의 경우와는 상당히 다른 종류의 완성이다. 이를테면 엘리엇의 유기론적 이데올로기가 사회적 총체화를 위한 하나의 구조를 제공하는 반면에, 디킨즈는 그의 후기 작품에서 비판의 대상이 되는 사회기관들(『황폐한 집』의 대법원, 『귀여운 도리트』의 번문욕례청)을 미학적 통합의 이미지로 이용하지 않을 수 없게 된다. 아이러니하게도 디킨즈의 작품에 상징적 일관성의 원칙을 제공해 주는 것이 바로 이런 갈등과 분열, 그리고 모순의 체계이다. 이런 의미에서 그의 후기 작품에서의 미학적 통합은 '유기적인 공동체'의 신화 위에서가 아니라 그 반대인 부르주아 사회의 역사적 자기 분열들 위에서 이루어진다고 할 수 있다. 그렇다고 인물을 특이한 개성의 인물로, 그리고 친족이 없는 존재로 인식하는 초기 디킨즈의 인물인식이 사회적 통합이라는 비전에 굴복한 것은 아니다. 오히려 이제는 그러한 친족관계의 부재가 '체계적인 것'으로 나타난다. 즉 사방에 침투해 있는 것 같으면서도 어느 곳에도 부재하는 포착하기 어려운 중심기관들인 대법원, 금융자본주의, 그리고 번문욕례청과 같은 탈중심적 구조의 기능으로 나타나는 것이다.[35] 따라서 후기의 디킨즈에서 등장인물들은 개인적으로는 사실적이고, 생생하며, 기괴한 인물들로 남아 있지만 점차적으로 그러한 탈중심적 구조들을 전달해 주는 인물로, 즉 후기 소설의 진정한 주인공의 역할을 수행하게 된다.

엘리엇의 소설이 '공시적'으로 해결하려 했던 것—영국 자본주의의 역사적 성격상의 어떤 변화에 의해 결정된 부르주아 이데올로기의 두 국면 사이의 갈등—을 디킨즈의 소설은 '통시적'으로 해결해 나간다. 초기 소설에서 보여지는 무질서하고, 탈중심적이며, 단편적인 형식들은 대체로 산업자본주의 초기의 덜 조직화된 단계에 대한 대응이다. 그리고 후기 소설의 통합된 구조들은 금융자본주의의 복잡한 조직망(『귀여운 도리트』의 머들Merdle), 점점 중앙집권화되어 가는 국가 관료주의(번문욕례청), 그리고 점차적으로 단일 체계적이 되어가는 이데올로기적 장치들(『고난의 시대』의 교육체제, 『황폐한 집』의 사법구조)을 갖춘 점점 집중적으로 통합화되어 가는 자본주의를 언급하는 것이다.[36] (『돔비와 아들』에서의 철도는 이런 발전의 과도기적 단계를 나타낸다. 즉 그 철도들이 분명히 통합적인 조직임에도 불구하고 철도건설에서의 기업가적인 '자발성'과 그 철도들이 배태하게 될 이질적인 경험 속에서 철도들은 초기 소설에서 나타난 자의적이고 폭발적인 에너지들을 생각나게 해준다). 그러나 이와 같은 통시적인 움직임은 '개인주의'에서 '공동체'로의 움직임은 아니다. 그것은 주변에 어떤 모순들이 스스로 얽혀 연결되어 있는 중심부재의 소설(순진무구한 어린아이, 인습적인 멍청한 어른)로부터 탈중심의 총체성을 지닌 소설—통합된 상징주의 속에서 이제는 체계적인 것으로 이해되고 있는 일련의 갈등과 관계부재를 모방하는 소설—로의 움직임인 것이다.

조셉 콘래드
(Joseph Conrad, 1857−1924)

19세기 문학에서의 유기론의 발전과정을 논할 때 조지 엘리엇에서부터 후기 소부르주아 계급의 소설가로서 전원생활을 그린 토마스 하디까지 추적한다는 것은 예견 가능한 오류일 수 있다. 그 이유는, 비록 하디가 유기적인 사회진화의 이데올로기를 이어받았다 하더라도(그는 인류를 마치 '거미집과 같은 … 한 거대한 조직 혹은 구조'37)라고 적고 있는데, 이는 엘리엇을 연상시킨다), 그의 소설은 본질적으로 엘리엇의 소설들이 회피하고 있는 농촌사회의 구조적 갈등들과 비극적 모순점들에 사로잡혀 있기 때문이다. 나는 앞에서 완전히 성숙한 비판적 리얼리즘으로 향하는 하디의 움직임이 순탄한 작업이 아니었음을 주장하였고, 하디에 있어서 가장 주목할 만한 것은 문학적 형식들의 독특한 '혼합'(전원, 멜로드라마, 사회주의적 리얼리즘, 자연주의, 신화, 우화, 고전적 비극)임을 제시하였다. '웨섹스' Wessex 지역을 자기식의 리얼리즘으로 탐구하고 신화라는 움직이지 않는 원근법을 통해 그 지역을 조망하는 가운데 쇠퇴하고 있는 전원적 영역과 전체 사회구성체라는 두 영역 내에서 애매하게 위치해 있던 문학생산자로서의 하디의 입장은 모순으로 가득 찬 것이었다. 그 모순들은 하디와 대도시 독자들과의 문제점 많은 생산관계와 따로 떼어놓고 생각할 수가 없는 모순들이다. 대도시 독자들을 대변한다는 사람들은 마찰을 일으킬 정도로 급진적인 그의 첫 번째 작품을 거부했었다. 그가 이따금 전원적이고 신화적인 형식을 사용한 것은 '전원소설'에 대해 판에 박은 듯이 후원을 보내는 독자층의 구미에 맞추려는 그의 불안한 심정을 반영하고 있다. 하지만 그는 또한 우화, 발라드, 고전적 비극과 같은 '보편적'인 틀을 전개하여 단순히 지방적인 의미를 갖는 것이라고 무시당하기 쉬운 소설의 내용에 중요한 지위를 부여하고 있기도 하다. 상충되는 이러한 문학양식들을 어떻게 화해시키느냐 하는 형식상의 문제—알렉 더어버빌Alec D Urberville이 부르주아 '야심가'인가, 아니면 크리스마스 동화극에 나오는 악마인가, 멜로드라마의 악한인가, 아니면 사탄과 같은 악의 상징인가?—는 하디가 매우 복잡한 양식으로 지배적인 이데올로기적 구성체와 그 구성체 내에서 가능한 문학형식들의 범주 속으로 진입한 결과다. 그러나 『비운의 쥬드』가 나올 때까지 '화해'는 사실상 포기된 상태였다. 말하자면 『비운의 쥬드』는 독자에게 제공한 선물이라기보다는 독자들에 대한 계산된 공격이었다. 그 작품을 '미숙한 작품'으로 보았던 것은 어떤 예술적인 무능력의 결과라기보다는 하디가 내보인 놀랄 만한 어떤 노골적인 과감성, 즉 리얼리즘의 범위를 되몰아 축소시키는 가운데 연극적인 제스처를 거듭 쌓아올리는 그런 '박진감'verisimilitude이 지닌 경멸조의 반항심의 결과인 것이다. 그 작품의 제사題詞가 '문자는 죽이는 것' The letter killeth이라는 사실은 우연의 일치가 아니다. 왜냐하면 다른 텍스트들로부터의 장황한 인용으로 가득 차 있고, 주제적인 면에서는 문학을 중심으로 한 문화가 내보이는 폭력성에 사로잡혀 있으며, 온갖 표상적인 장치들이 뒤섞여 있는 『쥬드』는 '문자'가 지닌 견디기 어려운 불활성을 물질적인 장인정신이랄 수 있는 예술적 생산의 이미지와 대조시키고 있기 때문이다. 그 텍스트가 품고 있는 모델, 형식, 유형類型moulds, 생산행위들은 그것들 자체가 텍스트 스스로의 구성 이미지들, 즉 '외면들'(하디가 깊은 뜻에서 언급한 구절을 빌리자면 '이 펜이 생산해낸 것들')로 이루어진 몽타쥬 이미지들이다. 그런데 여기서 그 '외면들'의 '영원성' 혹은 '일관성'을 따지는 일은 요점에서 벗어나는 일이다. 하디의 생산행위의 근본적인 '잠정성' 내에는 또 하나의 좀 더 근본적인 잠정성—소설이 그 자체 텍스트의 문자를 '펼쳐내는' 형식들인 사회적 형식들(성욕으로 압축된다)이 원하는 그들 스스로의 비종결성—이 새겨져 있다. 소설 전체를 보면 신성화된 원고들—니케아 신조, 욥기—은 쥬드에 의해 반응 없는 독자들에 대한 분노의 욕설로 급격하게 변형된다. 그리고 그렇게 독자들에게 공격을 퍼부음으로써 소설은 그 시대의 문학의 사회적 제 관계 내에서 자신이 버림받았음을 그대로 내보이고 있는 것이다. 하디는 『쥬드』에 대한 완고한 대중들의 반응으로 인해 자신이 소설을 쓰는 일에서 영원히 벗어나게 되었다고 주장했다. 그러나 하디와 같은 지위의 생산자가 단지 악평 때문에 글쓰는 일을 그만둘 것인가는 분명 의문의 여지가 많다. 『쥬드』 이후에 하디에게는 더 이상 나아갈 곳이 없었다는 것은 사실이다. 즉 소설의 유기적인 형식을 '펼쳐놓았던' 그로서는 닻을 내리지 않을 수 없었던 것이다.

그렇다면 우리는 세기말의 유기론적 전통이 농촌 출신의 영국인인 하디에게로 넘어간 것이 아니라 폴란드 태생의 해외 망명자인 콘래드에게로 넘어갔다고 보아야 한다. 폴란드 출신의 망명자이며 상선 선원인 조셉 콘래드가 영국 문학계로 진출한 것에서 우리는 조지 엘리엇의 작품에서 살펴보았던 낭만주의적 개인주의와 사회유기체론 사이의 갈등이라는 독특하게 '다중규정된' 사례의 출현을 목격하게 된다. 보수적인 애국자였던 콘래드의 부친은 러시아의 폴란드 점령에 대항하는 민족주의적 반란자가 되었다—망명과 투옥의 길을 걸었던 범슬라브적 신비주의자인 부친으로부터 콘래드는 모국의 역사적 운명에 대한 메시아적 의식을 지닌 채 조합적 실체('유기적 생명체')[38]로서의 조국에 대한 신념을 이어받는다. 그러나 이와 같은 낭만주의적 이상주의의 유산은 콘래드가 그의 모친 일가인 지주층의 보브로우스키Bobrowskis 일가로부터 물려받은 실용주의적 · 보수주의적인 리얼리즘과 갈등을 겪게 되었다. 그의 모친 집안은 신중한 입헌주의를 옹호했고, 또한 낭만주의적 자아를 엄격히 부인했던 것이다. 콘래드가 속해 있었던 폴란드 귀족계급도 분열되었다. 상류계급은 사실상 러시아 지배계급 속에 통합되었으며, 따라서 보브로우스키 가家와 콘래드 집안과 같은 지주계층은 그 제국주의적 굴레에서 벗어날 방법을 모색하게 된다. 그러나 러시아 제국주의에 의해 사회적 헤게모니를 박탈당한 그들은 민족독립을 열망하지만 독립을 쟁취할 수 있는 '극단적'인 수단—혁명—을 채택하는 것을 주저했다. 따라서 콘래드에게 있어서 폴란드는 민족적 통합과 자유주의적 계몽의 이상적 화합을 상징화하는 것이 되었다. 그리고 그 화합은 '개인의 권리를 지나칠 정도로 존중하는' 정신과의 '자연발생적인 통합'으로, 곧 이 슬라브 민족의 '광란주의'에 대항한 유럽의 자유주의와의 연대이기도 했다.[39]

선원이자 예술가인 콘래드의 폴란드로부터의 자진 망명은 참을 수 없을 정도로 폐소공포적인 제국주의에서 벗어난 그의 자유를 한껏 확인하게 해준 계기가 되었다. 동시에 예술과 해운업 이 두 가지는 조국 폴란드에서는 산산이 부서졌던 유기적인 통합을 재창조할 수 있게 해주는 일이었다. 배는 여러 기능들이 모여 위계구조를 이루고 있는 하나의 유기적 공동체로서 전복적인 개인주의와 무질서한 상상력을 허용치 않는다. 그러나 폴란드처럼 배는 또한 외부세력에 의해서 위협을 당하는 집단적 고립의 형태를 나타내며, 따라서—특히 선원들로부터 사회적으로 고립된 고급 선원의 경우—각 개인을 그 자신의 문제성 있는 정체성과의 외롭고 시험적인 대결 속으로 몰고 가기도 한다. 이와 마찬가지로 예술은 억압적인 지배로부터 해방된 한 개인적인 상상력이 내보이는 최고의 자율성을 상징하며, 또 한편으로는 개인적인 자아의 포기를 요구하는 유기적인 총체이기도 하다. 다시 말해 영국 사회는 콘래드에게 그가 폴란드의 상황으로부터 물려받은 상충하는 이데올로기적 과제들을 이상적으로 해결할 수 있는 터전을 제공해주는 곳이었다. 즉 영국 사회는 유럽의 정치적 혼란으로부터 탈출한 보수적인 망명자인 그에게는 참으로 고마운 영역이었다.[40] 영국 사회의 관대하고 실용적인 개인주의는 해운업의 유기적 · 낭만주의적 민족주의의 유산과 결합되어 콘래드에게 그가 추구했던 바로 그 이데올로기적 결합을 제공해 주었다. 콘래드는 영국이 '유럽대륙의 빈민굴에서 생겨난 무도한 교리들의 압력을 막아주는 유일한 방파제'[41]라고 믿었으며, 영국의 뿌리 깊은 위계적 전통주의는 '그가 지키고자 했던 민족적 감정을 약화시키는 경향이 있는 형제애'[42]에 대항하는 하나의 요새라고 믿었다. 그러므로 영국 문학계에 콘래드가 등장했다는 사실은 결코 한 '이질적'인 이데올로기가 영국 역사 속으로 침투한 것을 의미하는 것이 아니며, 외국세력에 의해 만들어진 한 '계급주체'가 토착 사회구성체로 침입한 것을 뜻하는 것도 아니었다. 국외 망명자로서의 그의 지위는 토착의 지배적 이데올로기와 맺을 수 있는 여러 가지 가능한 모순적인 통합양식들 가운데 하나로서만 관련이 되는 것이다. '국외 이주주의'는 폴란드 사회든 영국 사회든 그 사회 내에서 한 '주체'로서 콘래드가 지니고 있는 개인적인 위치의 '총체화'가 아니다. 오히려 그것은 역사적 주체자인 조셉 콘래드가 점유하고 있는, 그리고 최종의 순간에는 토착 이데올로기의 내적 연결에 의해 결정되는 하나의 객관적인 이데올로기적 관련체계인 것이다.

애브론 플레이쉬만Avron Fleishmann이 주장했듯이[43] 콘래드는 19세기 낭만주의적 휴머니즘의 유기론적 전통을 직접 이어받았다. 그의 절대가치들, 무엇보다도 선원들의 꿋꿋한 단결에서 구현되는 그의 가치들은 일, 의무, 성실성, 그리고 금욕적인 순종이라는 칼라일식의 보수적인 지상 과제들—인간을 자연스럽게 사회 전체에 묶어주는 가치들—이다. 분열된 자아라는 주제가 반복해서 나타나는 그의 소설들 역시 공동체의 규율에 복종하려고 애쓰는 결점 많은 무법의 낭만주의적 개인주의가 가득 스며들어 있다. 달리 말하면 콘래드의 사회유기론은 극단적인, 그리고 때로는 유아론적인 개인주의—사회적 가치들의 객관적 성격에 대한 형이상학적 회의주의, 이기주의와 환상의 불합리한 반사작용에 따른 이상적인 것들에 대한 불신, 본질적으로 인간사회를 이기적인 이익들로 구성된 '범죄적'인 조직체로 보는 견해, 세상을 지극히 신비적인 것으로 여기는 뿌리 깊은 주관주의, 역사를 순환적인 혹은 부조리한 것으로 여기는 역사의식—와 연결되어 있는 것이다.

콘래드의 텍스트들 속에 나타난 이러한 이데올로기적 결합은 그가 다루고 있는 영국 자본주의의 제국주의적 성격에 의해 최종적으로 결정되며, 텍스트상의 유기론적 관념론과 정치적인 환멸 간의 갈등과 더불어 콘래드의 폴란드 경험에 의해 다중규정된다. 19세기 제국주의는 조합적 · 메시아적 · 관념론적 이데올로기의 생산을 요구했다. 그러나 이러한 요구는 대영제국의 착취를 강화시켜 주었던 경제적 불황으로 인해 빅토리아조 중엽의 진보에 대한 신념이 비관주의, 주관주의, 비합리주의로 침식되어 가던 시점에서 이루어진 것이다. 제국주의는 자체의 낭만주의적 이상과 탐욕스러운 물질적 행위 사이의 불일치를 노정시키는 곤경에 빠졌으며, 제국주의 국가들은 절대적인 문화적 헤게모니를 확인할 필요성이 대두되는 시점에 동시에 문화 상대주의라는 새로운 인식을 배태하였다. 콘래드의 작품 속에 스며들어 있는 사실과 가치, 이상과 현실, 물질과 영혼, 그리고 자연과 의식 사이의 숙명적인 분열은 바로 이러한 모순들의 산물이다.

콘래드가 인도주의를 경멸하고 거부했던 이유는 부분적으로는 그 인도주의가 합리화시킨 제국주의적 착취 때문이었다. 그러나 그는 제국주의의 노골적인 반이상주의적 형태들을 비난하면서도 이데올로기적으로는 영국식으로 변형된 형태인 보상 '개념'—정치적인 면에서 볼 때 무정형인 부족사회를 진정한 '유기적'인 단위 속에 결합시키려는 낭만주의적 책임—을 발견하지 않을 수 없었다. 노골적으로 착취적인 벨기에나 미국의 제국주의에 대한 그의 비난은 부르주아 계급의 '물질만능주의'와 '상업주의'를 근본적으로 불신하는 영국의 전통주의적 보수주의자의 공격을 그 근본으로 삼고 있다. 바로 그러한 행위가 해운업에서와 같은 유기적인 이상체에 의해 품격을 더하게 될 때에만 콘래드 자신의 낭만주의적 민족주의와 식민정책의 가혹한 현실 사이의 모순이 '해결'될 수 있었다. 콘래드는 제국주의 국가들의 문화적 우월성을 믿지 않았으나 제국주의를 전면적으로 부인하지도 않았다. 『어둠의 속』*Heart of Darkness*(1899)의 '메시지'는 서구문명이 근본적으로는 아프리카 사회만큼 야만적이라는 것이다. 이 견해는 제국주의의 전제들을 저해하면서 동시에 그만큼 강화시켜 주는 견해다.

유기적인 연대와 회의적인 개인주의 사이의 이러한 갈등은 콘래드의 미학에서 해소된다. 그는 예술가를 '모든 창조물과 같은 동료라는 잠재적인 감정, 그리고 수많은 외로운 마음들을 한데 묶어주는 미묘하지만 누구든지 깨뜨려 버릴 수 없는 연대에의 확신 … '을 불러일으키려는 노력 속에서 '삶의 스쳐 지나가는 단계'를 포착하여 그것의 진동, 색깔, 형식을 보여주는 사람이라고 하였다.[44] 예술이 지니는 이데올로기적 기능은 분열적인 개인주의에 대항하여 인간적 연대를 확신시켜 주는 것이다. 그러므로 인간적 연대의 요소들을 불안정한 것이며 덧없는 것으로 치부한다면 그것은 아이러니하게도 이데올로기적으로 극복되어야 하는 개인주의적 인상주의를 강조하는 셈이 된다. 콘래드에게 있어서 예술이란 반항적인 언어를 정교하게 순화시켜 구체적인 이미지와 풍부한 표현의 뉘앙스로 만드는 것이다. 그리고 헨리 제임스와 마찬가지로 그에게 있어서 소설은 교묘하게 빚어낸 유기적인 통일체를 구성하는 것이며, 그 통일체는 플로베르식으로 말해 작가를 텍스트의 괴팍스러운 '장인'匠人으로 재정의내리는 것을 함축하고 있는 것이다(그는 한때 언급하기를 글쓰기 행위란 '행위'의 한 형태라고 하였다). 그러나 작가를 장인으로 재정의했던 세기말의 심미주의는 그와 동시에 작가를 사회적인 정황으로부터 분리시키고 말았다. 작가는 장인이다. 그러나 그의 생산품은 더 이상 확실한 독자를 갖지 못한다. 빅토리아조 중기의 생산자와 소비자 사이에 존재했던 협약이 부분적으로 붕괴되었으며, 이 붕괴는 작가의 생산수단인 언어 자체가 위태로운 지위에 놓여 있었다는 사실에 그대로 반영되었다. 작가는 그의 텍스트에 철저한 '작업을 해야 한다.' 왜냐하면 작가도 마찬가지이지만 독자도 인간의 의사소통 자체를 단지 일시적으로 위안을 주는 환상으로밖에 여기지 않는 이데올로기 속에 갇혀 있어 작가가 '일상적인 언어'를 통해서는 독자와 연결될 수 없었던 것이다. 실제로 디킨즈가 어쩌면 단순한 언어의 풍부함이 더 이상 대상으로서의 글쓰기—롤랑 바르트의 용어로서 '글쓰기'écriture[45)]—를 의미하지 않게 되었던 역사적 시기에 존재했던 최후의 작가가 아닌가 싶다. 반면에 콘래드의 계산된 언어적 풍요로움은 이와는 매우 의미 있는 대조를 보인다. 텍스트는 교묘하게 구조화되어 복합적인 통일체를 이루어야 한다. 그러나 가장 중요한 것은 텍스트가 분명하게 표현하지 않은 어떤 것이다. 텍스트의 의미들을 다양하고, 불투명하며, 완성되지 않은 상태로 남겨두는 끊임없이 암시적인 언급들, 즉 F. R. 리비스가 『어둠의 속』에서 확인한 의미의 '형용사적'인 암시들이 그런 것이다.[46)] 말하자면 그 작품은 조직적인 면에서 볼 때는 종결된 것이지만 언어적인 면에서 볼 때는 종결되지 않고 열려 있다는 뜻이다. 이미지들이 작품 속에 분명하게 새겨져 있으나 '모든 이미지는 의문의 바다 위에 … 불확실성이라는 탐구되지 않은 세계 속에 애매하게 떠다니는 것이다.'[47)] 에드워드 가네트Edward Garnett에게 보낸 편지에서 콘래드는 문학생산자로서의 자신의 불안정한 위치의 문제와 관련해서 어떻게 글을 쓸 것인가 하는 형식상의 질문과 더불어 '독자'의 실체에 관한 질문을 던지고 있다. 사실상 콘래드가 행한 것은 낭만주의적 미학과 '생산적' 미학을 결합시킨 것이었다. 예술의 목적은 현상의 세계에 침투하여 그 세계의 포착하기 어려운 본질을 들추어내는 것이지만, 현재로서는 관념론적 미학의 평범한 문제에 지나지 않는 이 일이 사실은 엄청난 각고의 노력을 필요로 하는 것이다. 소설은 그 자체의 인위적인 기교를 끊임없이 부정하는 가운데 자신을 '자연적'이고 명료한 것으로 제시하려고 하지만 이런 노력은 항상 자기 좌절로 끝나버리고 만다. 말로우Marlow 선장역주73처럼 콘래드는 진실을 좀 더 정확하게 전달하기 위한 시도에서 진실을 계속해서 저버리는 것이다.

콘래드가 글을 어떻게 쓸 것이냐 하는 문제를 '해결'할 수 있었던 것은 실제로 화자로서 말로우 선장을 제시함으로써 가능했다. 왜냐하면 화자의 역할은 진실을 어떻게 전달하느냐 하는 인식론적인 문제를 텍스트 자체의 형식적인 구조 속에 통합시키는 것이기 때문이다. 콘래드에게 있어서 스토리를 서술하는 것, 즉 형식을 발견하는 것은 그를 둘러싸고 있는 인식론적인 어려운 문제들을 예시例示해 주는 것이 된다. 즉 이야기를 구성하는 것은 도덕적 질서를 구성하는 일이다. 그러나 그 질서는 글쓰는 일만큼이나 불안정하고 잠정적인 것이 될 수밖에 없다—글쓰는 일이란 이야기라는 미지의 세계로의 모험이 그 진로를 펼쳐감에 따라 끊임없이 구성되고 해체되는 허약하면서도 위험스러운 작업이기 때문이다. 따라서 그의 소설을 엮어나가면서 콘래드는 하나의 진공상태를, 즉 하나의 공허를 만들어내는 것이다. 콘래드에게 있어서 작업은 사회적인 전체성으로의 자기희생적인 참여이지만, 『어둠의 속』에서 커츠Kurtz의 노역勞役처럼 질서로 환원시킬 수 있는 영원히 불가해한 자연으로부터의 인간의 소원疎遠만을 드러낼 뿐이다. 제국주의가 부족사회의 '분열'을 다독거려 '합리적'인 구조를 구축고자 노력하는 것처럼 미학적 형식은 미완성의 상태를 완벽하게 하는 것이다. 그러나 그러한 질서회복은 항상 자기 자신의 부정을 내포하는 것이기도 하다.

실제로 콘래드의 소설 각각은 유기적인 통일을 파괴하려는 그러한 부정으로 가득 차 있다. 그의 소설에 나타난 이데올로기적 불협화음은 디킨즈의 경우처럼 내부적으로 서로 모순되는 열려진 형식들의 이용에서 나타나는 것이 아니라, 중심에 놓인 부재를 여러 양상의 무늬들이 둘러싸고 있는 듯한 계획적인 조직화에서 나타난다. 콘래드 작품들의 각 중심에는 공명의 침묵이 존재한다. 예를 들면 커츠, 짐 그리고 노스트로모Nostromo 같은 인물들의 불가사의성, 『나르시소스 호號의 흑인』*The Nigger of the Narcissus*(1897)에 나오는 제임스 웨이트James Wait의 어둡고 침울한 수동적 태도, 『태풍』*Typhoon*(1903)에서의 맥퀴어McWhirr의 무신경적인 우둔함, 『서구인의 눈 아래』*Under Western Eyes*(1911)에 나오는 '러시아 사람'의 영속적인 신비성, 『비밀정보원』*The Secret Agent*(1906)에서의 보이지 않는 폭탄 폭발과 백치 스티비Stevie의 신비적인 침묵, 『승리』*Victory*(1915)에서의 헤이스트Heyst의 존재하지 않는 보물 등이 그것이다.[48] 이러한 부재들은 결정적인 것이다—그것들은 콘래드적인 이데올로기의 단절과 한계들을 결정지우며, 의미들의 충돌과 배제에 의해 형성되는 '텅 빈 공간들'을 나타낸다.

예를 들어 『로드 짐』의 불가해성—그 소설의 심층적인 서술기법에 의해 초래된 불가해성—은 본질적으로 짐에 관한 두 개의 상반된 시각들의 상호 상쇄효과에 의해 암호로 환원된 짐 자신의 불가해성이다. 짐은 자신의 운명을 열심히 형성해 가는 낭만주의적 식민주의자로 보일 수 있으며, 또한 기계적으로 조직된 거대한 우주 속에 냉혹하게 내던져진 장난감으로 보일 수도 있다. 이와 유사한 상쇄작용은 『서구인의 눈 아래』의 형식적인 구조 속에도 내재한다. 이 작품에서는 영웅적이지만 '광신적'인 러시아인의 열정과 영국인 화자의 고상하지만 단조로운 경험주의가 서로 중첩되어 아이러니의 소용돌이를 일으키며 서로를 계속해서 의문 속에 몰아넣는 식의 상쇄작용이 나타난다. 맥쿼어의 끈덕진 침묵은 유기론적 전통의 아주 값진 가치들, 즉 보여줄 수는 있지만 말로는 표현할 수 없는 고집스러운 충실성과 앞뒤 가리지 않는 경솔한 영웅주의의 가치들을 구현한다. 반대로 제임스 웨이트의 침울한 수동성은 사회적 질서의 무질서적인 와해상태를 의미하는데, 이는 형이상학적으로 너무 심오한 것이기에 분명하게 나타낼 수가 없는 것이다. 『어둠의 속』에서의 어둠의 속은 바로 제국주의 자체를 의미하며, 그것은 부조리한 환상이나 형이상학적 악으로서만 형상화될 수 있기 때문에 반드시 모호한 상태로 남아 있어야 한다. 그것은 또한 제국주의가 약탈하는 아프리카 사회를 의미하며, 제국주의적 방식으로는 이해할 수 없는 수수께끼 같은 사회를 지칭하는 것이다. 『비밀정보원』에서의 폭탄 폭발은 배에서 뛰어내리는 짐의 행동처럼 직접적으로 제시될 수는 없다. 그 폭발은 일종의 대변동을 야기하는 변형, 즉 유기적으로 진화하는 자연에서의 예측 불가능한 '도약'을 암시하는데, 그 소설의 보수적인 이데올로기로서는 이것을 오로지 이해할 수 없는 신비로밖에는 수용할 수가 없는 것이다. 『노스트로모』의 부재의 중심은 부분적으로는 노스트로모 자신이며, 또한 그가 위탁 판매하는 은銀도 부재의 중심이 된다. 여기서 은銀은 불활성의 불투명한 물질로서, 그것을 둘러싸고 인간의 행위가 미친 듯이 소용돌이친다. 소설의 등장인물들이 안고 있는 결정적인 구조로서(콘래드가 언급했듯이 그 작품의 진정한 주인공인) 은銀은 전체 행위의 통합 원칙이지만, 콘래드로서는 인간의 행위라는 것이 일관된 역사적 명료성이 전혀 없는 것으로 나타나기 때문에 그 원칙 역시 극적인 부재의 상태로 존재해야 하는 원칙인 것이다. 콘래드 소설의 유기적인 형식들을 분열시키거나 단편적인 것으로 만들기보다는 '동공화시키는' 이 부재의 중심들 속에 그 소설과 이데올로기적 정황과의 제 관계들이 드러난다.

콘래드는 가네트에게 다음과 같이 편지를 썼다. "나의 운명은 묘사적이 되어야 하며, 묘사적인 것일 수밖에 없다는 것은 분명하다. 내가 그냥 '남겨주어야만 하는' 것들이 있다."[49] 이것이 바로 콘래드에게 있어서 중요한 형식의 문제이며, 이는 그의 글쓰기를 규정했던 이데올로기적 기반에 의해 결정된 것이다. 거꾸로 이 형식의 문제가 이데올로기적 기반을 결정하는 것이기도 하다. 왜냐하면 그 형식의 문제라는 것이 이데올로기를 '표현하는' 콘래드의 형식들의 문제라기보다는 그의 문학형식들이 생산할 수밖에 없었던 이데올로기적 모순점들의 문제이기 때문이다. 특징적인 콘래드의 작품은 풍부하게 그리고 구체적으로 표현된 '행위'를 그린 이국풍의 이야기이며, 그 이야기의 여백에 행위 자체의 실체에 관한 회의적인 물음들이 놓여진다. 이야기 혹은 모험담은 행위를 확고하고 전혀 문제가 없는 것으로 '전면에 부각시킨다.' 말하자면 이야기는 역사, 인물, 그리고 객관적 세계의 완벽한 현실성들을 가정하는 것이다. 그러나 이와 동시에 이러한 가정들은 그 이야기를 둘러싸고 있으면서 그 이야기의 개괄적인 윤곽을 방해하고 흐리게 하는 유령과 같은 모호한 의미들에 의해 근본적인 의문 속으로 빠져들어 가게 된다. 만약 이야기가 하나의 모험담으로 축소된다면 그 중요한 의미들은 해체되며, 그리고 그 의미들이 직접적으로 음미될 수 있다면 이야기는 사라질 것이다. 극적 행동과 '형이상학적' 암시를 통합시키는 것은 분위기인데, 이 분위기는 극적 행동이 풍기는 이국적 정서와 형이상학적인 암시가 야기하는 비교적秘教的인 신비감이 조화를 이루는 분위기이다. 그러므로 콘래드는 모험소설이라는 장르를 이용하여 일정한 형식 속에 그 자신의 이데올로기를 '생산해내고 있다.' 모험 이야기는 단순하면서도 확실한 행동의 구체성을 불러일으키며, 그러한 행동의 구체성은 그것을 부식시키려는 부정에 직면하게 된다. 즉 『나르시소스 호의 흑인』이나 『비밀동숙자』*The Secret Sharer*(1912)에서의 배처럼 그 이야기가 존속하기 위해서는 반드시 추방해야 하는 유령이 계속 주변을 떠돌면서 사라지지 않는 것과 같은 것이다. 콘래드에게 있어서 그러한 이야기의 존속은 예술적으로나 이데올로기적으로나 본질적인 것으로 나타난다. 가령 사회적 질서의 최고의 허구가 유지되려면 신념, 일, 의무 등이 회의주의에 굴복해서는 안 되는 것이다. 비관론자인 콘래드가 예술가의 임무는 도덕적 허무주의를 전달하는 것이 아니라 영원히 꺼지지 않는 희망을 소중히 간직하는 것이라고 주장한 것도 바로 이런 이유에서이다.[50] 그러나 그런 희망은 모호한 것이 될 수밖에 없다. 가령 『비밀정보원』의 자연주의적 형식은 물질세계를 심화시키고 물화시킴으로써 그 물질세계의 혁명적인 파괴란 불가능한 일인 것처럼 보이게 한다. 그러나 바로 이러한 심화가 무질서한 미지의 것에 대한 두려움과 어우러져 인물과 대상들에게 어떤 기괴한 신비감을 더해주는 것이다.

만일 그러한 '형이상학적 유물론'이 주어진 것의 자연성을 확인하기 위해 필요한 것이라면, 다른 한편으로 그 '형이상학적 유물론'은 부르주아적 실증주의에 대항하기 위해서 그에 못지않게 필요한 주관성의 영역을 저해한다. 따라서 교착상태에 빠진 냉혹한 세계 속에서 격렬한 변화(위니Winnie), 움직임(버어록Verloc), 영적 비전(스티비Stevie) 등이 비록 신비스러운 방식이긴 하지만 어쩔 수 없이 텍스트 속에 삽입되는 것이다. 스티비의 침묵은 보여줄 수는 있으나 분명하게 기술할 수 없는 '신비적'인 침묵이다. 그리고 텍스트는 자체의 모순들에 관하여 말하는 것이라기보다는 그 모순들을 '나타낸다.' 그 텍스트의 언술을 심연이 둘러싸고 있으며, 그 심연의 가장자리에는 허무주의자인 교수가 계속해서 위치하게 된다. 그런데 그 교수는 절실한 심정에서 자기 자신을 영원성에 의탁하고자 함으로써 텍스트 자체의 생생한 이미지가 되는 것이다. 왜냐하면 『비밀정보원』은 아이러니하게도 그와 같은 끊임없는 '자기 폭발' 과정을 통해서만 텍스트 자체의 진실을 드러낼 수 있기 때문이다. 자신의 모든 주장을 거부하고 '허무로부터'ex nihilo 스스로를 재구성하는 혁명적인 행위에 의해서만 텍스트는 실재를 명료하게 나타낼 수 있지만, 주지하는 바와 같이 이것은 불가능한 일이다. 왜냐하면 텍스트는 이데올로기적 모순성으로 수수께끼처럼 되어버린 언술들을 다루어야 될 운명이기 때문이다. 아니면 소설 자체가 말하듯이 언어의 영원한 불확실성에 자신의 운명을 맡겨야 하기 때문이다. 그러나 그 작품은 스스로가 말할 수 없는 것의 심연 속으로 빠져들어 갈 수 없고, 자신의 주장들이 소급해서 일거에 취소당하도록 내버려둘 수 없으며, 스스로가 말할 것이 전혀 없는 상태로 남아 있을 수도 없다. 만일 『비밀정보원』이 초월적인 것에 관여한다는 점에서 『논리철학소고』*Tractatus Logico-Philosophicus*의 비트겐슈타인Ludwig Wittgenstein을 닮았다면, 그 작품이 궁지에 몰린 거대한 '사냥감'인 사회의 신성화에 관여한다는 점에서는 『철학적 탐구』*Philosophical Investigations*의 비트겐슈타인 역시 모방해야 한다. 따라서 경멸적인 인도주의—무정

부주의자들의 꿈이 바로 이 인도주의가 타락된 형식으로 확대된 것이다—와 동일시되는 가치는 이 세상의 경계 너머로 밀려나게 되며 명료하게 표현될 수 없는 것으로 추방되어야 하는 것이다. 바로 이러한 이유로 인해 모든 것은 예전의 모습 그대로 남아 있는 것처럼 보이며, 텍스트는 어떤 해결책 혹은 더 좋게 말하자면 해결이라는 환상을 제공받게 되는 것이다. 『논리철학소고』의 경우에서처럼 세상은 '사실 그대로의 모든 것'이며, 이런 의미에서 해결을 구할 필요가 없다. '왜냐하면 해결할 것이 아무것도 없는 것처럼 보이기 때문이다.'[51] 궁지에 몰린 사냥감은 어떤 의미에서는 아직 내 손에 잡히지 않은 사냥감이면서 또 다른 의미에서는 완전히 잡은 것이나 다름없다. 다시 말해 세상은 계속 진행 중이며, 이것이 곧 텍스트의 질문이요 대답이다. 가치의 필요성, 그리고 그 가치가 전적으로 공허한 것이라는 인식. 여기에 바로 콘래드가 경험했던 제국주의 이데올로기의 한 구성요소, 즉 그의 구상의 가장 심오한 모순이 드러나고 있는 것이다.

헨리 제임스
(Henry James, 1843−1916)

콘래드의 경우에 유기적 삶이란 역사적으로 비전형의 상황—배의 승무원들, 이상화된 폴란드나 부족공동체—에서만 가능하다. 제임스의 경우에 있어서는 한 걸음 더 나아간다. 그에게 유기적 삶은 이제 본질적인 구조가 없는 세계를 관조적으로 총체화하는 유기적 '의식'의 문제가 되었다. 그리고 그 유기적 의식은 예술에 의해 숭고하게 결정結晶되는 의식이었다. 예술가의 일이란 '항상 이해가 되도록 하는 것', 즉 (경험의) 직접적인 모습들이 아귀가 맞지 않고 뒤죽박죽인 상태로 있으므로 최대한 조화롭게 이해시키는 것이다.[52] 따라서 제임스의 작품은 의식의 밀폐된 공간에서 총체적인 유기적 의미를 건지려는 절박하고도 헌신적인 의도를 보여준다. 다시 말해 그와 같은 '아름답고' 다양하면서도 조화롭게 통합하는 의식의 힘을 통해 현실의 갈등과 분열을 삭히려는 것이다. 물질적 획득을 둘러싼 투쟁의 형태 속에서 갈등은 부富를 낳게 되고, 그 부는 우선적으로 그와 같은 특권적 의식을 가능하게 해주는 것이었다. 그러나 그러한 관조의식을 가진 사람은 그럼으로써 구체적 역사와 유리되어 자신이 총체화하려는 것으로부터 추방된다. 다시 말해 '안다'는 것(중요한 제임스적 용어)은 숭고한 초월이자 무력한 소극적 태도인 것이다. 『여인의 초상』*The Portrait of a Lady*(1881)의 랠프 터치트Ralph Touchett, 『워싱턴 광장』*Washington Square*(1881)의 슬로퍼 박사, 『미숙한 사춘기』*The Awkward Age*(1899)의 밴더뱅크나 『성스러운 샘물』*The Sacred Fount*(1901)의 이름 없는 화자 등이 내보이는 의식은 직면하는 사회적 현실을 민감하게 포용하면서도 바로 그 세계로부터 느긋하게 유리되어 있기 때문에 사적이고 주변적인 것이 된다. 이런 점에서 『메이지가 안 사실』*What Masie Knew*(1897)에서 그러한 의식을 가진 사람이 한 어린아이라는 점은 우연한 일이 아니다. 총체화란 본래 현실로부터의 그러한 거리를 포함하고 있기 때문에 경험을 변형시켜 한 예술품의 통합적인 명료성으로 이르게 하는 단 하나의 비밀스러운 원리를 찾기 위해 경험의 세계를 짓밟아 버리는 (『성스러운 샘물』의 화자나 『나사의 회전』*The Turn of the Screw*의 여자 가정교사처럼) 그런 파멸적인 왜곡의 위험이 항상 존재하게 된다.

그러나 안다는 것의 무력한 소극성은 일종의 미덕으로 바뀔 수도 있다. 『여인의 초상』에서 이사벨 아처Isabel Archer나 『비둘기의 날개』*The Wings of the Dove*(1902)의 밀리 틸Milly Theale과 같은 특별한 사람들은 자신들을 위해서 무엇인가를 획득하고자 하는 것을 거부하는, 즉 자신들의 이익을 영웅적으로 포기하는 행위를 통해 다른 사람들이 내보이는 소유욕 강한 개인주의에 대해 정신적인 승리를 거둔다. 다시 말해 그들은 자신들의 초월적 제스처에 근거를 부여하는 물질적 부富의 혜택을 받은 사람들로 물질적 혜택을 누리지 못하는 사람들에 대해 승리하는 것이다. 존 구드John Goode가 지적했듯이 후기의 제임스에 있어서 그러한 초월적 제스처의 근거가 되는 것은 미국 기업의 막대한 부이다. 막대한 재산은 그 수혜자로 하여금 '너무 돈이 많아 이제 돈에 대해 더 이상 생각하지 않아도 된다'[53]는 것을 가능케 해준다. 실제로 이것이 제임스적 정신의 소극성에 담긴 역사적 비밀이다. 여기서 소극성이란 의식과 그 의식이 망각하고 있는 억압된 경제적 기반 사이에 벌어진 심연, 말하자면 의식 그 자체 내에 재정적 압박으로부터 완전히 벗어난 것으로 각인된 심연이다. 제임스 소설의 진정한 역사적 결정요소가 가장 선명하게 드러나는 곳이 바로 이 어두운 심연이다. 그러나 밀리 틸이나 『황금 주발』*The Golden Bowl*(1904)의 매기 비버Maggie Vehver와 같은 인물에 있어서는 제임스의 세계에 만연되어 있는 그 소유중심의 개인주의로부터의 고귀한 이탈이 하나의 '적극적'인 부정으로 전환된다. 왜냐하면 이러한 인물들이 성자와 같은 태도로 물질적으로 간섭하고 개입하기를 거부함으로써 왜곡된 소유관계를 바로잡고, 무소유를 타인들을 정신적으로 소유하는 양식으로 바꾸어 놓으면서 자신을 둘러싼 환경에 영향을 미칠 수 있었던 것이 바로 그들이 지니고 있었던 무언의 자기 희생과 고통스러운 수동성이기 때문이다.

그러나 막대한 부가 지닌 침투적이고 변형적인 힘에 의해 생겨난 이러한 마술 같은 '조합적' 의식은 근본적으로 모호한 것이다. 그런 의식이 한편으로는 역사적으로 보다 '조악한' 형태의 부르주아적 개인주의를 숭고하게 초월하는 것으로 볼 수 있지만, 다른 한편으로는 그러한 양식을 신비화하여 숭고화시킨 것, 즉 잘 다듬어진 '공평무사한' 의식이라는 정신적 영역으로 승화된 지배적 개인주의로도 해석될 수 있기 때문이다. 이것이 제임스 소설에서 나타나고 있는 구조적 모호성의 이데올로기적 바탕이다. 따라서 『나사의 회전』의 여자 가정교사, 『포인튼의 전리품』*The Spoils of Poyton*(1897)의 플레다 벳츠Fleda Vetch, 『메이지가 안 사실』의 매이지 패렁Masie Farange, 『미숙한 사춘기』의 브루켄햄 부인Mrs. Brookenham, 밀리 틸, 매기 비버 등의 인물들을 개화된 의식을 지닌 전형적인 인물 혹은 소유욕을 지닌 개인주의자 등으로 계속해서 '두 가지로 해석' 하는 것이 가능한 것이다.

부르주아 계급의 물질적 체제를 끊임없이 억압하면서도 그것에 기생할 수밖에 없는 제임스의 정신적 귀족들의 모순점들은 제임스 자신의 부르주아 사회와의 모순된 유착양식에 의해 다중규정된다. 제임스의 조부는 수많은 자손들에게 완전히 독립해서 '상업'을 하기에 충분한 막대한 재산을 남긴 부유한 사업가였다. 이 독립성은 제임스 부친이 지니고 있던 성향, 즉 미국의 '물질주의'에 대한 이상주의적 혐오, 아들들에게 열심히 일하지 않고서도 살만한 재원을 마련해 주려는 소망, 그리고 스베덴보리Swedenborg의 신비설[역주74]을 신봉한 철학적 경력 등에서 대략 윤곽이 드러난다. 그런 결과로 제임스는 그를 둘러싸고 있는 의미 있는 역사로부터 유리되어 있었다. 그는 자기 가문이 '일만이 존중되는'[54] 사회로부터 '공통적으로 단절되어 있음'을 이야기하고, 『반사경』*The Reverberator*의 서문에서는 상업의 '신비'를 예술적으로 다룰 능력이 없음을 스스로 고백한 바 있다. 뉴욕 출신의 집안이 보스톤에서는 '외지인'이라는 상황에 의하여 더욱 심화된 미국 내에서의 국내 망명자라는 그의 위치는 영국으로의 그의 문학적 해외 망명 관계 속에 재현된다. 제임스는 날조된, 비유기적이고 전통도 없는 '거대한 산만함'의 미국에서 '세련된 문명'의 영국으로 도피하게 되는데, 영국의 '예의, 관습, 관례, 형식'[55] 등은 그의 예술을 키우는 성숙한 토양을 제공한다. 따라서 제임스와 영국 사회와의 관계는 기생적이며(그도 '영국의 삶을 먹고 살고 싶다고' 하였다) 관찰자적인 관계가 되었다. 그의 보수적 망명 동료인 조셉 콘래드처럼 제임스도 귀화한 모국에 대한 강한 이데올로기적 헌신을 내보이지만, 그 나라의 역사로부터는 아이러니하게도 관조적으로 유리된 태도를 내보일 수밖에 없다. 1885년 그레이스 노턴Grace Norton에게 쓴 글에서 그는 "감당하기에 너무 벅찬 세력들과 맞서 싸우는 이 위태위태하고 인공적인 제국의 모습을 지켜보는 것보다 더 감동적이고 스릴 있으며 극적인 것을 상상할 수가 없다"고 선언하였다. 만약 영국이 무너져 굴복하지 않고 아일랜드 민족주의와의 싸움을 계속할 수 있다면 가까이 잘 보이는 곳에서 "그 극적인 사건을 지켜보는 것은 그만한 가치가 있을 것"[56]이라는 것이다. (그러나 그는 그렇게 '야만스럽게 정치적'이 되려는 것은 아니라고 조심스럽게 덧붙인다). 1년 뒤 그는 형에게 편지를 써 실업자들이 피카딜리에서 벌인 '시위광경을 보지 못한 데 대해' 속상하다고 쓰고 있다. 만일 그가 집에만 있었더라도 발코니에서 잘 볼 수 있었다는 것이다.

콘래드처럼 제임스의 해외 거주도 어떤 '계층'이나 '민족'상황의 표명이라기보다는 이데올로기적 관계의 객관적 정형을 드러낸다고 할 수 있다. 국외 이주라는 역사적 '사실'은 이데올로기적으로는 모국에서 자신을 그 나라의 국민으로 만든 이데올로기적 요소가 본토(영국) 이데올로기로 개인적으로 편입되어 들어간 양식과 중첩되어 나타난 '결과'이다. 또한 콘래드처럼 제임스의 소설은 단순히 이런 이데올로기적 결합을 반영하고 있는 소설이라고 할 수 없다. 왜냐하면 제임스는 (콘래드처럼) 다른 역사적 문제들 중에서도 19세기 리얼리즘 위기의 한 측면—문학적 의미의 문제 자체가 문학생산의 결정적 구조로 되는 위기—을 대표하는 이름에 불과하기 때문이다. '앎'의 문제는 확실히 해외 이주자로서 제임스의 위치와 관계가 있다. 그러나 이 위치는 '리얼리즘' 이데올로기 그 자체가 제기한 문제가 특수하게 중첩되어 나타난 것에 불과할 뿐이다. 왜냐하면 리얼리즘이란, 자유주의적 휴머니즘의 변종에서도 마찬가지이지만, 정확한 도덕적 판단이 가능한 특권적 인식론적 관점을 전제로 하기 때문이다. 이 인식론적 관점은 세련되고 투명한 지성으로 그 너머에는 아무것도 없으며, 리얼리즘 언술의 한계 너머로부터의 어떠한 비평적 시선도 변화시킬 수 없는 지성이다. 그러나 이러한 언술이 텍스트 내에서 엄밀한 조사의 대상으로 삼는 것이 바로 정확한 도덕적 판단의 어려움이다. 그리고 그렇게 정확한 도덕적 판단을 내리는 것이 어렵기 때문에 어쩔 수 없이 자신의 전지全知함을 그럴듯하게 지지해 주는 것으로 눈을 돌릴 수밖에 없는 것이다. 이러한 지지를 무無로 돌리지 않고 어떻게 해내는가 하는 것이 후기의 제임스가 점차 직면했던 문제—문학이 스스로에게 하는 언술을 단순히 같은 말을 반복하는 것으로 전락하지 않고 어떻게 우회시킬 것인가 하는 문제—이다. 후기 소설에서 보이는 우회적으로 연달아 내리치는 구문은 매 순간 그 글이 의미하는 것에 의해 집어삼켜질 위험에서 텍스트의 의식의 통일성을 보존하려고 애를 쓴 결과다. 특권적 의식은 지켜져야 한다. 그러나 명백히 드러난 지식을 넘어서는 글 읽기를 넌지시 자극하고 의미를 소비하기보다는 의미를 구성해 가는 독자를 가정하면서 그 의식이 지닌 어두운 한계는 수용해야 하는 것이다. 그러나 이 모든 것은 이를테면 고전적 리얼리즘의 형식을 등에 업고 계속되어야 한다. 고전적 리얼리즘의 형식과 그 형식이 만들어내고 배설하는 이데올로기적 가치들은 관조적 자아의 안정성에 노골적으로 의문을 제시하는 문학적 장치에 의해 '파열되어서는' 안 된다. 왜냐하면 그 형식 아래에 주체의 이데올로기가, 그리고 그 주체의 이데올로기 아래에 사회구성체의 이데올로기가 놓여 있기 때문이다. 그리고 그 영역들은 가장 정교한 비판적 지성도 뚫고 들어가지 못할 영역들인 것이다.

그러나 영국의 사회구성체는 결국 제임스에게 어떤 구원이 될 유기적 영지를 주지 못했다. 비록 20년이나 전문가로 지배계층의 집안 파티에 초대받는 손님이었지만 그는 영국민의 삶이 천박하게 물질적임을 알았고, 상류계층의 상황이 혁명 전의 프랑스 귀족계급처럼 썩어문드러졌다고 생각했다.[57] 예술 이외에는 유기적 의식이 있을 곳이 없었으며, 예술만이 섬세하게 묘사하는 형식으로 복잡하게 뒤엉켜 무한히 뻗어나가는 경험적 관계를 규정하면서 그 경계를 그려낼 수 있었다.[58] 제임스의 후기 작품은 뜻하지 않게 발생하는 우연의 사건들을 의식의 변형구조 속에 끊임없이 흡수함으로써, 그리고 이 목적을 위해 잠재웠던 다양한 이질적인 소재들에 의해 끊임없이 해체의 위협을 받는 구문의 복잡한 연결을 전개시키면서 그 물질적 실존을 구원하고 정화하려는 놀라운 시도를 보여준다. "(스트레더Strether의) 전체 에피소드의 모든 가치는 [『대사들』*The Ambassadors*(1903)에서] 바로 '안다는 것'이 그런 가치의 결과였다는 사실"이라고 제임스는 쓰고 있다.[59] '안다는 것'—의식 그 자체—은 최상의 비매품이며, 그렇기에 제임스에게는 최상의 가치이다. 그러나 상품이 아무런 도전도 받지 않고 지배하는 사회에서 앎이란 또한 부재, 실패, 부정이라 할 수 있다. '앎'을 통해 세상이 수용되기도 하지만 바로 그 앎 때문에 세상을 잃어버릴 수도 있다. 이것이 결국에는 헨리 제임스조차도 초월할 수 없었던 모순이었던 것이다.

T. S. 엘리엇

(Thomas Stearms Eliot, 1888–1965)

미국인으로서 보수적인 국외 이주자였던 헨리 제임스의 뒤를 이은 사람은 성聖 루이스St. Louis 가家의 아들인 T. S. 엘리엇이었다. 엘리엇 가家가 지니고 있었던 사회적 · 지적 헤게모니는 성聖 루이스 가의 부패하고 권위주의적인 체제—엘리엇 가문이 명백히 연루되었던 타락—의 폭로로 금세기 초에 상당히 큰 타격을 받았다.[60] 제임스처럼 산업자본주의의 미국에 의해 정신적으로 폐적廢嫡당하고, 나중에 버지니아 주의 우파적 신농지개혁 운동과 같은 현상에서만 그가 소중히 여겼던 '혈통', 교양, 그리고 '유기적'인 지방주의를 발견할 수 있었던 엘리엇은 유럽의 문화적 전통들이 지닌 유기적인 통일성을 재정의하고, 문화적으로는 변방에 불과한 영국을 유럽의 총체성 속에 다시 편입시키려는 역사적 사명을 띠고 유럽으로 왔다. 실제로 그는 그 자신이 '유럽 정신'European mind이 지니고 있는 유기적 의식, 즉 그 정신의 토양에서 자란 모든 예술가들에게 신비스러울 정도로 복합적이지만 동시적으로 내재되어 있는 분열되지 않은 풍요로운 총체성의 중심이 되었다. 이데올로기적으로는 이제 다 소진해 버린 자유주의적 휴머니즘과 후기 낭만주의라는 빛바랜 형식에 아직까지 사로잡혀 있던 영국의 문화는 '민권주의'Whiggism(청교도정신, 자유주의, 낭만주의, 휴머니즘)의 마지막 흔적들을 일소해 버리는 고전주의로 근본적으로 재구성되어야 할 운명이었다. 그리고 그것은 '개성'이 질서, 이성, 권위 그리고 전통에 굴복해야 한다는 좀 더 고상하고 조합적인 이데올로기적 구성체의 기치 아래 이루어져야 했다.

영국 이데올로기의 미학적 영역에서 엘리엇이 수행해야 했던 역사적 과업인 전반적인 파괴와 재건작업은 그 분야에 대해서 특권적이고 관조적인 유리한 입장을 견지할 수 있었던 귀화인으로서 그가 역사적으로 특별히 잘 수행할 수 있었던 참으로 적합한 일이었다. 그는 뉴잉글랜드인으로서 그 분야를 '권위 있게' 판단할 만큼 충분히 내부적인 인물이었으며, 한편으로는 그 분야의 편협한 한계점들을 밝힐 수 있을 정도로 '유럽'의 미국인으로서 충분히 외부적인 인물이었다. 자신의 역할에 대한 엘리엇 자신의 다음과 같은 묘사는 짐짓 태평스럽게 생각나는 대로 쓴 것 같은 인상을 풍긴다. "때때로 백 년 정도마다 비평가는 기존의 문학을 재평가하고 시인들과 시를 새로운 질서 속에 자리매김하는 것이 바람직하다. 이 일은 혁명적인 것이 아니라 재조정의 일이다."[61] 이 말은 그래함 마틴Graham Martin이 정확하게 표현했던 다음과 같은 말, 즉 "금세기가 배출할 수 있었던 문화적 제국주의의 가장 야심적인 업적"[62]이란 말을 다소 겸손하고 온건하게 표현한 말인 듯 보인다. 그러나 그의 말에서 엿볼 수 있는 온건하고 안정적인, 그리고 진화적인 어세는 그의 기획의 중요한 일면을 보여준다. 세계 제국주의의 위기와 극심한 경제공황, 점점 더 강화되는 노동자 계급의 투쟁정신에 직면한 영국 사회, 그러니까 엘리엇이 시인과 비평가로서 활동을 시작하는 초기의 영국 사회는 엘리엇의 문학적 고전주의가 극명하게 표현했던 가치들을 이데올로기적인 면에서 절실하게 필요로 하고 있었다. 그러나 그 고전주의의 이데올로기적 힘은 경험주의적이고 역사주의적인 성격의 정적이고 합리주의적인 형식들을 거부하는 데서 그 효력을 발휘할 수 있었다. 실제로 낭만주의 전통이 지닌 진화론적 유기체들과 모순적으로 결합되는 또 하나의 고전주의의 발아에 그 이데올로기적 효력이 있었던 것이다. 엘리엇의 '전통'tradition은 공간과 시간 속에서 확장되고 현재에 의해서 끊임없이 재조직되는 불안정한, 자기 변형의 유기체론이다. 그러나 이 과격한 역사주의적 상대론은 절대적인 고전주의의 권위를 부여받는다. 사실상 엘리엇이 한 일은 각 문학작품을 유기적이고 몰개성적이며 자율적인 것으로 보는 후기 낭만주의(상징주의)의 미학을 채택하여 권위주의적인 문화의 이데올로기 속에 투영시킨 것이었다.[63]

낭만주의의 유기론적인 용어로 자신의 고전주의적 원리를 형성함으로써 엘리엇은 이상주의적 총체성과 그 이상주의적 총체성의 또 다른 측면인 감각적 경험주의를 결합시킬 수 있었다. 정녕 이데올로기의 미학적 영역이 효과적으로 재형성되려면 시적 언어는 그 촉수들을 집단무의식의 원형적 구조에 깊숙이 뿌리박으면서 소란스럽고 파편적인 동시대 경험의 성격을 잘 포착하여 철저히 파헤쳐야 한다. 그럼으로써 시는 전반적인 이데올로기적 정서의 범례를 제공하는 것이다. 엘리엇의 유기적인 사회에 대한 이상이 바로 그와 같은 범례의 하나로, 섬세한 의식을 갖춘 엘리트가 정신에 개입하기보다는 신경조직에 침투함으로써 자신의 가치들을 리듬, 습관, 공명을 통하여 전반적으로 의식적이지 못한 대중에게 전달해 주어야 한다는 것이다.[64] 바로 여기에서 학문적이고 비의적秘儀的인 엘리엇의 급진적인 반지성주의가 나타난다. 즉 추상적인 이념들에 대한 성마른 불신, 시적 변형을 통해 사상을 감각경험으로 바꾸어야 한다는 주장, 음악으로서의 시에 심취한 상징주의자들처럼 개념을 '포함하는' 것으로서의 뚜렷하고 정확한 이미지에 관한 이미지즘적인 주장 등이 그것이다.

그러나 엘리엇의 유기적 질서로서의 예술에 대한 관심과 시적 언어의 감각적인 모사적 특성에 관한 주장 사이에는 모순이 잠재해 있다. 질서와 몰개성이라는 가치를 내세운 『전통과 개인의 재능』*Tradition and the Individual Talent*(1917)의 위풍당당한 대가인 엘리엇은 또한 운명적인 감정들과 불연속적인 대상들로 이루어진 불안정한 주관적 우주를 표현하고 있는 『J. 알프레드 프루프록의 연가』*The Love Song of J. Alfred Prufrock*(1917)의 시인이기도 하다. 엘리엇은 이러한 모순을 형이상학파 시인들에 의지함으로써 극복하고자 하였다. 왜냐하면 형이상학파 시인의 한 사람인 존 던John Donne[역주75]이 17세기의 대변혁과도 같은 세속주의적 분열로의 타락—왕권주의의 패배, 청교도인들의 이민(섬머싯Somerset에서 이주한 엘리엇 가를 포함하여), 영국 국교도의 가톨릭 신앙의 쇠퇴, 과학적 합리주의의 대두, 밀턴의 언어적인 혼란, 방황하는 자아에 대한 낭만주의적 예찬으로의 급격한 경도—이전에 마음과 육체, 감각과 지성의 유기적 일관성을 유지하려고 노력하던 최후의 '긴장되고 뒤틀린' 역사적 시기를 대표하던 시인이었기 때문이었다. 던은 실제로 분열된 경험에서 유기적인 전체를 창조했으며, 이것이 또한 아마 엘리엇이 『황무지』*The Waste Land*(1922)에서 의도한 바일 것이다. 그러나 『황무지』의 '형식'은 '내용'과 상반된다. 즉 『황무지』의 단편적인 내용은 문화적 분열의 경험을 냉담하게 모방하는 반면에 그 내용을 총체화하려는 신화적 형식들은 은밀하게 그러한 분열의 초월을 암시한다. 따라서 그 시는 이러한 분열에 대한 언어상의 공모와 분열을 넘어 이상적 질서를 세우려는 비의적 암시들로 인해 불투명해질 수밖에 없다.

이러한 미학적 불일치 속에서 우리는 『황무지』가 기록하는 유럽 부르주아 사회의 위기에 대한 엘리엇 자신의 애매모호한 관계를 추적할 수 있다. 실제로 엘리엇이 그 시와 어떠한 관계에 있느냐 하는 물음은 그와 그가 선택한 사회 사이에 어떠한 관계가 있느냐 하는 물음이 된다. 무엇보다도 문화의 유기적인 통합을 꿈꾸는 귀족적인 미국의 귀화인으로서 엘리엇은 그의 이상주의로 인해 그가 직면했던 위기의 역사적 현실로부터 부분적으로 분리되었다. 그러나 초기 작품에서 드러난 세계주의적 '전위'시인으로서의 엘리엇은 또한 엘리트 문화의 조건을 '정신적으로' 위협은 하면서도 실제적으로는 보장해 주는 그런 경제체제를 필연적으로 떠받쳐 주고 있던 로이드 은행의 근면한 사원이기도 했다. 『황무지』를 생산한 이데올로기가 가장 현저하게 나타나는 곳은 바로 『황무지』의 '내용'과 '형식' 사이의 텅 빈 공간, 즉 우주적 초연과 세속적인 공모 사이의 공허한 공간인 것이다.

황무지는 이데올로기에 의해 생산되면서도 또한 하나의 이데올로기를 생산한다. 그것은 '문화적 분열'의 이데올로기가 아니라 '문화적 지식'의 이데올로기이다. 실제로 그 시가 의미하고 있는 것은 '유럽의 부패'나 풍요 의식이 아니라, 그 시 자체의 비의적 암시들의 정교한 전개—그러한 신비적 혹은 파노라마적 모티브들에 의해 '이루어진' 전개—인 것이다. 무대 뒤의 알 수 없는 제스처처럼 이해할 수 없을 정도까지 되어버린 시의 '의미'에 접근하는 독자는 그 '의미'를 알지 못하면서도 이미 '의미'를 소유하고 있는 것이 된다. 문화들은 붕괴하지만 또 살아남는다. 이것의 형식이 『황무지』이다. 이것이 실존이라는 수치스러운 사실에 새겨진 텍스트의 이데올로기적 제스처이다. 바로 이러한 의미에서 그 시의 기표작용을 하는 약호들은 기의와 어긋나는 것이다. 왜냐하면 역사가 불모지대라면 문학작품은 존재할 수 없으며, 작품이 존재한다면 그것은 그 내용에 대한 암묵적인 거부로서만 존재하는 것이기 때문이다. 『황무지』의 자기파기적인 지위는 기원에 관한 이데올로기적 수수께끼—즉 역사가 쓸모없고 고갈되었다면 문화는 과연 어디에서 창출되는가 하는 의문—의 지표가 되며, 그러한 수수께끼에는 구체적인 대답이 존재하지 않는다. 이 수수께끼는 다음과 같이 말할 수도 있다. 즉 시적인 기호들이 감각적인 경험으로 채워지는 것에 의해서만 이데올로기적인 힘을 갖는다면 그 기호들은 이데올로기적으로 핵심적인 역할, 즉 자신들이 나타내는 경험을 '비평하는' 임무를 어떻게 수행할 수 있을까? 또한 이 똑같은 질문을 가령 이런 식으로 다르게 표현할 수도 있다. 경험의 영역 '내부'의 어디에 그 경험을 구원하는 데 필요한 언술(문화, 이데올로기)의 원천이 존재하는가? 그러나 그 언술의 근원은 경험의 영역 내에 있을 수 없다. 왜냐하면 그럴 경우 그것은 그러한 언술들의 초월적 지위를 박탈하는 것이 될 것이기 때문이다. 그렇다고 경험의 영역 밖에 존재할 수도 없다. 그럴 경우 언술들의 경험적 요소들을 박탈하여 방관자 티레시아스Tiresias역주76만큼 무능력하게 만들 것이기 때문이다. 따라서 궁정적인 가치가 시의 내부 혹은 외부에도 있지 않다면 그 가치는 텍스트 자체의 한계—즉 텍스트의 형식을 부여하는 한계—내에 존재해야 한다. 그것은 표현할 수는 없으나 보여줄 수 있는 한계 내에, 즉 시 자체의 '사실'에 있는 것이다. 그 시의 '사실'은 유기적인 종결에 대한 유혹을 거부하면서 언술과 언술을 연결시키는 일련의 '진보적'인 장치들에 의해 구성된다. 그리고 텍스트의 기호를 부분적으로 용해하여 파편적인 상황으로 해체시키는 것, 즉 '총체화'의 조망을 거부하는 듯한 태도는 텍스트의 이데올로기적 정서이다. 그러나 이러한 부분적인 해체가 문학기호의 '자연화'는 아니다. 오히려 그 시는 '명확하게 표현된' 언술 속에서 스스로가 철저하게 잘 구성된 텍스트임을 내세운다. 그러면서 어떤 '재현적' 독서를 유도하면서 동시에 그 텍스트가 노출시킨 생산 메커니즘으로 그런 독서를 전복시키는 것이다. 그러나 이러한 전복은 단지 현상적인 것으로 그치고 만다. 왜냐하면 분열되고 중심에서 이탈된 시의 배후에는 그 시를 구성하는 폐쇄되고, 일관성 있고, 권위 있는 신화의 언술에 다름 아닌 또 하나의 텍스트가 있기 때문이다. 엘리엇 자신의 은유적 표현을 사용하자면, 이러한 현상적인 텍스트는 단순히 도둑이 도둑질을 하는 동안 집 지키는 개를 따돌리는 고깃덩어리에 지나지 않을 뿐이다. 텍스트의 이데올로기는 이 두 가지 언술들 사이의 간격 속에—'현상적'인 텍스트가 그 텍스트를 지탱해 주는 은밀한 일관성을 '보여줄 수'는 있으나 언급할 수는 없다는 사실 속에—놓여 있다. 만약에 이러한 일관성이 직접적으로 표현된다면 오직 간접성에 의해서만 얻어지는 이데올로기적 영향력은 상실되고 만다. 그렇지만 중요한 것은 이러한 영향력이 현상적인 효과 전반으로 확산되어서는 안 된다는 것이다. '숨어 있는' 텍스트가 시의 결미에서 천둥소리로 전달되는 비의적인 명령을 딱 한 번 말하는 것은 바로 이러한 이유 때문이다. 화자는 엘리엇도, 등장인물도, '현상적'인 텍스트도 아니며, 오로지 모든 것의 근본이 되는 익명화된 절대자만이 화자가 된다. 천둥이 말하는 것은 은둔적 · 금욕적 지혜이며, 그 지혜의 이데올로기적 함의含意는 그 시 자체의 '진보적'이고 탐구적인 형식, 그리고 인쇄를 의식하는 형식들과 상반된다. 그러나 『황무지』의 이데올로기가 내재하고 있는 곳은 바로 이와 같은 '진보적인 형식'과 '반동적인 내용'의 결합이다. 이 두 요소들은 어떤 '엘리트주의'에 의해 통합된다. 말하자면 어떤 문학 동인들의 '전위적'인 실험이 소수 지배계층의 보수적인 가치들과 조화를 이루게 되는 것과 같다. 그러한 전위적인 실험의 목적이 바로 보수적 가치들을 '순서 있게 정돈하는 것'이지만 결과는 천둥의 위풍당당한 엄명들이 공허한 울림으로 드러나는 것처럼 가치의 효율성을 검토하는 것에 지나지 않는 것이다.

엘리엇이 일찍부터 직접경험의 비연관적 통합이라는 브래들리F. H. Bradley의 신헤겔주의를 신봉한 것은 브래들리의 견해가 유기적인 총체성을 추구하려는 그의 노력에 부분적인 해결책을 제공했기 때문이었다. 그러나 경험들의 관계 속으로 자아를 해체시키는 브래들리식의 철학은 엘리엇에게 있어서도 이데올로기상의 적이었던 청교도적인 개인주의에 대응하는 것이면서도, 바로 그런 이유로 엘리엇에게 국외이주자로서의 뿌리가 뽑힌 분열된 정체성에 대한 의식을 확인시켜 줄 뿐이었다. 마찬가지로 비록 브래들리에 있어서의 직접체험의 통합이 초기의 엘리엇이 갈구했던 절대자의 초이성적 통합을 예시하는 것이기는 하나 실제에 있어서는 모든 관점들이 그런 신조에 의해 전체적 상대주의로 귀결되는 결과를 낳고 말았다. 엘리엇의 '전통'은 브래들리가 헤겔을 탈역사화했듯이 브래들리의 유기체론을 '역사화'시킨 것이다. 그러나 그렇게 함으로써 그의 '전통'은 현실 역사를 모든 시간은 영원히 현재이기 때문에 되찾을 수 없다는 식의 자기 진화의 이상주의적 전체로 바꾸어 놓으면서 밀폐된 상호 주관적인 회로로부터 도피하기보다는 그것을 확장시키고 있다. 브래들리가 제시한 순수한 현상학적 총체성은 이데올로기적으로 불충분한 것이었다. 따라서 엘리엇은 그것을 넘어 그러한 유기체론에 사회적인 위치를 제공하는 왕당파 영국 국교의 보수주의로 옮겨간다. 이상적으로 볼 때는 그럴 수 있다. 그러나 실제에 있어서 경건한 대중과 엘리트 성직자들을 유기적으로 혼합시키는 위계적인 기독교 질서에 대한 그의 향수에 어린 감상적 환상은 콘래드가 상인들의 규약을 낭만화한 것만큼이나 역사적으로 볼 때는 구태의연한 것이었다. '정신적' 온전함은 그것에 걸맞은 사회적 등가물을 찾아야만 하지만 그러는 가운데 오히려 자신의 사회적인 무력함만 들추어냈을 뿐이다. 『네 개의 사중주들』은 무가치한 현상세계를 초월하는 정신적 총체성을 제공하면서 어쩔 수 없이 그 총체성에 애매한 의미를 부여해야 했다. 이것이 바로 엘리엇 후기 드라마의 형식적 구조를 형이상학과 객실 코미디의 일치되지 않는 엇갈림과 대위법으로 어지럽게 만든 하나의 모순이었다. 엘리엇은 콘래드와 제임스를 넘어 기독교라는 구체적 사회제도 안에 유기적 이상을 설정하는 차원으로 '발전한다.'[65] 그가 더 이상 전진할 수 없었다면 그것은 그의 해결책이 바로 문제의 한 부분이었기 때문이다.

W. B. 예이츠
(William Butler Yeats, 1865-1939)

영국에서 엘리엇, 파운드, T. E. 흄 그리고 이미지즘의 시인들이 낭만주의적 개인주의라는 쇠퇴해 가는 자원으로부터 고전주의적 혹은 상징주의적인 몰개성의 형식들로 눈을 돌리는 동안 예이츠는 아일랜드에서 켈트족의 신화와 초기 영국 낭만주의의 유산으로 되돌아가 나름의 문학양식, 열정, 개성으로 점점 확대되어 가고 있는 아일랜드의 부르주아 세계, 즉 '혈안이 된 장사꾼들과 환전상들'에 대항하게 된다. 영국에서는 낭만주의적 개인주의가 장기간 유지되어 온 부르주아 계급의 이데올로기적 구성요소였지만 제국주의의 종속국가였던 아일랜드에서는 아직 발생단계에 있었다. 따라서 예이츠는 부르주아 헤게모니에 대항하여 투쟁하는 가운데 영국의 부르주아 사회에서는 오래 전에 소멸된 '귀족적' 낭만주의의 소재들—앵글로 아이리쉬 지배권의 이상화된 귀족 정신과 의식적儀式的인 계보—에 손을 뻗쳐야만 했다.

그러나 예이츠와 그 유산과의 관계, 그리고 그 유산을 통해 전체 아일랜드 사회와 맺었던 관계는 상당히 모순적이었다. 그는 출생신분으로 보아 지배력을 행사할 수 있는 계급이 아니라 프로테스탄트 부르주아 계급에 속했다. 따라서 그는 아일랜드 사회 내에서 이중적으로 배제된 셈이었다. 즉 예이츠는 자신이 동질감을 느끼던 지배권 계급에서, 그리고 그가 시적 신화작가가 되어 지지하고 싶었던 가톨릭 민족주의 운동에서 동시에 벗어나 있던 셈이었다. 1890년대의 민족주의 운동 가운데 문화분야의 지도자였던 예이츠는 민족주의 운동의 대중적인 사회기반을 형성했던 바로 그 가톨릭 부르주아 계급으로부터 물러나 있었다. 그리고 조직적인 불매운동을 벌여 경제권을 프로테스탄트로부터 서서히 부각되고 있던 가톨릭 부르주아 계급으로 이양시키고자 하는 전략을 내세웠던 소작인 동맹Land League(1879–1881)은 예이츠 자신이 속했던 계급과 그가 정신적으로 속해 있었던 지배권 계층 모두의 영향력을 약화시켰다. 따라서 예이츠는 소작인 동맹의 토지소요 전략을 거절함으로써 영국 제국주의에 항거하는 매우 효과적인 무기들 중 하나를 거부했던 존 올리어리John O'Leary의 아일랜드 공화국 형제단인 페니언 결사단체Fenian Brotherhood역주77의 낭만주의적 민족주의 운동에 참여했다. 예이츠의 문화적 구상은 청년 아일랜드당의 시운동에서 보인 진부한 애국적 표현을 귀족적 낭만주의와 전통적인 신화에 의해 육성된 보다 풍부한 민족주의 여망의 상징체계로 대치하려는 것이었다. 그러나 대중들을 지도하는 능동적 역할을 수행하지 못했던 앵글로 아이리쉬 지배층에 예이츠가 관여했다는 사실은 그를 민족주의 운동의 현실 역사, 그리고 그 운동의 기반과 모순되는 관계 속에 빠트렸다. 즉 파넬Parnell 사건역주78으로 인해 잠정적으로 분산된 정치적 에너지를 전이시켜 유용하려는 그의 문화적 민족주의는 민족주의 정책의 현실과 깊은 갈등관계—예이츠에 있어서 아일랜드의 영원한 미의 상징이자 원한에 찬 정치선동가인 모드 곤Maud Gonne에 시적으로 집중된 갈등—에 빠졌다. 『1916년의 부활절』*Easter 1916*에서의 모순어법적인 이중 환상은 그 봉기의 낭만주의적 영웅주의를 지도자들이 지닌 경멸적인 이데올로기 및 사회계급과 조화시키려는 예이츠의 어려움을 아주 적절하게 드러내고 있다.

자신이 사회적으로 폐적당했다고 느끼는 예이츠의 의식은 그의 시적 성숙과정을 촉진시켰으며, 따라서 20세기 초의 그의 시는 최면성의 환상으로부터 처절하고 반항적인 환멸에서 비롯된 노골적이고 억센 형식들로 바뀌었다. 역사적 모순점들이 첨예화됨에 따라 세기말의 퇴폐적인 무력감이 호전적인 웅장한 문체로 변형되었으며, 사회에서 점점 고립되어 가던 예이츠는 공격적인 시적 실천주의라는 하나의 보상 이데올로기 속으로 빠져들어 가지 않을 수 없었다. 이에 따라 낭만주의적 개성을 몰개성적이고 사회적으로 전형적인 형식 속에 투영하는 시적 마스크 이론이 발전되었다. 마스크는 정신적인 면에서 이질적인 한 사회 내에서 시인을 보호해 줄 뿐만 아니라, 그 이질의 사회가 파괴시킨 개인적 정체성과 사회적 기능 간의 유기적인 통합을 수행했다. 예이츠 역시 마찬가지로 그의 귀족적인 가치들이 부르주아 속물근성에 의해 매우 경멸적으로 비판받고 있던 바로 그 시점에서 그의 시를 일반 대중들의 표현에 더욱 가깝게 접근시켰으며, 그런 과정 속에서 초기 낭만주의의 결정적인 모순—시인이 역사적으로 주변적인 역할밖에 수행할 수 없는 그런 시점에서 자신이 중심적이고 '대표적'인 위치에 있음을 주장해야 할 필요성—을 재현했다.

불온한 개인주의를 역사적으로 '대표적인' 용어로 중재하려는 노력 속에서 예이츠가 되돌아간 곳은 바로 영국의 초기 낭만주의였다. '(그의) 사상을 통일체 속에 주입시키려는' 그의 노력, 즉 순전히 개인주의적인 변덕스러운 충동적 행위보다는 쉽게 붕괴되지 않고 응집력 있는 섬세한 상징체계로 부르주아 세력에 반격을 가하기 위한 노력에서 예이츠는 부르주아 혁명의 초기 신화작가인 윌리엄 블레이크 William Blake의 상징적 총체성들을 재활용하고 재생시켰다. 그래서 그는 1890년대 초기에는 블레이크의 시를 편집하기도 했다. 블레이크 역시 이데올로기적인 위기의 시대에 살았으며, 그 시기의 낭만주의적 개인주의 역시 그것을 생산해낸 현실 역사를 조명하고 그 현실 역사 속에 생존하기 위해 하나의 정교한 신화체계로 격상되어야 했다. 그리고 예이츠가 블레이크와 타협해야 했던 것처럼 블레이크 역시 그의 주요 시 가운데 하나인 『밀턴』*Milton*에서 부르주아 혁명의 전임자인 밀턴과 타협해야 했다. 이 세 명의 시인 모두는 부르주아 혁명을 신화화함에 있어서 절대적인 관념론이 내보이는 선견을 지닌 유리한 위치에서 부르주아 혁명의 역사적 한계점을 평가할 수 있는 '우주론적'인 상징체계를 구축했다. 예이츠의 경우에 그러한 과정의 정점은 아일랜드 민족주의와 세계 제국주의의 위기가 절정에 달했던 1917년에 초안이 완성된 『환상』*A Vision*의 독특한 우주철학에서 나타난다. 그 작품의 비교적秘敎的 · 견신론적 상징주의는 여러 모순들이 순환적으로 상호 침투하는 것으로서의 현실의 이미지와 더불어 '인간과 인간의 운명 사이의 깊은 반목을 해결'하기 위한, 즉 반항적 역사의 뜻하지 않은 사건들을 신화의 통제적인 질서로 환원시키려는 예이츠의 가장 야심적인 시도를 나타낸다.

애초부터 예이츠는 아일랜드 사회의 유기적인 통합을 회복시킬 신화론을 추구했다('모든 민족들이 다 자신들을 바위와 언덕에 결합시키는 신화로부터 그들의 첫 번째 통합을 이루지 않았던가?').[66] 그의 시에 나타나는 유기적인 상징들—나무, 댄서, 탑—은 그러한 유기적 전체성의 시적 중심점들이다. 그 이상적인 통합이 부르주아 아일랜드에서 점차 실현될 수 없다는 것이 드러나면서 그 바람은 파시즘이라는 정치적 형태로 진입할 수밖에 없었다. 무솔리니Mussolini에 대한 그의 찬사, 극우파인 아일랜드 자유국Free State의 상원의인 케빈 오히긴스Kevin O Higgins에 대한 찬사,

1930년대의 오두피O'Duffy의 아일랜드 파시즘 운동에의 참여, '폭도들의 정치'를 타파하기 위한 '무력과 시위진압대'의 찬양, 엘리트 계급의 독재통치에 기반을 둔 새로운 유럽문화에 대한 꿈—만년의 예이츠가 내보인 이와 같은 정치적 원리들에서 우리는 문학에서 꿈꾸는 유기적인 이상의 목적지가 어디로 향할 수 있는지 분명하게 알 수 있다.

제임스 조이스
(James Joyce, 1882–1941)

어떤 의미에서 볼 때 제임스 조이스와 W. B. 예이츠와의 관계는 헨리 제임스와 조셉 콘래드와의 관계와 유사하다. 조이스와 제임스는 다른 두 작가, 즉 예이츠와 콘래드가 사회적 전통 속에 위치시키려고 노력한 통일성이라는 것을 예술이라는 성스러운 영역 속에 전위시키고 있다. 가톨릭 소부르주아 계급 출신인 조이스는 낭만주의적 앵글로 아이리쉬 전통을 파산된 것으로 여기고 거부했으며(조이스는 예이츠를 '아일랜드 국민과는 전혀 접촉이 없었던 … 성가신 백치'라고 생각했다),[67] 그 전통이 지닌 영감의 자발성이라는 신비적 미학도 거부했다. 대신에 조이스에게 있어서 예술은 성직자 중심의 정체된, 그리고 문화적으로는 변방에 속할 수밖에 없었던 아일랜드가 거부했던 사회적 정체성을 대체할 수 있는 당당하면서도 일생을 바칠 만한 생산적 '노동'이었다. 예이츠와는 상이한 계급적 관점에서 조이스는 예이츠처럼 아일랜드 민족주의와 애매한 관계에 있었다. 조이스는 스스로를 유럽의 유랑자라 자처하면서 그런 관점에서 (대단한 착각 속에서) 신페인당Sinn Fein역주79의 지도자 아서 그리피스Arthur Griffith의 사회주의를 라블리올라Antonio Labriola

의 마르크스주의에 비유하면서 신페인당을 지지했다. 그가 아일랜드를 저버린 것은 부분적으로 민족주의의 부르주아적 한계성에 대한 저항이었다. 다시 말해 그것은 민족주의의 감상적인 애국주의, 미신적인 종교적 광포성, 그리고 문화적 속물주의와의 단호한 결렬이었다. 예이츠가 앵글로 아이리쉬 지배권의 반동을 인정함으로써 역사적인 관점에서 민족주의로부터 고립되었다면 조이스의 민족주의와의 분리는 정반대의 입장에서 이루어진 것이었다. 조이스는 트리에스트Trieste에서 노동자 및 사회주의자들과 교우관계를 맺고 지내던 중 그의 아우에게 보낸 편지에서 "프롤레타리아 계급 해방의 지연, 그리고 성직자중심주의, 귀족주의, 부르주아주의로의 복귀는 모든 종류의 전제정치로의 급진적인 복고를 의미하는 것이다"[68]라고 주장했다. 아일랜드 사회에서는 그러한 해방이 이루어질 수 없었기에 조이스는 성직자중심주의와 제국주의로부터 고통스러운 해방이 현실에서 불가하다면 그것을 물질적으로나 정신적으로나 예술을 통해서 이룰 수밖에 없다고 생각했다.

그러나 그러한 예술이 조이스 자신이 처해 있던 '계급적 상황'의 모순을 그대로 '표현'하는 것으로 간주되어서는 안 된다. 왜냐하면 그의 텍스트들의 내부적 모순들은 조이스가 역사적인 주체로서 양면적으로 유착했던 이데올로기 구성체의 반영이 아니라 '생산'—이데올로기를 작품화함에 있어서 그 이데올로기의 구성적 한계성을 노출시킨 생산—이었기 때문이다. 또한 조이스의 작품이 관계하는 '미학적 이데올로기' 역시 전체 이데올로기적 구성체의 단순한 '반영'은 아니다. 조이스는 소부르주아적 가톨릭 민족주의가 지배적인 이데올로기와 모순적 통합을 이루고 있는 이데올로기적으로 불완전한 조화의 상태 속에 태어났다. 그리고 그 이데올로기적 관계는 그의 국외 이주에 의해 더욱 중첩되면서 초기의 모순적 통합을 전혀 다른 조건 속에서 재현하는 결과로 나타났다. 그리고 이런 이데올로기적 구성체의 복잡성은 조이스의 미학적 이데올로기의 단계에서 그대로 '생산되고' 있다. 왜냐하면 문학의 자연주의에 대한 그의 지지가 어떤 의미에서 소부르주아적 더블린Dublin 시의 '현실들'에의 충실성을 보여준다면, 그것은 또한 그러한 '현실들'과 비판적인 거리를 유지할 수 있는 세계적인 원근법에 대한 확신이기도 하기 때문이다. 유럽은 조이스에게 아일랜드의 문화적 편협성을 초월하는 수단을 제공했지만, 유럽의 자연주의는 그 자신을 상점 주인의 정신에 속하게 하는 그런 강박관념적인 물질적 일상생활에 더욱 집착하게 해주었다. 조이스에게 있어서 자연주의는 소부르주아 계급의 마비상태를 의미하지만, 또한 고전적 서사시의 평온한 리얼리즘과 헤게모니를 쥔 아일랜드 질서의 '현실주의적' 스콜라 철학과 모순적으로 통합되는 것이기도 했다. 따라서 『율리시즈』에서 물질에 사로잡혀 있는 사회를 자리매김하기 위하여 현학적인 '스콜라 철학적'·'유물론적' 신화가 사용되었다. 거꾸로 조이스는 예술을 통해 아일랜드 사회의 초월과 질서회복에 관여함으로써 패권적인 미학적 이데올로기의 어떤 낭만주의적이고 심미주의적인 측면들과 연결되기도 한다. 그러나 추측건대 자연주의와는 적대적인 '낭만주의적 예술가'라는 관념론적 개념이 『스티븐 히어로』 *Stephen Hero*(1944년 출판)에서 예술적 생산이라는 특징적인 '소부르주아 이데올로기'로 나타나고 있음에 주목해야 한다.

이러한 복합적인 교류가 조이스가 속해 있는 문학적인 언술의 위기를 다각도로 규정한다. 이 위기는 좌절된 욕망, 사라져 가는 기억들, 그리고 무기력한 꿈들이 단조로운 자연주의적 맥락 속에서 활기 없이 펼쳐져 동시대 아일랜드의 정신적 무력감을 간략하게 묘사하고 있는 『더블린 사람들』*Dubliners*(1914)에서 명확하게 나타나고 있다. 상세하게 묘사된 자연주의적인 내용은 더블린에서의 삶과의 친밀성을 함축적으로 보여주고 있지만, 동시에 결코 무엇에도 얽매이지 않고 공허하게 스스로를 소멸시키는 문체—계산된 듯 보이는 이야기 자체의 불충분하고 불명확한 특성 속에서 드러나는 여러 부재와 조화를 이루는 문체—는 더블린에서의 삶을 훼손시키고 있다. 따라서 유기적인 결말이 당연히 유보될 수밖에 없으며, 『율리시즈』에서는 이것이 다른 식으로 나타난다. 『율리시즈』는 '소외된' 예술적 의식(스티븐 디덜러스Stephen Dedalus)과 물질적 실존(레오폴드 블룸Leopold Bloom) 사이의 모순을 그 작품의 자연주의적이고 신화적인 약호들이 내보이는 '형식적' 복합성 속에서 '해결'하고 있다. 이는 조이스 자신이 그의 '생산자로서의 작가'라는 미학으로 그러한 이중성을 극복하는 것과 마찬가지이다. 조이스는 스티븐의 낭만주의적 주관주의는 배격하는 반면에 (블룸과는 달리) 예술로의 완전한 자기 헌신이라는 본질적인 낭만주의적 신조를 유지한다. 그러나 『율리시즈』의 이러한 형식상의 상호 침투성은 거대한 자기과시적인 구조적 아이러니이며, 그 구조라는 것이 정교하고 철저하게 이루어진 것이기 때문에 호머의 신화에 그 전체적 기조를 두었다는 사실 자체만으로도 관심을 끌만한 것이다. 실제로 그 형식상의 '해결'이 지니는 인위성은 그 소설의 '내용'에서, 즉 스티븐과 블룸과의 만남이 갖는 비현현적非顯現的 평범함에서, 그리고 그 텍스트의 갈등과 복잡성들이 서로 얽혀 있는 중심의 부재성에서 풍자적으로 드러나고 있다. 조이스가 추구했던 통합, 즉 물질적 생산과 자기추방적인 예술적 의식의 통합은 그 작품 '속에서'가 아니라 그 작품에 '의해서' 성취된다. 결국 『율리시즈』는 그 '원래의 소재들'을 제공하는 호머의 신화와 그 작품과의 아이러니한 동일성 및 불일치 속에서 존재하는 자체의 생산조건에 관한 소설이다.[69] 그러한 소재들을 흠결 없이 유기적으로 구성한 것이 자율적인 '생산품'으로서의 텍스트의 한 현상이며, 그 작품의 완벽한 결말은 독자로 하여금 그 텍스트를 해체하여 생산과정의 모순 속으로 진입하게끔 유도하고 있는 것이다. 그 작품의 복잡한 신화화의 과정이 소부르주아 계층의 더블린 사람들의 비참함에 대한 예술적 울분을 나타낸 것이라면, 그 작품의 꺼릴 것 없이 진실을 토해내는 자연주의는 그와 같은 이상화들을 끊임없이 타파하는 것이다. 보통의 자연주의 소설과 부분적으로 흡사한 『율리시즈』는 독자에게 친숙한 상품으로 스스로를 드러내지만 결국에는 난해함과 자기 탐닉으로 인해 독자와의 그런 거래를 훼손시킨다. 말하자면 자신의 모든 구절 속에 내포된 정교하고 정밀한 복잡성 속에서 생산에 참여하는 집약적인 노동을 강조함으로써 역설적으로 상품으로서의 자신의 위치를 거부하는 셈이 된다는 것이다. 자기풍자적 생산품으로서의 지위 덕택에 그 소설은 상품으로 타락되는 것을 애써 부인하려고 하지만 결과적으로 작가는 소비자 없는 생산자가 되고 말았던 것이다.

따라서 『율리시즈』에서 조이스는 폐쇄적이면서 '개방적'인 작품을 생산한 것이며, 이는 『피네간의 경야』의 경우에 있어서도 마찬가지이다. 어떤 면에서 『피네간의 경야』는 조이스가 그 전제들을 제외한 모든 것에 푹 빠져 있다고 선언한 스콜라 철학으로부터 물려받은 '총체화'의 노력을 통해 이룬 대단히 공들인 자기밀폐적인 체제이다. 그러나 현실이라는 전체를 그 안에 다 흡수하려는 시도에 의해서 그 '폐쇄적'인 텍스트는 우주와 인접하게 되며, 따라서 약호, 상이, 변형들의 '개방적'인 놀음이 되기도 한다. 조이스에게 있어서 현실 자체는 하나의 거대한 유기적인 예술품, 즉 그 자신의 법칙에 따라 움직이는 밀폐된 상호 침투성 체제로 끊임없이 변화를 겪지만 근본적으로는 안정된 체제를 뜻한다. 따라서 유기적인 문학작품은 세계 자체의 '과학적'인 모형이 되며, 자체 구조의 법칙에 따라 우주 자체의 역동적인 정지상태를 연출해낸다. 인간사회는 그러한 우주적 과정의 구체적인 영역이자, 자신의 불변의 법칙에 의해 규정된 사회이며, 비코식의 순환주기를 통해 비정하게 움직임으로써 관조적인 예술가에게 '안정, 만족, 인내'와 같은 고전적인 환상을 제공하는 영역이다. 이러한 의미에서 조이스의 미학적 이데올로기는 후기 예이츠의 미학적 이데올로기처럼 위기에 처한 역사로부터의 후퇴를 의미하는 것이다. 그러나 예이츠, 엘리엇, 그리고 로렌스가 도시를 혐오하며 눈을 돌린 반면에 조이스는 그의 예술의 형식으로 상이, 분리, 분열, 변화, 동시성을 이용하면서 진보적이고 원형적인 도시 작가로 남았다고 할 수 있다.

D. H. 로렌스

(David Herbert Lawrence, 1885–1930)

이 글에서 논의된 모든 작가들 가운데 D. H. 로렌스는 유일하게 프롤레타리아 계급 출신이며, 동시에 사회적 · 미학적 입장에 있어서는 가장 혈기왕성한 유기론자이기도 하다. '문화와 사회'라는 낭만주의적 휴머니즘의 전통을 그대로 이어받은 20세기의 상속자로서 그의 소설은 산업자본주의에 대해 가장 강력한 문학적 비판을 가하고 있다. 이러한 비판은 유기적 질서를 찾으려는 열정적 노력에서 비롯된 것으로, 그의 소설의 무대가 되는 이탈리아, 뉴멕시코, 산업화 이전의 영국, 그리고 비유적으로는 소설형식 자체가 이 유기적 질서의 토양에 자리 잡고 있다. 로렌스에게 있어서 소설이란 그 구성요소들이 활성화된 상호 연관성을 이룩하고 있는 정교하고 유연한 유기체이다. 즉 소설은 도그마와 형이상학적 절대성을 배제하고 그 대신 통합된 생명체들이 보여주는 일련의 감각적 움직임을 추적하는 것이다.[70] 그럼에도 불구하고 로렌스 자신은 또한 메커니즘과 분열에 매료된 교조주의자, 형이상학적 절대주의자, 이원론적 사상가로서의 면모도 지니고 있다. 그에게 주어지는 역사적 의미의 상당부분은 바로 이러한 자기 모순에 있다고 할 수 있다.

실제로 로렌스의 작품이 극화하고 있는 것은 낭만주의적 휴머니즘 전통에 있어서 본질적인 것이라고 할 수 있는 조합적 성향과 개인주의적 성향 간의 갈등에 다름 아니다. 개인주의의 극단적인 형태는 구조적으로는 낭만주의적 휴머니즘의 이데올로기와 흡사하다. 즉 유기론을 개인의 자아에 적용함으로써 개체가 자신의 고유한 법칙에 따라 전적으로 자발적이고 자기목적적으로 '전체'로 진화해 간다고 보는 것이다. 이러한 이데올로기적 요소—진부한 부르주아 개인주의의 이상화된 형태이자 동시에 그것이 산출해낸 '물화'된 사회에 대한 혁명적 반항—는 로렌스 작품 속에 뚜렷이 부각되면서 몰개성과 유기적 질서라는 상반된 과제와 갈등을 일으키게 된다. 그의 사회유기론은 산업자본주의의 원자론적 · 기계론적 이데올로기를 단호하게 거부하지만 동시에 공감, 친화, 연민, 개인중심주의 등과 같은 부르주아적 자유주의의 전통적인 가치들도 포함하고 있다. 이러한 로렌스의 자기 모순은 그에게 가장 충격적이었던 사건인 제1차 세계대전에 이르러 위기를 맞이한다. 그 전쟁은 박애적 이상주의와 개인적 가치를 포함하는 자유주의적 휴머니즘의 유산이 송두리째 붕괴됨을 뜻하는 것이었고, 따라서 절제, 행동, 위계질서, 개인적 고립, 신비적 몰개성 등과 같은 '어두운 신들'에 이르는 길을 열어놓는 결과를 빚었다. 간단히 말하자면 동정과 성적 친화라는 '여성적' 원리가 거부되고 권력 지향의 '남성적' 원리가 지배하는 사회질서가 도래한 것이었다. "사랑의 통치는 끝나고 힘의 지배가 다시 시작되었다."[71]

이와 같은 의미에서 로렌스는 파시즘의 한 선구자였다. 그렇지만 이 말이 곧 로렌스가 파시즘의 이데올로기를 무비판적으로 받아들였음을 뜻하지는 않는다. 그는 분명히 무솔리니를 비난하였으며, 파시즘은 자본주의의 위기에 대한 반응으로 나타난 사이비 '급진주의'임을 정확하게 진단하였다.[72] 파시즘이 부르주아적 자유주의에 대항한 낭만주의적 유기론에 대한 반응의 한 형태임에도 불구하고 로렌스가 그것을 받아들일 수 없었던 이유는 파시즘이 같은 낭만주의 전통의 주요 부분이랄 수 있는 개인주의를 부정한다는 사실 때문이었다. 로렌스는 이러한 자기 모순으로부터 벗어나지 못하고 언제나 개인적 자율성의 찬양과 사회적 통합에의 갈증 사이를 끊임없이 오가야 했다. 그는 인간이 훈련된 군인이기를 바랐지만 동시에 '개인'으로 남아 있는 군인이기를 바랐으며, 그들을 '위협'하지는 않았지만 그들을 '지배'하고는 싶어 했다.[73] 이러한 자기 모순을 '해결'하기 위해 로렌스는 현실을 '남성적' 원리와 '여성적' 원리로 이분하고, 양자를 변증법적 긴장 속에 종합하는 형이상학으로 귀의했다. 남성적 원리란 권력,

의식, 영혼, 행동주의, 개인화의 원리이며, 여성적 원리란 육체, 감각, 영원성, 수동성의 원리이다.[74] 남성적 원리는 여성적 원리로부터 자양분을 얻되 여성적 원리 속에 무기력하게 매몰되어서는 안 된다. 그러나 로렌스의 이원론적 형이상학은 중대한 전기傳記상의 이유로 인해 내적 모순에 휩싸여 있었다. 이유는 이렇다. 원시적 관능의 상징이었던 모친은 사실상 소부르주아 출신이었고, 따라서 노동계급 출신인 부친의 과묵하고 민감한 수동성과는 대조적으로 개인화, 상승적 의식, 그리고 능동적 이상주의를 구현하고 있었다. 그 자신에 의해서도 진술된 바 있는 부모의 이러한 성적 역할의 부분적 전도는 그의 형이상학이 해결하려고 한 자기 모순을 더욱 왜곡하고 강화시켰다.[75] 자양분을 공급해 주지만 또한 권태를 자아내게 하는 육체로서의 모친은 아들의 진정한 남성다움을 억제함으로써 오히려 원망의 대상이 되지만(아버지의 수동성이 아들에게 작용하는 기능도 마찬가지이다) 사랑과 온화, 개인적 친화의 이미지로서의 가치는 잃지 않는다. 이와는 반대로 모친의 능동적이고 상승적인 의식은 부친이 상징하는 무지한 감각적 삶의 통일성을 와해하지만 부친의 난폭한 몰개성보다는 더 바람직한 것으로 받아들여진다. 그의 『아들과 연인』*Sons and Lovers*(1913)은 이러한 갈등을 주제로 삼아 전반적으로는 부친을 거부하고 모친을 옹호하는 작품이다. 그러나 제1차 세계대전을 경과하면서는 이러한 우선순위가 뒤바뀌게 된다. 『사랑하는 여인들』*Women in Love*(1920)은 성적 친화에 잠재된 폐소공포증을 '남성'들의 관계가 나타내는 '해방적' 효과로써 보완 · 치유하려는 노력을 보여주며, 전후 소설[『아론의 지팡이』*Aaron's Rod*(1922), 『캥거루』*Kangaroo*(1923), 『날개돋힌 뱀』*The Plumed Serpent*(1926)]에 나타나는 남성의 신경증적 쇼비니즘은 이성 간의 사랑을 거부하고 권력과 몰개성을 예찬하는 남성숭배로 이어진다. 점점 심화된 로렌스의 여성 증오는 부르주아적 자유주의의 가치들과 개인의 자율성을 침해하는 관능이라는 함정에 대한 반작용이었던 것이다. 그러나 사회적 갱생의 원천으로서 관능적 존재를 수긍하는 그의 입장은 자가당착적으로 지속된다. 『채털리 부인의 사랑』*Lady Chatterley's Lover*(1928)에서 부친의 이미지는 멜러즈Mellors의 역을 빌려 드디어 복권된다. 그럼에도 불구하고 멜러즈는 몰개성적인 남성의 권력과 '여성적'인 온유함을, 그리고 노동계급의 난폭함과 소부르주아적 인식을 결합하고 있으며, 이러한 결합이 로렌스의 작품들을 둘러싸고 있는 자기 모순에 신화적 해결을 부여하고 있는 것이다.

그렇다면 로렌스가 지배적 이데올로기에 대해 지니고 있는 독특한 관계양식은 무엇보다도 프롤레타리아적 요소들과 소부르주아적 요소들의 모순적 결합에 있다고 할 수 있다. 이 결합은 그의 형이상학에 반영된 것과 마찬가지로 상반된 두 이데올로기 사이의 독특한 갈등으로 이루어진 것이다. 그러나 이러한 사실은 작가에 대한 '전기적' 관심 이상의 것을 의미한다. 로렌스가 겪은 권력과 사랑, 집단과 자율, 관능과 의식, 그리고 질서와 개인주의 사이에 개재된 이데올로기의 내적 모순은 지배적인 이데올로기적 구성체 내에 깊이 뿌리박힌 위기의식이 복합적으로 결합되어 나타난 것이다. 그리고 로렌스와 그 위기와의 관계는 고향을 상실한 독단적인 개인주의를 역사적으로 호도된 '총체성'에의 갈증과 결합시킨 그의 국외 추방자로서의 의식이 개입됨으로써 복합적으로 결정된 것이다. 로렌스의 소설형식은 이데올로기의 이러한 국면을 다양한 방법으로 드러내 준다. 충실하게 리얼리즘을 지킨 『아들과 연인』의 '증후적' 현상으로 나타나는 억압과 부재는 『무지개』*The Rainbow*(1915)의 초현실주의적 형식 속에 반향되어 나타나기도 한다. 『무지개』는 비록 세대가 이어지며 전개되는 구조가 지닌 '총체화'의 유기론에서나마 리얼리즘을 지키고 있다 하더라도 그 문자 속에서 리얼리즘을 '타파시켜 버린' 작품이이다. 전후에 로렌스에게서 나타난 거의 전면적인 이데올로기의 붕괴는 미학적 의미작용의 위기와 함께 문학형식에 있어서도 과격한 결렬과 해체로 나타났다. 『아론의 지팡이』나 『캥거루』 같은 소설은 단편적 플롯이나 정신적 자서전, 그리고 열에 들뜬 교훈주의 사이에서 난도질당한 채 이야기를 전개시킬 능력을 상실하고 말았다. 그러나 이러한 작품들과 『무지개』 사이에 『사랑하는 여인들』이란 독특한 작품이 나타난다. 『사랑하는 여인들』은 『무지개』의 통시적 리듬에서 벗어나 공시적 형식으로 전환함으로써 정체와 환멸을 특징으로 하는 '텍스트의 이데올로기'를 생산했다. 그러나 이 작품이 이미 오래전 『비운의 쥬드』에 의해 심각한 질문으로 제기되었던 리얼리즘 계보로부터의 '점진적' 이탈을 이룬 것은 바로 유기적 형식의 균열과 상징적 병치라는 '몽타주' 기법 때문에 가능했다고 할 수 있다.

결론

유기적 형식의 균열이 진보적 행위라는 주장은 게오르그 루카치에 의해 주도되어 온 마르크스주의 미학 전통 내에서 수용되는 입장이 아니었다. 그러나 조지 엘리엇에서 로렌스에 이르기까지의 영국 문학작품을 이데올로기와 문학형식 사이의 내적 관계에 착안해 살펴본다는 것은 곧 1930년대 루카치와 베르톨트 브레히트 사이에 행해진 중대한 논쟁을 재활성화하는 작업이 된다.[76] 브레히트는 루카치의 복고적 유기론, 즉 전통주의자로서 폐쇄적이고 대칭적인 총체성을 선호하는 태도를 강하게 거부하면서 그 자체 내에 상호 모순의 족적들이 그대로 찍혀 드러날 수 있는 개방적 · 다원적 형식에 충실해야 한다는 입장을 내보였다. 지난 세기의 영국 문학 전반에 있어서 점차 빈한해져 가는 부르주아적 자유주의가 더욱 야심만만한, 그리고 영향력 있는 이데올로기의 양식들을 통합하고자 하는 가운데 유기적 형식의 이데올로기적 기초가 적나라하게 노출되고 말았다. 그러는 가운데 그 유기적 형식의 이데올로기는 미학적 형식과도 심한 마찰을 빚기 시작했다. 정치영역에서는 조합적 · 유기론적 이데올로기의 파괴가 혁명가들의 변함없는 중심 과제였다. 미학의 분야에 있어서도 그러한 이데올로기의 파괴는 다만 문학적 과거에 대한 과학적 인식을 위해서 필요할 뿐만 아니라, 유물론적 미학과 미래의 예술적 실천이 성립될 수 있는 기초를 마련하는 데도 필수적이었다.

'문학의 가치학'이 이데올로기 과학의 한 요소라면 가치가 그저 단순히 이데올로기적 상대주의, 즉 '객관적 장점'이나 '그릇된 평가'의 언술이 내재론자나 이상주의자로서 타기되는 '시민적 유아론'으로 매몰되어야 하는가? 가치 문제와 관련해서 텍스트 생산의 문제를 재개해야 할 필요가 있는 것이 바로 이러한 지점에서이다. 왜냐하면 만일 가치의 이데올로기에 관한 학문이 있을 수 있다면 가치생산의 이데올로기적 조건에 대한 학문 또한 가능할 것이기 때문이다.

5

마르크스주의와 미학적 가치

앞장에서 논의된 작가들은 모두가 전통적 평가에 있어서 '주요' 작가의 범주에 속한다. 문학적 가치의 문제가 정말로 마르크스주의 비평의 주된 부분이라면 그 마르크스주의 비평은 단순한 문학적 전제의 재생산이 아니라 기존의 전제에 대한 '가치 전이'에 헌신할 수는 없을까? 물론 이것은 문학작품 개개의 가치평가에 달려 있다. 마르크스주의 비평은 '가치 문제'에 늘 적극적으로 개입하고 있지만, 단지 부르주아 비평의 산물이라는 이유로 기존의 가치평가를 무시해 버리는 문학적 극좌주의로서는 아무런 소득도 얻지 못할 것이다. 마르크스주의 비평의 주된 기능은 문학적 가치의 기초에 대한 유물론적 '설명'을 제공하는 일이다. 이것은 레이몬드 윌리엄스가 영국 소설을 논하는 자리에서 미처 채워넣지 못한 여백이기도 하다. 따라서 마르크스주의 비평이 검증자료로서 택한 문학 텍스트들이 문학적 이상주의가 '고전'이라고 봉헌해 놓은 작품들과 필연적으로 중복된다는 사실은 놀랄 만한 일이 아니다. 이러한 사실은 오히려 가치척도에 대한 주관주의적 해석에 불과한 문학적 이상주의에 대응하는 새로운 도전이 일어나고 있음을 뜻하는 것이기도 하다.

마르크스주의 비평이 예를 들어 푸쉬킨Pushkin과 코벤트리 패트모어Coventry Patmore 사이에 있음직한 질적인 구분에 대해 침묵을 지키고 있는 것은 모순인 것처럼 보인다. 그러나 이렇게 이론적으로 고상한 척하는 태도는 마르크스주의 미학에 있어서의 하나의 유행이다. 가장 단순한 차원에서 보면 그것은 일부 작품들을 이류로 처리하는 '엘리트 의식'에 대하여 평등주의가 취해야 할 불편한 거취인 듯 보인다. 존 베처만J. Betjeman보다 블레이크를 더 좋아한다는 것은 얼마나 귀족적인가. 그러나 보다 세련된 형태로서 그것은 이상주의의 '규범적' 평가와는 상반되는 엄정한 과학적 객관성을 표방하는 것이기도 하다. 비평가의 임무는 등급을 매겨놓은 자 위에 작품들을 배열하는 일이 아니라, 작품이 지닌 역사적 가능성의 조건들을 과학적으로 따져보는 일이다. 따라서 문제의 작품이 검열을 통과하느냐 못 하느냐 하는 것은 비평의 과학적 목표에는 부적절한 척도임에 틀림없다. 등급을 매기기 위한 평가는 문학의 과학적 태도에서 떠나 기껏해야 개인적 쾌락으로 매몰될 뿐이다.

이러한 문학적 과학의 독특한 이념과 루돌프 힐퍼딩Rudolf Hilferding의 『금융자본론』*Finance Capital*의 서문에 나타난 악명 높은 이분법 사이에는 평행관계가 성립한다.

> 정치학은 궁극적으로 가치판단에 의해 결정되는 규범적 원리라고 알려져 왔다. 그러한 가치판단이란 과학의 영역과는 별개로 존재하므로 정치학에 관한 논의는 과학적 취급의 범주 밖에서 이뤄질 수밖에 없다. […] 마르크스주의의 관점에 따르면 과학적 정치학의 임무는 계급의지의 결정요인을 발견해내는 것이고, 따라서 사회적 인과관계를 기술하는 한 정치학은 과학일 수 있다고 주장한다. 이론의 경우와 마찬가지로 마르크스주의 정치학은 가치판단으로부터 면제되었다. […] 그러므로 마르크스주의와 사회주의를 동일시하는 태도는 그것이 비록 '내부적 장벽'과 '외부적 장벽'을 넓게 확산시켰다 하더라도 불합리하다. […] 마르크스주의의 유효성을 인식하는 것(**그것은 곧 사회주의의 필연성에 대한 인식을 의미하는 것이기도 하다**)은 결코 실제적인 행위 지침은 내버려두고 가치판단에만 몰두하는 일이 아니다. 하나의 필연성을 인식하는 것과 그 필연성을 추구하는 것은 전혀 별개의 일인 것이다.

혁명적 사회주의자가 되지 않고도 마르크스주의자가 되는 것이 가능하다면 가치를 따지지 않고서 문학을 연구하는 일 또한 가능할 것이다. 제2차 인터내셔널에서 나타난 실증주의/이상주의 결합이 미학의 영역에서도 똑같이 재생되었다. 즉 '경제법칙'과 정치적 계급투쟁 사이의 관계란 문학 텍스트상의 '사실'과 '가치' 사이의 관계에 다름 아닌 것이다. 그러나 '반엘리트주의' 비평가의 회의론이 정확히 이런 종류의 것은 아니다. 이른바 문학동맹에 대한 반엘리트주의 비평가의 항변은 문학을 물화된 가치 자체로 신성화하려는 데 그 목적이 있었다. 다원주의자, 인문주의자, 평등주의자로서의 그의 태도는 '문화 연구'의 가치로 옮겨가는 통로이며, 그러한 가운데 전통적으로 봉헌된 문학 텍스트들은 자신들의 지위가 부수적이고 가치 전이된 지위임을 확인해야 했다. 여기서 그는 가치의 문제로 혼란을 겪게 되며, 자연히 그 문제를 재정립하고자 한다. 이에 비해 문학적 실증주의자는 봉헌된 텍스트에 대한 검증된 탐구를 추구한다. 왜냐하면 아직도 논쟁 중인 부르주아 이데올로기에 대한 본능적인 반사작용을 제외한다면 어떠한 가치의 문제에도 그는 관심을 기울이지 않기 때문이다. 반엘리트주의 비평가가 추상적인 평등주의 속에서 부르주아 이데올로기를 재생산할 뿐이라면, 실증주의 비평가는 동일한 이념을 '가치중립적' 이론주의 안에서 재생산하는 것이다.

정치적인 견지에서 보면 두 입장은 의심할 나위 없이 생산에 역행적이다. 그러나 그럼에도 불구하고 그들이 반대하는 부르주아 미학보다는 상당한 가치를 지닌 것으로 생각된다. 결국 '가치 문제'를 비평적 탐구의 핵심에 둔다는 것은 이념적 동향을 뚜렷이 하는 태도이다. 구식의 '감상적' 비평과 '적합성'을 표방하는 반학문주의 학파는 양자가 공히 모든 문제들의 회전축을 이루는 가치의 문제에 우위를 둠으로써 다른 어느 곳에서보다 분명한 이론적 결합을 보여준다. '기호' 혹은 형이상학적 관심, 개인적 편향, 대중적 확신, 직관적 공감이나 도덕적 연대감 그 어느 것으로 해석되든 간에 '가치 문제'의 이념적 기능은 문학 텍스트의 유물론적 분석을 추상적 도덕주의나 혹은 개인적 고뇌의 실존적 계기로 용해되도록 하는 것이다(이러한 문제틀 내에서 예견될 수 있는 '독자들의 참여'를 지향하는 개량주의 운동에 관한 논의는 접어두자). 비평은 동등한 두 주체 사이에 이루어지는 상호 보완적인 대화가 된다. 두 주체란 다름 아닌 가치 있는 텍스트와 가치 있는 독자이다. 이 두 주체의 가치가 성립하는 방식은 상품의 가치가 책정되는 방식과 유사하다. 교환에 의한 가치책정이 바로 그것이다. 즉 교환이 하나의 추상이 물질성이 제거된 자폐적 공간 속에서 다른 또 하나의 추상을 만나 상호 동등해지도록 하는 역사적 특수성의 소외라면 바로 그런 교환에 의한 가치책정 바로 그것이다. 가치 있는 텍스트와 가치 있는 독자는 언제나 맞물려 있다. 텍스트가 독자를 기술하며, 역으로 독자가 텍스트를 쓰고 있다는 데서 그 상호 관련이 이루어진다. 독자는 자신이 가치를 부여하는 텍스트에 의해 스스로도 가치를 부여받게 되는 것이다. 왜냐하면 이념적 가치란 전통 속에 투영됨과 동시에 형이상학적 동의 혹은 비평의 형태로서 현재 속에 편입되기 때문이다. 독자와 텍스트 사이의 이러한 반복어법이 바로 문학이다. 문학은 여타의 예술 형태에 비해 이데올로기의 전횡이 보다 유연하게 이루어지고 더 깊이 뿌리내리고 있는 역사적 산물이다. 화랑이나 연주회장, 오페라 극장들은 자만심의 토대 위에 선 특권적인 공간으로, 이곳에서는 아는 자와 모르는 자의 차이가 엄정하고 정확하게 드러난다. 그러나 문학은 두 가지 이유로 이들과는 다르다. 첫째, 선진화된 사회구성체에서는 문학생산의 특성이 아주 중요한 것이어서 문학생산은 그 사회구성체의 집합적이며 동시에 고립적인 세계를 끊임없이 넘어서는 것이기 때문이다. 다시 말해 문학은 다양하고 다중심적이어서 사회생활의 모든 세부사항을 포용할 뿐만 아니라 위안, 지식, 설득, 심취의 형태로서 사회 내에 현존하는 것이다. 둘째, 선진화된 사회구성체에서는 또한 문자해득 능력이 널리 확산되어야 한다고 요구한다. 따라서 만일 문맹률이 두드러지게 나타난다면 그것은 경악할 만한 일이며, 때로는 인간성의 상실을 뜻하기까지 한다. 그러한 상황에서 문학은 오히려 읽을 줄은 알지만 그럼에도 불구하고 '이해하지' 못하는 사람들에게는 위협, 신비, 도전, 그리고 모욕이 된다. 기호를 판독할 능력은 있으나 여전히 무지의 상태에 빠져 있는 사람들. 문학의 독재가 드러나는 것은 바로 이러한 자가당착의 현상에서이다. 독서는 가장 자연스러운 것인 동시에 비밀스러운 행위이며, 자연발생적인 동시에 성스럽고, 대중적 편의이자 특권적 문화이다. 문학에서 이루어지는 이러한 양면성의 공존은 오페라 극장이나 연주회장에서는 성립될 수 없는 것이다. 오페라 극장이나 연주회장은 이러한 상반된 성격의 공존을 불허하는 원리에 입각해 있는 반면 문학은 언제나 공존의 원리에 기초한다. 문학에 있어서 이것은 평범한 현상이다. 친근한 언어의 대지 위 어딘가에 위치한 문학은 유인했다가는 거부하고 연루되어 있는 것 같다가도 등을 돌려버린다. 문학은 언제나 다른 곳에 있다. 문자해득 능력을 지닌 우리로서도 결코 읽지 않았고 또 읽지 못하는 것이 문학이다. 문자해득 능력은 우리를 독서로 이끌지만, 그래서 오히려 우리가 느끼는 소외가 더 깊어질 뿐이다. 문자해득 능력의 결과란 항상 가능해 보이면서도 결코 습득될 수 없는 은밀한 지식을 내보이는 것이기 때문이다.

물론 문학의 불가해성은 곧 문학의 급진주의를 말하는 것이라고 주장할 수도 있다. 바꿔 말해 '읽을 수 있는' 텍스트가 그 기호체계를 풀어내는 과정에서 독자에게 은밀한 신비화의 과정, 감각생산의 양식을 교묘히 혹은 솔직하게 드러내 보인 모더니즘 작품에 의해 전복된 그 신비화의 과정을 작동시킬 수 있다는 것이다. 그러나 그러한 '급진적'인 경우가 그와 같은 글쓰기에 단지 천여 명만이 다가갈 수 있도록 하는 사회적 결정요소에 대한 비판과 결부된 경우는 드물었다. 그렇다면 순수하리만치 작위적이고 얌전한 유물론이 문학 고유의 엘리트 의식과 그 미학에 대해 불끈 성을 내며 반발하리라는 것—그 엘리트 의식에 대한 문제제기를 신'프롤레타리아 문화'라는 극단까지 몰고 가는 사람들의 강력한 반대에 직면하리라는 것—은 미루어 짐작할 수 있는 일이다. 사실상 혁명문화의 실제적 문제들에 관한 트로츠키 Trotsky의 저술에 견줄 만한 유물론적 미학의 이론서는 없다 하겠다. 그의 저작은 러시아어의 열악한 상태를 개선할 필요성에 대한 것에서부터 보드카나 교회보다 더 생산적인 환상을 대중에게 제공하는 영화의 역할에 관한 것에 이르기까지 다양하고 방대하다. 소비에트 인민의 문화적 비속성에 대한 침울한 리얼리즘을 그 특성으로 삼고 있는 트로츠키의 작품은(지방문화의 수준을 향상시키는 데 있어 새로이 글을 깨우친 붉은 군대의 제대병과 도서관 종사자, 그리고 언론종사자들에 의한 협동을 도모하는) 웅대한 전략을 가진 것이었으며, 동시에 아무리 사소한 문화의 세부사항도 주도면밀한 계획 하에 둔 것이었다(혁명신문이라고 해서 부주의하게 접혀 있을 까닭이 있는가?) 그러나 신'프롤레타리아 문화'의 인민주의는 트로츠키 미학(마르크스, 레닌은 말할 것도 없고)에 대해서만 적대적이었던 게 아니었다. 예를 들자면 그 인민주의는 셰익스피어를 읽기 위해 한 시간 일찍 일어나 모여 앉은 초기 빅토리아조 영국의 랭커셔 지방 방앗간 소녀들도 비난한다. 역사적 견지에서 그 소녀들이 반동적인 글나부랭이에 시간을 낭비한다고 해서 비난한다면 그것은 유물론적 비평가들에게 있어서는 하나의 변종임에 틀림없다. 물론 문학은 문화생산의 보편적인 광장에 재정립될 수 있어야 한다. 그러나 문화생산의 개별적 양식이란 나름대로의 기호체계를 가지고 있기 때문에 문화에 대한 보편적 진술로서는 온전히 파악될 수 없는 것이다.

정치에 있어서와 마찬가지로 미학에 있어서도 인민주의와 이론주의는 익히 잘 알려진 마르크스-레닌주의의 기형이며, 문학적 가치에 대한 문제는 이 논쟁의 가장 큰 난제를 이룬다. 하지만 '가치의 과학'이 정말로 있을 수 있다면 그것은 역사주의의 제 형태와는 달라야 한다. 역사주의란 한 작품을 특정한 역사적 시점에서 개인적 혹은 '초개인적' 작가가 지닌 특권적인 계급적 입장을 나타내는 어떤 '세계관'의 '표현'이라고 간주하는 태도이다. 그러한 개념은 텍스트의 물질성을 다만 역사적 '의식' 혹은 '실천'의 투명성으로 용해시킬 따름이다. 거꾸로 형식주의의 여러 형태가 가치(적어도 그들이 가치를 인정하는 부분에 한해서는)를 어떤 의미작용이 작동하여 생긴 산물이라고 주장했지만, 그런 형식주의들은 그 의미화의 과정을 물질적 토대로부터 분리시키는 경향을 내보였다. 아무리 이상적인 형식의 역사주의라도 역사주의는 그 의미화의 과정을 물질적 토대 속에 두려고 했던 것이다. 따라서 가치의 문제를 유물론적으로 접근하는 것은 이중의 거부로 나타날 수밖에 없다. 그 하나는 역사주의의 표현적 모델의 거부이며, 다른 하나는 형식주의의 환원작용에 대한 거부이다.

더구나 이런 방법론은 부르주아 비평과 유물론적 비평 내에서조차 발견되는 일단의 경향과는 반대로 마르크스주의 정치 · 경제론의 기본 태도를 재정립해야 하며, 문학적 '생산'의 기반 위에서 가치의 문제를 재고해야 한다. 그렇다고 텍스트의 순환성과 소비성을 무시하자는 말이 아니다. 또한 문학적 수용이라는 이데올로기적 실천에 오염되지 않은 생산품이 지닌 내재적 특질로서의 가치를 물신화하자는 것도 아니다. 왜냐하면 '내재적'인 가치란 없기 때문이다—모든 가치는 '전이적'인 성격을 지니고 있는 것이다. 문학적 가치란 텍스트를 이데올로기적으로 전유하는 데서 '생산되는' 현상이며, 독서행위, 즉 작품의 '소비적인 생산' 속에서 생산되는 현상이다. 따라서 그것은 언제나 '상관적'인 가치, 즉 '교환가치'일 수밖에 없다. '가치'의 역사는 문학-이데올로기의 수용적 실천의 역사에 종속된 개념이다. 또한 이 실천은 완성된 생산품의 단순한 '소비'가 아니라 텍스트의 결정적 재생산으로서 연구되어야 할 대상이다. 우리는 이데올로기가 우리에게 읽어주는('생산해 주는') 것들을 읽는다('소비한다'). 읽는다는 것은 작품의 특정한 이데올로기적 산물로서 텍스트의 결정적 물질을 소비하는 것이다. 왜냐하면 문학작품이란 그 작품 자체가 기여하는 비판적 수용성의 이데올로기적 통념에 의해 선별되고 읽힐 만한 것으로 판단되고 해독되는 이데올로기 지향 텍스트이기 때문이다. 그러한 통념들은 '문화'와 교육이라는 물질적 장치 속에 깊이 배어 있는 관습이며, '일반적' 이데올로기의 언술들과 문예 미학, 즉 그 언술들이 특수하게 복합적으로 결정된 것과의 결합을 나타낸다. 만일 텍스트 자체가 복합적으로 규정된 어떤 구조적 결합의 산물이라면 독서행위 역시 마찬가지이다. 말하자면 작품 내의 의미와 가치의 문제들이 정확하게 이 두 계기 사이에 일어난 일련의 역사적 결합 속에 드러난다는 뜻이다. 독서란 특정의 역사적 이데올로기가 텍스트의 내용으로 하여금 읽힐 수 있는 생산품으로, 이데올로기적 대상으로, 즉 이데올로기 지향 텍스트로 형태화하도록 하는 작용이다. 그리고 텍스트 그 자체가 이데올로기의 산물이지만 때로는 이데올로기와 어긋나게 작용하거나, 때로는 복잡한 제 관계들 속에서 그에 일치하도록 작용하듯이 독서 역시 이데올로기 생산의 이데올로기적 생산인바, 텍스트의 이데올로기 생산('텍스트의 이데올로기')과 거기서 산출된 텍스트 외적 이데올로기에 대한 관계에 의해 결정되는 이중 운동 속에서 텍스트의 구절들에 때로는 '일치되게', 때로는 '어긋나게' 작용한다.

그렇다면 텍스트의 생산 문제를 제고하는 것이 내재적 가치 이론에 굴복하는 일이 아님은 자명하다. 결정적 산물로서의 작품은 자체의 생산능력의 양식을 수용자에게 자연스럽게 부과한다. 이런 점에서 텍스트는 소비를 생산한다고 말할 수 있다. 이는 텍스트가 독자에게 단 하나의 의미를 강요한다는 뜻이 아니라, 독자의 이데올로기적 토대와 작품 스스로의 토대의 결합 안에서 필연적으로 한정적일 수밖에 없는 잠재적 독서방법을 발생시킨다는 맥락에서 그렇다는 뜻이다. 따라서 텍스트는, 설령 오독이 될 수밖에 없을지라도, 그 자체의 독자를 생산하는 것이다. 그러나 텍스트 자체의 생산능력 양식은 자연스럽게 독서라는 이데올로기적 행동에 의해 구성되며, 경험적 수용의 차원에서 이루어지는 이와 같은 해석학적 순환의 범위를 벗어날 수가 없다. 가치의 문제에 대해 생산 이론이 갖는 중요성은 단순히 텍스트와 독서가 이데올로기적으로 공모하여 서로를 생산한다는 차원에 있는 것이 아니라, 이데올로기적 주변 조건과의 관계 하에서 이루어지는 텍스트의 역사적 자기 생산이라는 차원에 있다. 텍스트에 대한 지식—앞으로 논의되겠지만 가치의 문제를 포함하고 있는 지식—이 가능한 까닭은 텍스트의 자기 생산 과정이(잃어버린 기원에 대한 신화적 망각으로 치부되기보다는) 과학적 분석 대상이 될 수 있다는 데 있다. 이런 시각으로 문제를 제기함으로써 우리는 독자들에게 작품의 의미를 사실적으로 재생산하는 경험주의의 형태와 텍스트에 독자의 자의적인 의미가 투사되도록 하는 주의주의主意主義의 제 형태를 동시에 회피할 수 있다. 텍스트와 그것이 산출하는 이데올로기의 관계가 기계주의적인 것도 무상적인 것도 아닌 바와 같이 텍스트와 그에 대한 지식의 관계 또한 마찬가지이다. 텍스트가 그 내재적 의미를 독자에게 자발적으로 전달하지 않는다면 그것은 또한 채워지길 기다리는 텅 빈 개념의 지시작용마저 불가능하게 만드는 셈이 될 것이다. 텍스트는 결코 역사를 초월하여 직관적으로 획득할 수 있는 어떤 단일한 의미로 환원될 수 있는 것이 아니며, 동시에 다원주의에서와 같이 임의의 여러 가지 의미로 용해될 수 있는 것도 아니다. 왜냐하면 중요한 것이 그러한 다원주의의 결정요소들이기 때문이다. 다시 말해 이데올로기의 지배를 받는 자기 생산 과정에서 비롯되는 거리, 단절, 재결합 등과 같은 결정적 요소에 의해 이루어지는 바로 이 의미의 '분해'가 중요하다는 것이다. 초절주의와 다원주의는 다 같이 신비주의로 끝났다. 수수께끼와 같은 의미의 숨겨진 핵심 혹은 순수 현상의 심오한 신비로 끝나고 만 것이다. 이 둘은 본질과 현상, 이상주의와 경험주의의 결합을 공유하고 있다는 점에서 동전의 양면에 지나지 않는다. 미처 토대도 구축하지 못한 기호의 유희에 흥분하는 비평적 회의론자는 궁극적 의미가 현현되는 계단 앞에서 넋을 잃은, 형이상학이라는 아버지의 아들인 것이다.

만일 '문학의 가치학'이 이데올로기 과학의 한 요소라면 가치가 그저 단순히 이데올로기적 상대주의, 즉 '객관적 장점'이나 '그릇된 평가'의 언술이 내재론자나 이상주의자로서 타기되는 '시민적 유아론'으로 매몰되어야 하는가? 가치 문제와 관련해서 텍스트 생산의 문제를 재개해야 할 필요가 있는 것이 바로 이러한 지점에서이다. 왜냐하면 만일 가치의 이데올로기에 관한 학문이 있을 수 있다면 가치생산의 이데올로기적 조건에 대한 학문 또한 가능할 것이기 때문이다. 그리고 그 학문은 생산품 '내부에' 가치를 재삽입하는 것이 아니라, 가치의 '교환관계' 내에 텍스트 생산의 조건을 재삽입하는 것이 될 것이다. 미학적 가치의 문제에 관한 다음과 같은 브레히트의 견해에 우리는 분명 의견을 같이할 수 있다.

> 사람들은 낡고 사소하며 지극히 평범하여 '더 이상 생각을 기울이게 하지 않는' 것들에는 관심을 갖지 않는다("그것으로부터 얻어낼 것이 아무것도 없다"). 미학에 관한 논의는 이러한 사실에서 출발한다.[1]

셰익스피어의 작품들이 더 이상 우리의 생각을 기울이게 하지 않을 때, 우리가 그곳에서 아무것도 얻지 못할 때 그 작품들의 가치는 상실된다. 그러나 '왜' 그것들이 '우리로 하여금 생각하게 하고', 왜 '우리가 그것들에서 무엇인가를 얻어내는가'(비록 그것이 일순간이라고 할지라도) 하는 문제는 우리 독서행위의 이데올로기적 토대와 작품생산의 이데올로기적 토대와 관련해서 해명되어야 할 문제이다. 바로 이러한 개별적 계기들의 '결합' 속에 가치의 문제가 놓여 있기 때문이다.

레온 트로츠키는 1924년 동료 볼셰비키 비평가들에게 행한 연설에서 미학의 개념을 역사적 환원주의의 손아귀로부터 구출하고자 했다.

> 라스콜리코프Raskolnikov는 예술작품을 예술작품으로 만드는 작품 속의 요소들을 무시했다. 이는 단테Dante의 『신곡』*Divine Comedy*에 대한 그의 유명한 평론 속에 생생하게 드러난다. 그의 견해에 따르자면 『신곡』이 훌륭한 작품인 까닭은 그것이 우리로 하여금 특정 시대, 특정 계급의 심리를 이

> 해하게끔 해준다는 사실에 있다는 것이다. 문제를 그런 각도에서 본다면 결국 『신곡』을 예술영역에서 축출하는 결과만 낳을 뿐이다. 만일 내가 『신곡』의 중요성이 어떤 시대의 한 계급 속에 나타나는 정신 풍토에 대한 이해를 제공하는 데 있다고 한다면 그것은 내가 이 작품을 단순한 역사적 기록으로 변형시키고 있다는 뜻이다. 왜냐하면 『신곡』은 하나의 예술작품으로서 나의 감정과 정서에 말을 걸어야 하기 때문이다 […] 물론 독자가 연구가의 역할을 떠맡지 못할 이유도 없고, 『신곡』을 단순히 역사적 기록으로 해석하는 입장이 불가능한 것도 아니다. 문학작품에 대한 이러한 상이한 두 가지 접근법은 상호 연관성은 있으나 결코 합치될 수 없는 두 차원으로 나뉘어져 있다. 그러면 현대의 독자와 중세 이탈리아의 작품 사이에 역사적 관계가 아니라 직접적인 미학적 관계를 설정하는 일은 과연 가능한가? 이러한 의문은 다음의 사실로 설명될 수 있다. 즉 계급사회에는 그 모든 가변성에도 불구하고 항존하는 보편적 특질이 있게 마련이라고.[2)]

트로츠키가 추출해낸 그 특질은 사실상 계급사회에 국한된 것이 아니다. 죽음을 예로 들어보자. 물론 트로츠키는 죽음도 상이한 사회환경 속에서는 서로 다른 방식으로 경험된다는 것을 인정하고 있다. 그럼에도 불구하고 셰익스피어, 바이런, 괴테가 말하거나 다윗이 말하는 죽음에 대한 모든 진술은 여전히 우리를 감동시킨다. 단테에 대한 역사적 접근이 우리의 미학적 태도에 상당한 영향을 미친다는 사실에는 의심의 여지가 없으나 그러나 '하나가 다른 하나를 대체할 수는 없다.' 즉 "예술은 예술로서, 문학은 문학으로서 접근되어야 한다. 문학이든 예술이든 그것들은 인간행위의 특수한 분야인 것이다. 물론 예술에서도 계급적인 척도란 있게 마련이지만 이것은 예술적으로,

즉 그 척도가 적용되는 창조적인 분야로서의 특성에 맞도록 굴절되어야만 한다."[3] 마야코프스키Mayakovsky는 정치적으로 애매했던 시절에 역작 『13인의 사도들』*The Thirteen Apostles*을 썼고, 프롤레타리아적 위치를 정립한 후에는 오히려 무미건조한 『15억』*150 Million*을 썼던 것이다.

'프롤레트쿨트'proletkult역주80의 추상적 교조주의에 대항하여 미학의 상대적 자율성을 수호하려 했던 트로츠키의 투쟁은 『문학과 혁명』*Literature and Revolution*에서 가장 첨예하게 드러난다. 그 저서에서도 역시 그는 예술이 무엇보다도 그 자체의 자율적 법칙에 의해 평가되어야 한다는 것, 예술적 척도란 '예술의 고유한 법칙에 따른 굴절이며 실재의 변화 · 변용'[4]이라고 주장하고 있다. 역사적인 것과 미학적인 것은 동일한 현상의 두 얼굴이 아니다. 양자는 동일선상에 있지 않다. 역사란 각 단계가 다른 단계와 조화로운 동시대적 상황으로 보이도록 '말끔한' 단면도로 그려낼 수 있는 통합된 구성체로 드러나는 것이 아니다. 더구나 혁명에 의한 단절로서 그러한 단면도가 그려질 때면 역사의 지층은 시간적으로 분열되어 서로 다른 '역사들'로 드러나게 마련이다.

> '손이나 다리를 다쳤을 때 그 뼈대, 힘줄, 근육, 동맥, 신경조직과 피부가 한 방향으로만 부서지거나 찢어지는 것이 아니며, 그 후에도 한꺼번에 회복되거나 동시에 치유되는 것은 아니다. 마찬가지로 사회적 삶이 혁명에 의해 단절되었을 때에도 사회의 이데올로기나 경제의 구조에 있어서 동시성의 과정이나 대칭적 과정이란 존재하지 않는다. 혁명이 일어나기 위해 필요한 이데올로기의 전제조건은 혁명 전에 이미 형성되어 있으며, 혁명으로부터 추출된 가장 중요한 이데올로기적 결과는 훨씬 뒤에 나타난다. 따라서 유추

와 비교를 통해 미래파[역주81]와 공산주의를 동일시하려는 태도는 경솔하며, 미래파는 곧 프롤레타리아 예술이라는 추론 또한 그러하다.[5)]

그러나 트로츠키가 미학과 역사가 비대칭적 관계에 있음을 분명히 인식하고 있었음에도 불구하고 그에게는 그러한 관계를 규정하기 위한 이론적 도구가 없었다. 『문학과 혁명』은 예술의 상대적 자율성을 수긍하고 있으나 이를 이론화할 범주를 설정하는 데는 꽤나 어려움을 겪고 있다. 이 저술의 일부 뛰어난 평론은 섬세한 직관으로 미학과 이데올로기의 통합을 이루는 데 성공하고 있다. 가령 마야코프스키의 시를 평하는 부분에서 고립된 채 충돌을 계속하는 이미지들이 역사적 소재들이 아닌 이데올로기의 갈등에서 비롯된 모순들을 반영하고 있다고 주장한 것이 그 좋은 예이다. 그러나 역사, 미학, 이데올로기들의 제 관계를 규정할 수 있는 결정적인 이론이 없었기에 그의 비평은 전반적으로는 명석하고 정확하지만, 결국 인상주의 비평에 머물고 말았다는 비판을 면할 길이 없었다. 인상주의가 취하는 주된 형식은 발터 벤야민의 『파사겐아르바이트』*Passagenarbeit*에서 테오도르 아도르노가 확인한 것으로 바로 '인접주의'라고 칭할 수 있는 형식이다. 인접주의—'토대'로부터 분리된 세부사항을 부각시켜 그것을 문학적 사실과의 비유적 관계 속에 위치시키는 비평방법—는 트로츠키의 작품에 나타나는 현저한 특성 중 하나이다. "클리우에프Kliuev는 이웃 시골 사람이 도시에서 축음기를 구해왔듯이 그의 새로운 시적 기법을 도시에서 가져왔다. 인도의 지형과 같은 도시로부터 차용한 이런 기법을 그는 오직 시골의 삶이라는 그의 시의 근본구조를 장식하는 데 사용했다. 그는 다양한 색감의 시인이었고, 밝고 표현적이며 때론 기이하고 때론 값싼 금박과도 같았지만 이 모든 것은 농촌이라는 견고한 토대 위에 놓여 있다."[6] 트로츠키는 이미지스트인 예세닌Yessenin에 관한 또 다른 평론에서는 다음과 같이 말한다. "그의 시는 고립되고 고정적인 이미저리의 무게 때문에 짓눌리는 듯하다. 그 근저에는 개인이 아니라 농촌적 미학이 깔려 있다. 삶의 반복적 형태를 표현하고자 하는 그의 시는 유동성을 결여하고 있으며, 따라서 응축된 이미저리 속에서 출구를 찾고 있는 것은 당연한 귀결이라 하겠다."[7] 생산양식, 이데올로기, 그리고 미학적 기법이 끊임없는 융합의 리듬 속에서 교묘하게 쓸려가 버리고 말았다. 일종의 평행적 인접주의(이번 경우에는 사회적이기보다는 정치적인)는 트로츠키의 미학에 대한 보다 일반적인 진술에서 두드러진다. "그러나 예술이 반영할 뿐만 아니라 변형할 수도 있으려면 예술가와 삶 사이에 큰 거리가 확보되어야만 한다. 이것은 혁명가와 정치적 실재 사이에 거리가 존재한다는 사실과 같은 것이다."[8] 예술의 독특한 자율성은 예술이 정치적 실천에 대한 직유로서 설정될 때 더욱 강하게 주장된다.

『신곡』에 대한 트로츠키의 논의를 좀 더 자세히 살펴볼 필요가 있다. 왜냐하면 이 작품은 그 자체의 소우주 안에 마르크스주의 비평의 이러한 문제들을 여러 측면에서 반영하고 있기 때문이다. 트로츠키는 먼저 소박한 정서적 반응을 내보이며 이 작품에 대한 '미학적' 접근을 '역사적' 접근과 구분하고 있다. "하나의 예술작품으로서 『신곡』은 나의 감정과 정서에 호소한다. 단테의 작품은 나에게 상심을 주고 비관과 좌절감을 키우게 하기도 하고, 다른 한편으로는 기운을 북돋우고 정신을 고양시키며 용기를 주기도 한다. […] 이것이 바로 독자와 예술작품 사이의 본질적 관계이다."[9] 『문학과 혁명』에서 규정한 미학적 인식과 과학적 인식의 중요한 구분(시에 있어서 우리가 다루는 것은 이미지들 속에 드러나는 세계를 느끼는 과정이지 그것을 과학적으로 인식해 가는 과정이 아니다)[10]은 부르주아적 주관주의의 진부함으로 축소되어 간다. 미학과 역사가 상호 연관성을 가지긴 하나 중복되는 것은 아니라고 이미 주장한 바 있기 때문에 이제 역사적으로 거리가 먼 예술의 정서적 영향은 역사적 초월성과 개인의 '천재성'에 기인하는 것으로 설명될 수밖에 없는 것이다.

> 우리는 중세 이탈리아 도시에서 발생한 문학작품이 우리에게도 영향을 미칠 수 있다는 사실을 안다. 무엇이 이를 가능케 하는가? 해답은 간단하다. 즉 이러한 정서와 감정이 그 세월의 한계를 초월하여 전달될 만큼 넓고 강렬하며 힘찬 표현력을 지녔다는 사실 때문이다. 물론 단테는 어떤 한 사회환경의 산물이었다. 그러나 그는 천재였다. 그는 당대의 경험을 경이로운 예술적 높이로 고양시켰던 것이다. 만약 우리가 다른 중세 문학작품들을 단지 연구의 대상으로서 접근하는 반면 『신곡』을 예술적 지각의 원천으로서 받아들인다면 이것은 단테가 13세기 플로렌스의 소부르주아였기 때문이 아니라, 상당한 정도로 그 환경을 초월하고 있기 때문이라 할 것이다.[11]

이 진술의 마지막 부분은 앞부분의 말을 부분적으로 취소하고 있다. 역사적 초월성은 처음에는 역사의 특정 경험을 집약적으로 보편화시킨다는 의미로 쓰였다가 나중엔 그러한 경험으로부터의 거의 전적인 독립을 뜻하는 것으로 바뀌었다. 다시 말해 미학과 역사가 처음에는 주관주의에 의해 분리되었다가 그 다음에는 통합되고, 결국 다시 한 번 분리된 셈이다. '역사적 보편성'의 모호한 개념 탓에 논의가 죽음이라는 생물학적 보편성으로 그 초점을 옮겨가고 있는 것이다.

마르크스주의 미학의 역사를 들춰봐도 트로츠키를 그 딜레마로부터 구해줄 것은 거의 없다. 프란츠 메링Franz Mehring과 게오르기 플레하노프Georgy Plekhanov는 제2차 인터내셔널의 이론화에서 드러난 특징, 즉 서로 어울리지 않는 칸트주의와 유물론을 한데 혼합시켜 미학적 가치의 문제를 '해결'했다. 만일 실증주의적 유물론이 역사로부터 가치를 추방했다면 명상적인 신칸트주의의 분방한 개념들은 뒷문을 통해 가치를 몰래 들여오려 했다. 유용성이라는 척도는 예술의 역사적 전개를 설명해 주고, 미에 대한 무심한 향유는 그 미학적 힘을 드러내 준다. 이런 관점에서 보면 트로츠키가 레닌에게서도 많은 것을 배울 수가 없었다. 트로츠키와의 비교는 어렵지만 레닌의 미학적 관심은 심오하고 능동적이었다. 그는 단지 문헌학적 관심만을 가지고도 추출 가능한 내용보다는 형식적 구조로 그의 관심을 돌릴 수 있었다. 미학에 관한 그의 주요 저서—톨스토이에 관한 논문들—는 미학과 이데올로기의 복합적 결합에 나름대로 충분히 천착한 글이다. 그럼에도 불구하고 레닌의 예술적 편향은 자신의 주된 이론적 관심사와 평행을 이루었다. (부적절한 비교일지 모르겠지만) 그런 점에서 우리는 사무엘 존슨Samuel Johnson에 대해 얘기하듯 레닌에 대해서도 이렇게 말할 수 있다. 즉 레닌 개인에게 있어서는 미학과 이데올로기 간의 관계는 문제시되지 않았는데, 그 이유는 그 자신이 이론적으로 공감할 수 없는 예술에 대해서는 눈길을 주지 않았기 때문이다. 사회적 의식이 덜 깬 작품에 대해서는 이해할 수 없다고 한 레닌의 고백에 대해 그 핵심이 무엇인지 제대로 파악하려면 그가 선호한 작가들의 명단—체르니셰프스키Chernyshevsky, 고리키Gorky, 롤랑Rolland, 바르뷔스Barbusse, 싱클레어Sinclair,

웰스Wells, 쇼Shaw—만 살펴봐도 충분하다. 여기서 레닌 고백의 핵심이 어디에 있는지 잘 살펴보아야 한다. 투르게네프Turgenev와 체호프Chehov를 존경하고, 보그다노프Bogdanov와 미래파들에 대항하여 전통문화의 유산을 수호하며, 개인적으로 소비에트판 톨스토이 전집을 기획·감수하였으며, 고전의 저렴한 보급을 장려한 그는 교양 없는 속물과는 정반대되는 인물이었다. 그러나 톨스토이 소설의 미학적 특성을 분석한 지면에서 그는 또한 트로츠키가 단테에 대해 그러했듯이 개인적 '위대성'이라는 낭만주의적 카테고리에 빠지고 말았던 것이다.

미적 가치 문제에 대해 마르크스 전통이 내보인 거북함은 도덕성의 문제에 대한 거북함과 평행을 이룬다. 도덕성이란 용어를 강조하기 위해 인용부호를 붙이고 싶은 유혹을 거부하기란 매우 힘든 노릇이다. 왜냐하면 도덕성이란 용어에는 오염성이 강한 도덕주의의 함의가 항상 뒤따르는 탓이다. 도덕주의는 무분별하다 싶을 정도로 주관적인 혹은 '보편적'인 윤리적 가치를 지나치게 앞세우면서 대상의 과학적 분석을 회피한다. 이와 유사하게 심미주의 또한 '보편화하는' 진술이나 주관적 풍미의 대상에 대한 이성적 탐구에 눈을 돌리고 있다. 그러나 이런 식의 '도덕'은 사적 유물론과 아무런 상관이 없을 뿐만 아니라 도덕성에 관한 많은 전통적 개념들과도 공유하는 바가 없다.[12] 플라톤과 아리스토텔레스의 도덕체계는 행위규범을 만들어내는 사회적 질서에 대한 탐구라는 성격을 띤다. 인간행위의 '도덕적' 문제는 한 개인이 속해 있는 '도시국가'의 성격에 대한 탐구와 분리될 수 없는 것이다. 플라톤에게 있어 그러한 탐구는 단순히 '공통의 신념'doxa(견해, 이데올로기)을 조사하는 것만으로는 만족될 수 없다. 공통의 신념이란 한 사회가 품고 있는 환상의 구조를 이루고 있을 뿐이고, 지식과는 분명히 다른 것이기 때문이다. 도덕성의 이러한 개념은 사회적 지식과 도덕적 지식이 별개로 존재한다고 주장하는 소피스트들의 견해와 대치된다. 다시 말해 소피스트들에게 도덕적 지식이란 개인에게 어떤 실제의 혹은 이상적인 '폴리스'(도시)의 구성원으로서의 자격을 주는 것이 아니라, 어떤 '폴리스'든 상관없이 그 '폴리스'의 구성원이 될 자격을 제공하는 것으로 보았던 것이다. 후에 칸트의 도덕 이데올로기에서 다시 메아리쳐 울려나온 것이 바로 이러한 규범주의적 도덕성, 즉 사회적 탐구가 설정한 사회적 제 현상의 결정요소들에서 자유로운 형식주의적 언술이다. 도덕적 '당위'는 과학적 분석에 의해 규명 가능한 역사적 이해관계나 필요들과는 분명히 구별된다. 그 당위란 이런 것이다. 인간은 자신의 객관적 욕구와 이해로부터 떠나 도덕적으로 행동해야 한다. 왜냐하면 그렇게 하는 것이 바로 도덕이기 때문이다.[13]

마르크스가 자신의 초기 이데올로기적 개념이었던 소외라는 개념을 과학적 범주로 변형시켜 '유적類的 존재'Gattungswesen라는 본질주의적 개념을 자본주의 생산양식으로부터의 프롤레타리아 계급의 객관적 분리라는 조직 이론으로 대치시켜 놓았을 때, 그것이 그가 '도덕적'으로 말하는 것을 중지한 것은 아니었다. 오직 도덕성의 부르주아적 개념만이 그러한 결론을 내릴 수 있는 것이다. 차라리 그는 '도덕'의 개념을 역사적 사실에 대한 과학적 탐구 속에 적절한 기반을 잡도록 되돌린 것이라 할 수 있다. '자본'의 도덕성은 자본주의의 잔인성을 겨냥한 격렬한 분노를 담고 있는 훌륭한 책 속에 있는 것이 아니라, (다른 무엇보다도) 잉여가치는 노동력으로부터 추출된다는 메커니즘을 드러내 놓는 것에 있는 것이다. 그리고 마르크스는 마치 착취가 '인간의 존엄성을 부정하거나' 혹은 그런 식의 언급을 의미하는 것처럼 보이게 해서 독자의 '도덕적 저항'을 야기하고자 그런 과학적 분석을 시도하려 한 것은 아니었다. 이것은 착취가 '비도덕성'을 수반한다는 주장을 하지 않고도 잉여가치의 이론을 이해하거나 지지하는 것이 가능하다는 사실에서 명백해진다. 그렇다면 마르크스주의는 실증주의에 지나지 않으며, '도덕성'은 단순히 실증주의의 중립적인 과학적 발견을 위해 취하게 되는 개인적 태도의 문제란 말인가? 그렇지 않다. 왜냐하면 착취 이론의 도덕적 의의는 이 착취의 개념을 마르크스의 전반적인 혁명 이론의 토대 속에 재투입시킴으로써만 발견될 수 있기 때문이다. 역사적 유물론의 근본적인 개념은 물질생산력과 사회적 관계 사이의 모순이며, 잉여가치의 이론은 계급사회의 특정 시기에서의 그 모순의 메커니즘을 전해주는 것이다. 어떤 사람은 자신의 역사적 행위를 변화시켜야 한다는 최소한의 구속감을 느끼지 않고서도 그 이론을 분리시켜 인정할 수는 있지만, 생산력과 생산의 사회적 관계 사이의 모순을 인식하면서 전과 다름없이 계속해서 무관심한 상태로 남아 있을 수는 없을 것이다. 왜냐하면 마르크스는 『독일 이데올로기』*The German Ideology*에서 "생산력의 모든 발전은 인간 능력의 발전이며, 사회적 계급으로 분류되는 개인적 주체가 바로 생산력"이라고 하였기 때문이다. 마르크스주의는 인간이 다른 동물들과 다르다는 것을 인간에게는 창조품을 생산하고 재생산하는 능력이 있다는 사실과 신체 구조상의 차이에서 찾는다. 인간에 관해서 '절대적'인 것은 인간이 자신의 물질적 존재를 생산하는 과정에서 자신의 삶의 능력들을 지속적으로 생산하고, 재생산하며, 변형시킨다는 사실이다. 역사적 '유물론'의 특수성은 역사주의—많은 보수적인 관념론자들이라도 동의할 만한 주장, 즉 인간은 '그들 자신의 역사를 창조한다'든지 인간의 '본성'은 '문화'라는 식의 역사주의—가 아니다. 그 유물론의 특수성은 역사적 능력의 생산과 물질적 삶의 생산 사이에서 과학이 제기하는 내적 관계 속에 놓여 있는 것이다. 생산력의 개념은 그 자체가 마르크스에게 있어서는 '사실'과 '가치'의 통합이다. (루돌프 힐퍼딩 Rudolf Hilferding처럼) 능력을 생산하는 인간이 생산력이 금지된 상황에서 그의 행동방침이 어느 정도 적절한지의 여부를 인식하려 하지 않는다면 그는 일관성 없는 사람으로 낙인찍힐 것이다. 즉 그의 과학적 지식을 그 지식이 초래하는 결정적인 행동의 문제와 결부시키지 못할 때 그는 '도덕적으로' 행동하지 못하는 것이 될 것이며, 대신에 도덕주의적이고 이상주의적인 방식으로 행동하는 것이 될 것이다. 한 사회구성체의 '도덕성'—그 사회구성체의 이데올로기의 윤리적 영역—은 그 구성체의 물질적 '토대'의 모순점, 즉 사회적 관계의 특성과 그 사회적 관계에 의해 발전이 저지당하는 조직적인 사회적 능력들 사이의 모순점을 은폐한다. 이데올로기의 윤리적 영역을 파괴한다는 것은 '도덕'을 사실의 과학적 탐구 속에 있는 적절한 토대로 되돌리는 것이다. 다시 말해 그것은 그러한 사실들이 역사적인 행동방향과 어떤 관계 속에 있는가 하는 문제를 제기하는 것이다. 따라서 그것은 하나의 자율적인 언술로서의 '도덕성'을 폐기하는 것—즉 그 도덕성을 계급사회의 한 생산품과 동일시하는 것—이다. 다시 말해 대상을 평가할 어떤 특권적인 '도덕적 수준'이 존재한다는 개념은 사라지고 그 도덕성은 정치성과 동일 연장선 속에 있게 되는 것이다.

만일 도덕주의가 대상을 평가할 수 있는 자율적인 '도덕적 수준'이 존재한다고 주장한다면 심미주의는 인공물을 검토할 수 있는 어떤 자율적인 '미학적 수준'이 있다고 주장한다. 이러한 주장은 어떤 의미에서는 그릇된 주장이며, 또 다른 의미에서는 진부한 것이다. 만일 여기서 문제 삼고 있는 수준이 '예술품 내에' 존재하는 수준으로 간주된다면 그것은 잘못된 것이다. 왜냐하면 예술품 내의 모든 것은 '미학적'이기 때문이다. 우리는 『신곡』의 이데올로기에는 반대하고 그 작품의 '기법'은 찬미하는 것이 아니다. 그것은 그 시의 '이데올로기'는 어떤 미학적 메커니즘의 결과이기 때문이다. 『신곡』을 역사적 문헌으로 접근한다고 말하는 것은 의심스럽다. 왜냐하면 그 작품이 바로 독특한 종류의 역사적 문헌이기 때문이다. 그 작품의 독특성은 미학적인 독특성이다. 이 말은 우리가 예술품을 '미학적인 수준'에서 접근해야 한다고 말하는 것이 진부한 이야기이긴 하지만 사실이라는 의미이다. 즉 우리는 '예술품들'을 어떤 다른 것으로 취급해서는 안 되는 것이다. 미학의 상대적인 자율성은 작품 내에서의 어떤 위계질서적인 수준의 분할 문제가 아니라, 작품이 그 생산자인 역사 · 이데올로기적인 것으로 재차 환원될 수 없다는 문제이다. 이것은 환원주의가 단지 우리에게 예술품에 관한 부분적인 견해만을 제공한다는 뜻에서가 아니라, 그 환원주의가 대상으로서의 예술품을 폐기하여 그 자리에 다른 것을 위치시킨다는 의미이다. 그것은 작품의 역사적 가능성의 조건들을 '유보시키고' (트로츠키가 시사한 것처럼) 그 조건들을 한데 묶어 '미학적인 효과'를 노리는 문제가 아니다. 오히려 작품의 미학적 효과 그 자체는 작품이 현실적인 것을 해체 · 소원시켜 그것을 의미작용으로서 생산해내는 어떤 일괄적인 행위가 되는 것이다. 미학적인 것은 침묵을 지킴으로써 자신의 역사적 상황에 대해 언급한다. 바로 그와 같은 거리감과 거부에 의해 미학적인 것은 그 역사적 상황 속에 내재한다. 작품은 이데올로기적인 의미작용을 위해 자신이 설정해 놓은 생산관계의 특성 속에서 그와 같은 역사적 상황을 '주장한다기'보다는 '보여준다.' '현실' 역사는 텍스트에 의해 삭제되지만, 바로 그와 같은 삭제 양식 속에 텍스트와 역사와의 가장 중요한 관계가 성립되는 것이다. '미학적'인 것과 '역사적'인 것 사이의 관계는 텍스트 내의 '층위들' 간의 관계가 아니며, 미학적 사실로서의 작품과 그 작품을 둘러싸고 있는 역사적 상황 사이의 관계도 아니다. 오히려 그러한 역사적 상황이 이데올로기적인 형태를 띠고 전적으로 '미학적'인 텍스트의 자기 생산 과정의 결정적인 구조가 되는 것이다. 달리 표현하면 우리는 이데올로기적인 것이 자체 내에서 미학적인 내적 거리감을 생산해내는 구체적인 운용에 관심을 기울이는 것이다. 트로츠키에게는 미안한 일이지만 그것은 단테가 소부르주아 계급의 중세 플로렌스 지방 사람이었다는 사실을 유보시키는 문제가 아니다. 이것은 『공산당선언』*The Communist Manifesto*의 1892년 이탈리아판 서문에서 엥겔스가 한 말을 트로츠키의 언급과 함께 취급해야 하는 문제인 것이다.

> 봉건적 중세 시대의 종말과 근대 자본주의 시대의 시작은 웅대한 자태의 한 인물에 의해 뚜렷하게 부각되었다. 그는 중세의 마지막 시인이자 근대의 첫 시인인 이탈리아 사람 단테이다. 1300년경에 그러했듯이 오늘날 새로운 역사적 시기가 형성 중에 있다. 과연 이탈리아는 이 새로운 프롤레타리아 시대의 출현을 발표해 줄 새로운 단테와 같은 인물을 제공해 줄 것인가?

이것은 단테의 작품이 중요한 역사적 시기에 관해 '언급하고' 있다고, 혹은 그 시기의 '의식을 표현하고' 있다고 해서 그의 작품이 가치 있다고 말하려는 것이 아니다. 그 작품의 가치는 그 작품을 내포하고 있는 복합적인 이데올로기적 결합이 텍스트의 의미작용 과정 속에서 스스로 생산됨으로써(내적으로 거리를 유지함으로써) 그 작품의 깊이와 복잡성을 생생하게 인식할 수 있도록 해주는 그와 같은 과정의 결과인 것이다.

텍스트의 '미학적'인 요소들과 '이데올로기적' 요소들 사이의 차이점은 실제적인 것이라기보다는 방법론상의 것이다. 그것은 텍스트의 다양한 요소들을 어느 한쪽의 방향 하에 분류하는 문제가 아니라, 텍스트가 이데올로기적인 것과 자신과의 내부적 관계 속에서 어떻게 전적으로 '미학적'인 생산품을 구성하고 있는가를 분석하는 문제이다. 『신곡』이 그것의 미학적 효과 때문에 당시의 역사적 순간으로부터 살아남았다고 주장하는 것은 결국 같은 말을 반복하는 것이다. 실제로 그것은 그 작품이 예술작품이기 때문에 존속되는 것이라고 주장하는 것과 같다. 분명히 어떤 작품들은 그것들이 존재했던 동시대의 순간으로부터 살아남게 되며, 어떤 다른 작품들은 그렇지 못하다. 그렇다고 이런 것이 그 작품들의 '미학적 수준'이라고 불리는 것에 의해서 결정되는 것은 아니다. 내가 언급하였듯이 그것은 그 작품들을 내포하고 있는 구체적인 이데올로기적 결합들의 미학적인 '생산 가능성'에 의해 결정된다. 여기서 이용 가능하고 비교적 자율적인 문학형식의 계보들이 결합되어 하나의 결정적인 구조가 된다. 브레히트가 지적했듯이 어쨌든 '생존 가능성'은 상당히 의심스러운 문학적 가치 판단 기준이다. 문학 텍스트들의 생명, 죽음, 부활의 역사는 이데올로기의 역사의 부분이기 때문이다. 그러나 문학과학이 어떤 작품을 '정당하게' 살아남은 것이라고 여기는 생각에서조차도 그와 같은 초역사적인 입장이 지니는 '형이상학적' 특성에 대한 유물론적 거북함이 전혀 일어나질 않는다. 우리가 왜 아직까지 『베오울프』*Beowulf* 역주82 혹은 비용Villon역주83에 반응을 내보이는지의 문제는 원칙적으로 왜 아직까지 우리가 롤러드 교도들Lollards역주84이나 러다이트 단원들Luddites역주85에 대해 반응을 내보이는지의 문제보다 더 거북한 문제가 아닌 것 같다. 문학작품들은 '보편성'으로의 승격에 의해서가 아니라 동시대 역사와의 구체적인 관련성들의 특성—다시 말해서 작품이 삽입되는 역사적 상황의 성격에 의해 결정되는 관계들의 특성—으로 인해 당대의 역사를 '초월한다.' 어떤 예술품이 속해 있는 '역사'는 반드시 그 작품의 동시대적 순간으로 축소될 수 없다. 실제로 한 작품의 역사는 당대의 역사적 순간에 전혀 '속하지 않을 수'도 있다. 엥겔스가 암시하듯이 『신곡』은 중세 이탈리아의 어떤 특정한 순간을 점유함으로써 계급사회의 보편적인 역사에 속하는 것이다. 그리고 역사적으로 다른 시기의 작품이라 할지라도 현재 속의 우리에게 '이야기할 수 있다.' 왜냐하면 (세바스티아노 팀파나로Sebastiano Timpanaro가 상기시켜 주었듯이)14) 인간은 직접적인 문화유산을 공유하고 있지 않은 곳에서도 생물학적 구조는 공유하고 있기 때문이다. 출생, 양육, 노동, 친척관계, 성욕, 죽음 등은 모든 사회구성체와 모든 문학에 공통되는 것이다. 이런 생물학적 '하부구조'는 항상 역사적으로 매개된다는 정확하면서도 평범한 경고를 삽입시킨다고 해서 그것이 이 사실을 반박하는 것은 아니다. 사실상 이러한 말은 변화무쌍하게 매개되는 것이 공통적인 생물학적 구조라는 사실은 반복하는 것에 지나지 않는다.

물론 엥겔스가 단테에게서 확인한 일종의 '세계 역사적' 결합만으로 문학적 업적의 근본을 형성할 수 없듯이 예술이 그러한 초역사적인 주제를 불러일으킬 때 반드시 더욱 가치 있는 것도 아니다. 트로츠키는 예술을 '그 당시의 삶의 한계를 넘어서는 … 역사적으로 상대적인 감정들과 양식들을' 불러일으키는 것이라고 언급했다. 마르크스주의 미학을 통해 이 전위된 '보편주의'는 『미적인 것의 고유성』 *The Peculiarity of Aesthetic*에서 예술을 인간이 잠깐 동안 진정으로 '포괄적'인 존재로 들어갈 수 있게 만들어 주는 이질적인 삶의 유보라고 말했던 후기의 루카치에게까지 추적될 수 있다. 이러한 '유물론적' 입장이 간과되고 있는 것은 가치 있는 예술이 역사적인 한계성에도 '불구하고' 존재하는 것이 아니라, (다소 신비화된 마르쿠제식의 관념론에서) 바로 그 역사적 한계성에 '의해서' 나타나난다는 것이다. 마르크스가 『개요』에서 고대 그리스 예술에 대해 논하면서 채택하고 있는 것이 바로 이 태도이다. 가령 영국 문학에서 제인 오스틴 소설의 가치가 어떻게 그 작품의 문제틀을 제공하고 있는 지배적이고 상당히 압제적인 계급관습과 계급윤리로부터 분리될 수 없는가를 발견하는 것은 어려운 일이 아니다. 오스틴이나 제임스 같은 작가들의 문학적 업적은 계급구성체의 보수적인 상황들을 회피하는 기적과 같은 사실에 있는 것이 아니라 바로 그 상황들 위에 기반을 두고 있다는 사실에 있다. 예이츠의 경우를 예로 들어보자. 예이츠가 '위대한' 시인이라는 주장은 무엇을 의미하는가? 부르주아 비평은 직관주의적인 언급을 넘어서는 이 질문에 대해 확신할 만한 답변을 제공하지 못한다. 여타 방식의 '유물론적' 비평도 극우적이고 때때로 파시스트적 성향을 보이는 한, 작가에 대한 그와 같은 찬사에 대해 당혹감을 애써 감추지는 못한다. 예이츠의 미학적 업적의 가치 기반을 제공하는 것은 바로 그의 이데올로기적 한계이다. 엘리엇, 파운드, 조이스, 로렌스처럼 예이츠는 당대의 주도적인 부르주아 이데올로기에 적대적인, 그리고 그 이데올로기와는 상이한 신화들을 자기 뜻대로 다룰 수 있는 위치에 있을 만큼 당대의 이데올로기와는 '거의 관계가 없는' 입장이었다.[15] 아일랜드에서의 자본주의 발달의 초기 상황과 아직 사라지지 않고 영향력을 행사하고 있던 자본주의 이전의 삶의 양식들에 의해 육성된 그 신화들은 비의적 · 형이상학적 범위와 집중적으로 신비화된 양식들로 인해 부르주아적 경험주의에 의해 불가피하게 소멸된 감각적이고 정서적인 능력에까지 침투할 수 있었다. 혁명적인 전통이 부재한 20세기 영국 문학에서 그러한 비판—이상주의적 형태에 의해 왜곡되고, 타락되고, 무력하게 된, 그리고 그 이상주의적 형태 속에 어쩔 수 없이 내던져진 비판—은 오직 '급진적 보수파'에서만 가능했다. 그러나 예이츠는 그의 뜻대로 대안의 이데올로기적 수단들을 다루었을 뿐만 아니라, 그의 예술은 어떤 금지된 능력까지도 표현하는 예술이었다. 왜냐하면 그런 수단들에 예이츠가 접근할 수 있었다는 것은 동시에 어떤 문학적 형식과 언술—즉 (시인구락부the Rhymers' Club의 문학적 형식과는 달리) 이데올로기적으로 대립적인 견지에서 동시대의 역사를 '재기술'할 수 있는 의미 있는 양식들—에도 접근할 수 있었다는 것을 의미하기 때문이다. 그러한 의미작용의 생산은 문학생산 양식에 대한 예이츠식의 이데올로기에 그 뿌리를 두고 있으며, 그가 이데올로기를 통해 독자에게 보여주는 어떤 이상화된 투명성은 시적 진술의 극도로 복잡한 구체성을 보장해 주는 것이도 하다.

만일 예이츠가 주도적인 부르주아 이데올로기로부터 의미 있는 배척을 당했다면 앞장에서 논의된 19, 20세기의 인정받는 '주요' 작가들 모두가 다 그와 같은 입장에 있는 셈이다.[16] (계급, 성, 지역, 국적 등등의) 요소들의 어떤 결합에 의하여 이들 작가들은 진보적인 전성기가 지난 헤게모니를 쥔 부르주아 이데올로기 속으로 모순적으로 삽입되었다. 그렇기 때문에 형식주의자와 사회주의자에 의해 간과된 역사적 사실과 미학적 가치의 관계를 다시 역설할 필요가 있는 것이다. 다시 한 번 말하자면 그것은 어떤 특권적인 이데올로기의 불완전한 조화에 관한 역사주의적 '표현'—'정통적'인 미학적 · 이데올로기적 양식들의 단층선을 통해 보란듯이 새로운 창조를 과시하는 표현—의 문제가 아니라, 텍스트들이 위치하는 이데올로기적 공간 속에서의 어떤 굴곡, 즉 가치에 대한 가치의, 의미에 대한 의미의, 형식에 대한 형식의 충돌에 의해 만들어진 굴곡의 문제이다. 그렇다고 어떤 '진보적'인 이데올로기가 패권적인 구성체의 억제를 뿌리치고 나온다는 것도 아니다. 왜냐하면 그 주요 작가들의 이데올로기 세계에 있어서는 역사적으로 진보적인 것이 전혀 없기 때문이다. 오히려 그 작가들에게 있어서는 패권적인 구성체가 그 자체 내의 특정한 모순적인 입장으로부터 생산되며, 그러한 결과를 초래하는 문제들은 그 구성체의 '단층선'을 부분적이나마 선명하게 드러내고 있다고 보아야 한다. 동시에 이러한 과정은 텍스트의 생산이라는 입장에서도 검토되어야 한다. 의미를 생산함에 있어서 그런 텍스트는 내가 언급했던 이데올로기적 굴곡을 '생산해내며' 그 굴곡을 텍스트의 내용 속에 새겨 넣는다. '미학적' 효과와 일관성을 유지하기 위해 어떤 특정 의미가 그려내는 선線은 자체를 뒤집거나 조정하여 또 하나의 다른 '이데올로기적' 기록이 된다. 또는 '이데올로기적' 순수성을 유지하기 위해 그 의미의 선은 다른 의미작용의 형태 속에 굴절되기도 한다. 가령 트롤로프[역주86]

와 같은 작가의 작품, 즉 정연하고 분열되지 않은 온건한 이데올로기적 공간 속에 놓여 있는 작품에 대해 생각해 보면 그렇게 구성된 복잡하고 집중적이며 다원적인 의미의 작용이 어떻게 '가치 문제'에 관련되는가를 알 수 있다. 대부분의 트롤로프의 소설에서 볼 수 있는 것처럼 '이데올로기'는 단순한 상호 환원적 교환을 통해 '기호'를 생산하고 '기호'는 '이데올로기'를 생산한다. 그리고 사실상 이것은 달리 될 수가 없다. 왜냐하면 (모든 작품에서처럼) 트롤로프 소설의 이데올로기적 기반은 미학적 이데올로기를 포함하기 때문이다—트롤로프의 경우는 이 미학적 이데올로기가 평범한 부르주아 경험주의의 반영인 소박한 재현적인 '리얼리즘'으로 나타난다. 이와는 대조적으로 엘리엇, 하디, 조이스, 로렌스의 경우는 이데올로기적인 문제가 어떻게 글을 쓸 것인가 하는 미학적인 '문제' 속에 내재해 있다. 다시 말해 '미학적'인 것—텍스트의 생산—은 인간과 우리가 이데올로기라고 부르는 사회적 조건들 간의 현실적이고 상상적인 관계가 아주 중요하게 복합적으로 결합된 한 예인 것이다.

따라서 내가 검토해 온 대부분의 텍스트에 있어서 문학적 가치의 기반을 마련하는 것은 패권적인 이데올로기적 구성체 내의 어떤 특정한 '역행적' 입장에서의 패권적인 이데올로기적 구성체의 생산이다. 그리고 그렇게 생산된 패권적 이데올로기의 구성체를 조지 엘리엇의 경우는 향수적 전원주의, 콘래드의 경우는 낭만적 민족주의, 예이츠의 경우는 귀족적 반동성이라고 언급하는 것은 마르크스가 『개요』에서 고대 그리스에 관해 했던 말, 즉 물질적 발전의 어떤 제한된 단계에 적합한 이데올로기들이 미학적 의미작용들을 생산해낼 수 있으며, 그 미학적 의미작용들의 힘은 바로 그와 같은 한계를 토대로 번성하는 것이라고 했던 말과 같은 것이다. 물질적인 것의 발전과 미학적인 것의 발전 사이에는 어떤 단순한 유사성도 존재하지 않는다. 즉 예술은 인간이 점점 더 풍요로워짐에 따라 더욱 더 번영하는 것이 아니다. 다른 한편으로 이것은 생산력의 발전단계와 미학적 가치를 생산해내는 가능성 사이의 관계가 단순히 우연한 것임을 의미하는 것도 아니다. 만일 물질적 부와 미학적 가치가 상승 도표식으로 서로 상호 관련되지 않는다면 그 이유를 말할 수도 있다. 이것은 마치 인간들이 그들의 물질적 풍요가 증가함에 따라 점점 더 '도덕적으로는' 존경할 만한 인물이 되지 못하는 이유를 밝힐 수 있는 것과 같다. 미발달한 사회구성체 내에서는 특정 개인들이 별 문제 없이 자신의 행위가 사회적 기능과 연결되는 것을 어느 정도 경험할 수 있다. 그런데 그러한 상대적인 '투명성'이 획득될 수 없는 정도로 역사적인 모순점들이 첨예화될 때 '도덕성'은 완전히 독특한 언술양식으로 출현하게 되는 것이다. 말하자면 개인의 행동을 지배하는 이데올로기적 기준의 문제가 골치 아프고 감당할 수 없는 것이 될 때 개인의 행동과 사회적 기능 사이의 관계가 불투명해지며 불명료하게 된다는 것이다. 따라서 '도덕적' 언술은 이데올로기적 지배 하에 들어가게 되며, 혁명적인 정치의 손아귀 속에서 역사적인 해결책을 기다려야 한다. 물론 그와 같은 발전은 진보적인 것이다. '도덕성'은 역사가 발전해 가는 과정의 '바람직하지 못한 면'의 한 부분이 되기 때문이다. 마르크스가 고대 그리스의 미학적 업적을 찬양한 것도 이러한 견지에서이다(그러나 고대 그리스의 미학적 업적은 고전적인 생산양식의 제한성 위에서 그 '척도', 대칭 그리고 감각성을 유지 · 발전시켰다). 그 이후의 예술의 역사는 '물질적 풍요로움'의 역사가 아니라, 어떤 구체적인 계급관계와 이데올로기적 형식들—자본주의의 경우에는 (마르크스가 평하듯이) 예술적 생산에는 '실질적으로 적대적'인 관계와 형식들—내에서 생산력이 불균형적으로 발전해 나가는 그런 역사인 것이다.

그러나 이와 같은 적대감은 역사적으로는 진보적인 것이라 할 수 있다. 자본주의는 어떤 다른 능력들을 발전시키는 과정에서 역사적으로 생산된 어떤 능력들을 소멸시키고, 마비시키며, 혹은 억압한다. 마르크스가 『무월霧月 18일』*The Eighteenth Brumaire*에서 '미래의 시'라고 간접적으로 언급한 것이 가능해지는 것도 바로 자본주의가 발전시키는 어떤 능력들의 혁명적인 변형의 토대 위에서 이루어지는 것이다. 내가 언급했던 역행적인 이데올로기의 불완전한 조화는 무엇보다도 역사적으로 위협을 당하는 가치들의 '후견인'으로서 역할을 하며, 미학적 가치 생산에서의 그들의 역할은 변증법적으로 평가되어야 한다. 만일 (진보적인 계급들과 이데올로기들만이 의미 있는 문학 텍스트를 생산한다는 통속적인 가정 하에) 그것들이 반동적인 것으로 거부당하지만 않는다면, 그것들이 단지 미래의 완숙한 개체 속으로 조화롭게 '통합'되기만을 기다리는 것으로 간주되지도 않을 것이다. 왜냐하면 '미래의 시'는 그와 같이 잘 알려진 고정된 역사적 가치들의 끊임없는 초월에 의해서 특징지어질 수 있기 때문이다.

옛 프랑스 혁명의 당파들과 대중들뿐만 아니라 까미예 데스무랭Camille Desmoulins, 당통Danton, 로베스피에르Robespierre, 생 쥐스트Saint-Just, 나폴레옹Napoleon 등과 같은 영웅들도 근대 '부르주아 사회를 해방시켜 건설하는 임무인 그들 시대의 임무를 로마의 의상을 입고 로마의 표현들로 완수했다 …. 부르주아 사회가 비록 영웅적이지는 못하지만 그럼에도 불구하고 그 사회가 존재하기 위해서는 영웅주의, 희생, 테러, 내란, 민족전쟁들을 필요로 했다. 로마공화국의 고전적이고 준엄한 전통 속에서 그 공화국의 투사들은 자신들 스스로로부터 그들 투쟁의 내용이 지니고 있는 부르주아적 한계를 은폐하기 위하여, 그리고 그들의 정열을 위대한 역사적 비극의 숭고한 차원으로 올려놓기 위하여 그들이 필요로 했던 이상과 예술형식들을 발견했다. 이와 비슷하게 약 1세기 전쯤의 또 다른 발전단계에서 크롬웰Cromwell과 영국민들은 그들의 부르주아 혁명을 위해 구약성서로부터 언어, 정열, 환상들을 빌려왔다. 현실의 목표가 성취되었을 때, 즉 영국 사회의 부르주아적 변혁이 완수되었을 때 로크John Locke가 하바쿡Habakkuk[역주87]을 밀어내고 대신 들어섰다. [⋯]

19세기의 사회혁명은 과거가 아닌 미래로부터만 그 혁명의 시를 이끌어낼 수 있었다. 또한 그 혁명은 과거와 관련된 모든 미신을 타파하고서야 시작될 수 있었다. 그 이전의 혁명들은 자신들의 내용과 관련하여 스스로를 마취시키기 위해 과거의 세계 역사를 회고해야 했지만, 19세기의 혁명에서는 그 내용에 도달하기 위해서 죽은 자들로 하여금 그들의 시신을 묻도록 해야 했다. 즉 과거에는 문구가 내용을 능가했지만 이제는 내용이 문구를 능가하고 있는 것이다.[17)]

이전의 혁명들이 지니고 있는 '시', 그 혁명들을 지탱시켜 주었던 상징체계들은 마약과도 같은 것이었으며 신뢰할 수도 없는 것이었다. 즉 과거의 형식들을 역사적 상황 속으로 인위적으로 주입시키는 것은 너무나도 부자연스러운 것이기 때문에 혁명 자체의 적절한 의미작용들을 생산해낼 수 없었다. 여기에서 1842년 마르크스가 《라인신문》*Rheinische Zeitung*에 실었던 글과 함께 그의 논평을 살펴보는 게 좋을 것 같다. 그 글에서 마르크스는 독일 낭만주의를 보수적인 정치라는 몸통에 올려놓은 진보적인 얼굴을 반영하면서 상당히 단조로운 산문적 내용을 은폐하는 무의미할 정도로 정교한 형식이라고 비난했다. 마르크스의 그와 같은 논평들은 『개요』에서 그가 자본주의 과학기술의 조건 하에서 생산되는 또 하나의 호머적인 서사시를 상상하는 어리석음에 관하여 풍자적으로 언급한 말과 관련된다. 사실상 그가 비판하고 있는 것은 일종의 역사적 심미주의이다. 즉 빈약한 내용을 빛내기 위해 기존의 상징적 형식들을 모순적으로, 그리고 비본질적으로 전유하는 것을 비판하고 있는 것이다. 그의 논의는 역사적 '사실'과 미학적 '가치' 사이의 필연적인 '내적' 관계에서 끝을 맺는다. 그러나 이러한 수수께끼 같은 구절은 그 글의 마지막 문장에서 요약된 심원한 통찰력을 포함하고 있다. 이전의 혁명들이 지닌 '시학'은 '표면적'인 혹은 '재현적'인 종류의 시학이었다. 다시 말해서 형식을 발견하는 내용의 문제였다. 그러나 미래사회의 '형식'은 '내용'의 끊임없는 자기 초월의 형식이며, 무제한적이면서 일관된 생산력의 발전에 근거를 두는 형식이다. 부르주아 혁명의 상징적 형식들은 그들의 사회적 내용을 엄청난 정도로 팽창시키지만, 그런 과정 속에서 현실적인 결핍성을 왜곡시키면서 자신들의 변하지 않는 압축성을 내보였다. 여기서 마르크스는 이러한 문제점을 단순히 '뒤바꾸어 놓은' 것으로 나타난다. 즉 형식의 물화에 대항하여 혁명적인 내용의 역동성을 강조하고 있는 것으로 나타난다. 그러나 그 구절이 담고 있는 심원한 압축성은 『개요』의 기본적 요소들과 함께 고려해 볼 때 유물론적인 입장에서 형식과 내용의 전반적인 문제점을 재고해 볼 필요가 있다는 것을 시사해 준다. 『개요』에서는 고대 예술과 사회에 있어서의 제한된 '척도'가 사회주의에 의해 좀 더 '높은' 수준으로까지 '상승되지 못한다.' 그와는 반대로 이 '척도'라는 개념—압축의 결과로 발생한 완성된 비율—은 자로 잴 수 없는 특징을 지닌 생산성의 형식을 고려하기 위해서는 거부되어야 한다. 마찬가지로 『무월 18일』의 경우에 문제는 사회주의 혁명의 내용에 '적합한' 표현적인 혹은 재현적인 형식들을 발견하는 것이 아니다. 그것은 그 반대의 입장을 재고해 보는 데 있다. 형식은 내용이 흘러들어 가는 상징적인 틀로서 파악되는 것이 아니라 '내용의 형식'으로서 파악이 되는 문제, 즉 형식은 끊임없는 자기생산의 구조로서, 따라서 '구조'가 아닌 '구조화'로서 파악되어야 하는 것이다. 마르크스에게 있어서 미래의 시이며 공산주의의 징후인 것이 바로 이러한 지속적인 자기 초월의 과정—'표현을 초월하는 내용의 과정'—이며, 이것이 바로 우리에게는 문학 텍스트의 유물론적 분석의 비밀이 되는 것이다.

가령 경험의 구체적인 특성들에 대한 예이츠의 반합리주의적인 예찬은 혁명 이후의 미래 속에 통합되어야 하는 가치라고 주장하는 것은 어떤 의미로 보면 과거로부터 자신의 시를 이끌어내는 것과 같다. 그럼에도 불구하고 예이츠는 자신의 가치는 소유하고 있었다. 그 가치는 미래의 상상적인 구상으로부터 '거꾸로 읽혀지는' 가치가 아니다. 그것은 어떤 구체적인 이데올로기적 구성체와의 특수한 관계에서 비롯되는 기능이다. 더 정확히 말하자면 그 가치는 텍스트상의 생산의 어떤 특정 과정을 수행하는 기능이며, 그 기능은 그 자체가 그와 같은 이데올로기적 구성체와의 지속적인 관계(텍스트를 성립시키는 이데올로기의 불완전한 조화에 의해 규정된 관계)이다.

라스콜니코프에 대한 트로츠키의 응수는 분명 정확한 것이었다.

즉 문학은 이데올로기에 문헌상으로 접근하는 형식이 아니다. 문학은 언어학적 조직체의 특정 양식이며, 관습적인 의미작용 양식들의 '교란'에 의하여 특정의 의미형성 양식을 전면에 내세워 우리로 하여금 그 의미형성 양식들을 내포하고 있는 이데올로기를 인식하도록 하는 것이다. 전면에 내세우는 그러한 전경前景화의 과정은 구성된 예술품인 동시에 경험적인 유혹, 즉 작품이 '인위성'에 비례하여 매혹적인 것이 되어가는 기호들의 작용 속으로 독자를 끌어들이는 유혹이다. 텍스트는 독자들이 보다 심오한 경험상의 접근방식을 통해 텍스트 내에 형성된 공간 속으로 진입할 수 있도록 텍스트의 기호들을 유일한 결정요소들로부터 자유롭게 하며, 역사에는 존재하지 않는 자유를 갖고 그 기호들을 흡수 내지 배제함으로써 기호들을 배가시키고, 연장 · 압축시키며, 다양화시키는 무대이다. 물론 여기에 양 극단이 있을 수 있다. 즉 자신의 장치들을 '지나치게' 과시함으로써 고의적으로 독자로부터 멀어지는 텍스트와, 외관상으로 경험 자체의 투명성을 보여주는 '자연적'이고 '순수한' 기술형식으로서 독자에게 호소하는 텍스트가 그것들이다. 그러나 문학작품은 그 어느 쪽으로도 축소될 수가 없다. 문학작품은 자체의 비현실성에 비례하여 공명성을 개재시키기 때문이다. 우리가 문학이 제공하는 역사적 현실의 여러 변형을 보도록 요구되는 것은(그리고 받아들이도록 유혹당하는 것은) 바로 문학의 '비현실성'이 의미들을 유연하게 하고 압축하여 '자연적인 것' 이상의 것을 보장해 주기 때문이다.

그러나 바로 여기서 가치의 문제가 개입된다. 왜냐하면 모든 텍스트가 다 다른 텍스트들과 마찬가지로 똑같은 방식으로 혹은 같은 정도로 '텍스트의 의미들을 유연화하며 압축하는' 것은 아니기 때문이며, 모든 텍스트들의 '역사적 현실의 변형들'이 다 중요한 것만은 아니기 때문이다. 모든 텍스트들이 의미를 나타내지만 그것들이 다 의미심장한 것도 아니다. 어떤 문학작품이 압축된 이데올로기를 생산하여 그 이데올로기를 '다시 새롭게' 하는 것이 가능하다. 즉 그 문학작품이 노동을 의미하는 자체의 '제2의 질서양식'을 통해 진부하고 판에 박힌 의미작용들을 '소원화'시켜 이데올로기가 제공하는 가치와 인식들을 재활성화시키는 것이 가능하다. 그 반대의 경우도 흔히 있는 일이다. 즉 어떤 작품은 자체의 텍스트상의 운용방식에 의해 적극적인 권능을 지닌 이데올로기의 요소들을 차단하거나 빈약한 것으로 만들 수도 있다. 물론 그 밖의 다른 가능성들도 있다. 가령 우리는 10대들의 잡지 속에 나오는 평범한 연애소설을 '저속한' 문학이라고 말하기도 한다. 그 이유는 그 텍스트가 작동시키는 한물 간 이데올로기적 토대가 스스로의 힘으로도 '되살아날 수 있는' 신화들이 텍스트에서 스스로를 변형시키며 생산되는 것을 방해하기 때문이다. 그러나 의미작용의 '제1' 질서 혹은 '제2' 질서(이데올로기와 텍스트)를 언급하는 것, 즉 마치 그것들이 모두 일원적 체계인 것처럼 말하는 것은 너무 단순한 일이다. 왜냐하면 각각의 순위는 각기 독특한 이데올로기적 영역에 속하는 기호들의 복합적인 조화에 의해 구성되기 때문이며, 의미와 가치라는 두 관점에서 볼 때 텍스트 생산 연구는 이러한 불완전한 조화체들 간의 복합적인 관계에 대한 연구이기 때문이다.

그러므로 한 텍스트의 가치는 이데올로기적 구성체 속으로의, 그리고 문학적 언술의 이용 가능한 계보 속으로의 이중적인 삽입양식에 의해 결정된다. 텍스트가 그것을 둘러싸고 있으면서 역사적으로 결정된 가치, 관심, 필요, 힘, 능력 등과 같은 항상 부분적으로 남아 있는 범위들과 관계를 형성하는 것도 바로 이런 방법에서이다. 즉 텍스트는 그러한 것들을 '표현'하거나 '재생산'하는 것이 아니라(왜냐하면 텍스트는 단어들에 의해서 구성되는 것이지 필요성에 의해 구성되는 것이 아니기 때문이다), 그러한 것들을 약호화한 이데올로기적 기호들과의 관계를 구축하는 것이다. 그렇다고 가치 있는 텍스트란 항상 '진보적'인 가치와 능력들을 포함하고 있는 텍스트이거나 혹은 진보적인 '계급주체'를 반영하는 텍스트임을 말하려는 것은 아니다. 벤 존슨Ben Johnson역주88과 월터 새비지 랜더Walter Savage Landor역주89의 차이점을 살펴보자. 이 두 작가들은 서로 어울리지 않을 정도로 다양한 면을 내보이고 있지만 보수적인 고전적 휴머니즘의 전통에 있어서는 공통점도 있다. 왜냐하면 존슨에게 있어서의 그 고전적 휴머니즘이라는 보수적 이데올로기의 적극적인 권능의 속성이 랜더의 경우에 있어서의 활기 없는 전반적인 무기력과 선명하게 대조를 이루고 있지 못하기 때문이다. 랜더가 살았던 시기에 그런 고전적 휴머니즘은 고상한 학문, 즉 내용물은 빠져버린 정교한 껍질로 후퇴했다. 그러나 존슨의 시대에 그 고전주의는 다른 요소들과 결합하여 하나의 복합적인 이데올로기적 공간을 형성하였으며, 그 공간 속에서 제한적이긴 하지만 의의 있는 역사적 관심의 변증법이라는 경험이 뚜렷하게 부각되었던 것이다. 그것은 존슨의 텍스트들이 '진보적인 계급 이데올로기'를 전개시키고 있다는 말이 전혀 아니며, 단순히 그러한 텍스트들이 운용하는 이데올로기적 요소들의 문제도 아니다. 왜냐하면 고전적 휴머니즘은 존슨의 드라마 형식과 의미작용들의 적극적인 결정요소이며, 그의 텍스트들을 포함하고 있는 미학적 전통의 한 부분이기 때문이다. 다른 전통들과 결합함에 있어 그 고전적인 휴머니즘은 생산수단이 되며, 그 수단에 의하여 풍부한 이데올로기적 세계는 '내적 거리감을 유지함으로써' 많은 편견과 인식을 낳게 되었다. 그렇다고 존슨은 '역사에 노출되고' 랜더는 역사로부터 도피하고 있다는 것이 아니다. 다시 말해 존슨의 텍스트들은 '현실의 삶'과 조화를 이루고 있고 랜더의 텍스트들은 학문적인 냄새만 풍기고 있다는 것이 아니다. 랜더가 그의 독특한 서사시를 등에 업고 역사로부터 완전히 도피해 버렸다면 『서곡』*The Prelude*도 같은 방향으로 움직이고 있었다. 그러나 워즈워드의 경우에 그와 같은 움직임의 모순성과 복잡성은 탁월한 가치의 조건이 된다. 워즈워드 텍스트의 형식 속에 아로새겨진 모순이 바로 그것이다. 즉 『서곡』은 결국 『서곡』임이 판명된 한 편의 서사시를 쓰기 위한 시인의 준비작업에 관한 시이다. 랜더가 가장 기본적인 문제—역사적 위기의 순간에 그러한 형식들이 어떻게 가치 있는 것이 될 수 있는가?—를 무시하면서 특이한 시비극과 이국풍의 서사시를 쓰는 동안 『서곡』은 그와 같은 역사적 순간의 미학적 · 이데올로기적 모호성으로 인해 상처받고 고통에 시달렸던 것이다. 그 작품은 어떤 정신적이고 역사적인 가능성들, 그 작품의 형식상의 이데올로기가 통제하지 않을 수 없는 어떤 힘과 가치들의 환영에 사로잡혀 있다. 따라서 스스로와의 화합이 근본적으로 결여되어 생긴 간극이 바로 그 작품의 의미들의 작용이 가장 풍요롭게 되는 곳이다. 랜더나 램Charles Lamb과 같은 작가들의 작품, 즉 그와 같은 가능성에로의 접근이 대체로 부족한 작품은 스스로가 돌이킬 수 없는 2류의 위치로 전락할 수밖에 없었던 것이다.

그러므로 문학적 가치의 '도덕주의'를 거부하고 작품의 가치 문제를 가능성의 조건 문제와 재결합할 필요가 있다. 인간은 문화만으로 살지 못하며, 결코 그럴 수도 없다. 그러나 실제로는 문화만으로도 살

수 있다는 것이 역사유물론의 주장이다. 물질적 결핍으로부터 해방되고 노동으로부터 자유로워지기만 한다면 인간은 상호 의미작용 속에 살 것이며, 끊임없는 자유를 '만끽하면서' 행동할 것이라는 것이다. 그런 과정 속에서 이전의 사회들이 지녔던 삶의 조건들을 지탱시켜 주었던 의미와 가치의 기호들이 분명 상관 있는 것이 될 것이다. 그러나 만일 마르크스주의가 미학적 가치에 대해 침묵을 지킨다면 그것은 그러한 언술을 가능하게 해줄 물질적 조건들이 아직까지 존재하지 않기 때문일 것이다. '도덕성'에 관해서도 똑같은 주장을 할 수 있다. 마르크스주의가 '도덕'에 관해서 직접적으로 언급할 것이 없다면 그것의 한 가지 이유는 도덕성을 단지 도덕주의로만 여기는 사람들과는 도덕 논쟁을 하지 않겠다는 것이 될 것이다. 이것은 상이한 내용을 이런 범주들 속에 삽입하는 문제가 아니라, 그 범주들 자체를 가치 이전시키는 문제이다. 또한 단순히 의지만으로는 해결할 수 없는 문제이기도 하다. 부르주아 미학주의자들에게 있어 '미학적인 것'은 너무나 가치 있는 것이기 때문에 투쟁 없이는 획득될 수 없는 것이며, 부르주아 이데올로기에 의해 너무 많이 오염되어 있기 때문에 현재의 상태로는 유용하게 이용할 수가 없다. '도덕적' · '미학적'으로 이야기하는 것을 거부하는 사람들의 잠정적이고 전략적인 침묵 속에 어쩌면 그 두 용어, 즉 '도덕'과 '미학'의 진정한 의미가 담겨 있는 것인지도 모른다.

저자 주

1장

1. 그의 *Fascism and Dictatorship*(London, 1974), 254—55쪽 참조.
2. *Culture and Society 1780—1950*(Harmondsworth, 1963), 178쪽.
3. *Scrutiny*, 1933년 3월호.
4. Terry Eagleton and Brian Wicker 공편, *From Culture to Revolution*(London, 1968)의 서문, 28쪽.
5. "The British Left", *New Left Review* 30(1965년, 3/4월호).
6. 윌리엄스의 최근 저작은 이 점으로부터의 진전을 보여준다. 그는 이제 그와 같은 '총체성' 개념의 위험을 명확하게 인식하고 있으며, 그 원초적인 결정요소들을 밝혀낼 필요가 있음을 주장한다(그의 "Base and Superstructure in Marxist Cultural Theory", *New Left Review* 82, 1973년

11/12월호 참조). 그러나 그가 분리해내는 주요 결정요소는 '의도들', 즉 특정 지배계급의 목표들이다. 말하자면 그 총체성은 목적론적인 것이다. 이런 식으로 문제를 설명함으로써 윌리엄스는 그가 탈피하려고 하는 바로 그 역사주의적 문제틀 안에 머무르고 만다.

7. "Literature and Sociology : in memory of Lucien Goldmann", *New Left Review* 97(1971년 5/6월호).
8. 물론 윌리엄스가 제도상의 변화를 무시한 것은 아니다. 오히려 이 두 과정을 하나의 실천의 두 측면으로 보고 있으며, 그래서 『장구한 혁명』과 『커뮤니케이션즈』에서 그는 제도상의 변화를 점진적이고 실험적인 견지에서 파악하고 있는 것이다. 문제시되고 있는 관계가 '변증법적으로' 파악된 것이지 '비대칭적으로' 파악된 것은 아니라고 말할 수 있다.
9. *The Long Revolution*(London, 1961), 35쪽.
10. "Culture is Ordinary", N. Mackenzie 편, *Conviction*(London, 1959).
11. *From Culture to Revolution*, 28쪽.
12. *Culture and Society 1780–1950*(Harmondsworth, 1963), 289쪽.
13. *The Long Revolution*, 96쪽.
14. *Second Generation*(London, 1964), 9쪽.
15. *The Country and the City*(London, 1973), 299쪽 참조.
16. *From Culture to Revolution*, 297쪽.
17. *The Long Revolution*, X쪽.
18. "Base and Superstructure in Marxist Cultural Theory."
19. 그의 논문 "David Hume : Reasoning and Experience", H. S. Davies and G. Watson 공편, *The English Mind*(London, 1964) 참조.
20. "Literature and Sociology : in memory of Lucien Goldmann."

21. *Culture and Society*, 269쪽.

22. *From Culture to Revolution*, 24쪽.

23. "사회적인 문제들을 개인적인 문제들로 지속적으로 환원시키고 집단주의적인 입법에 반대하여 개인주의적인 입법을 지지하는 이론들과는 반대로 '유기체적' 사회에 대한 생각들이 사회주의 이론을 위한 기본적인 준비작업, 그리고 '전체적인 삶의 방식'에의 더욱 폭넓은 관심을 위한 준비작업이 된다는 것은 사실일 수도 있다. 그러나 그 이론들이란 실제의 사회상황으로부터 거의 추출될 수 없으며, 실제로 '유기체' 이론은 매우 상이하고 심지어는 서로 대립되는 주의명분을 지지하기 위하여 사용되어 왔다"(*Culture and Society*, 145쪽).

24. "Base and Superstructure in Marxist Cultural Theory" 참조.

25. "만약 우리가 생산력의 의미를 넓게 생각한다면 우리는 토대의 문제 전체를 다르게 보게 되며, 넓은 의미에 있어서 처음부터 토대적(basic)이었던 어떤 주요한 생산적인 힘들을 상부구조적인 것으로, 그리고 그런 의미에서 단순히 부차적인 것으로 처리해 버릴 위험이 적어지게 된다" ("Base and Superstructure in Maxist Cultural Theory"). 이 '주요한 생산적인 힘들'에는 분명히 예술이 포함되는 것이다.

26. 같은 글.

2장

1. 엄격히 말해서 그 자체의 비교적 독자적인 생산력과 생산관계를 지니고 있는 극은 문학과는 별개의 생산양식에 속한다. 극의 '텍스트'는 무대 생

산양식의 역사적 성격에 의존하는 LMP에 속할 수도 있다. 그러나 문학이 극을 흡수하는 것은 이데올로기적으로 중대한 전유(專有)이다.

2. 언어가 단순히 '상부구조적'임을 의미하고자 하는 바는 아니다. 인간의 동물적인 특성에 비추어 보아 언어 없이는 물질적 생산도 있을 수 없다. 언어는 다른 무엇보다도 육체적 · 물질적 현실이며, 따라서 물질적 생산력의 부분이 된다. 이 보편적 인간 현실(언어)의 특수한 역사적 형태들은 그런 의미에서 사회적 · 정치적 · 이데올로기적 수준에서 구성된 것이다.
3. 또한 한 작가가 동시대적인 것이든 아니든 '다른' 사회의 GI에 삽입되는 경우도 있다. 이것은 '코스모폴리터니즘'의 문제이다. 그러한 삽입은 항상 최종적인 순간에 '자국의' GI의 결정성의 문제가 된다.

3장

1. 여기에서 유물론자들의 비평과 필립 시드니 경의 『시의 옹호』 사이의 놀랄 만한 관점의 일치를 찾아볼 수 있다는 사실이 흥미롭다.
2. *Lenin and Philosophy*(London, 1971), 203-4쪽.
3. *Pour une Théorie de La Production Littéraire*(Paris, 1974), 77-83쪽.
4. 그의 *Marxism and Form*(Princeton, 1971), 327-40쪽을 보라.

4장

1. 그람시에 있어서 '유기적'인 지식인들이란 신흥 사회계급에 기반을 두고

존재를 드러내는 자들이며, 그들은 이전의 사회상황으로부터 살아남은 '전통적'인 지식인 부류들과 대결하게 된다. 그리고 그 전통적인 지식인들을 물리치고 동화시킬 필요가 있었다. 그람시는 "지식인들 중 전통적으로 대중화된 유형의 인물들은 문학인, 철학자, 그리고 예술가들이다"라고 주장했는데, 이는 영국의 전통에 있어서도 상당히 중요한 의미를 지닌다(*Selections from the Prison Notebooks*, 9쪽). 이 글에서 내가 언급하는 '유기적'이라는 의미와 그람시가 사용한 '유기적'이라는 용어의 의미를 구별하는 것이 중요하다.

2. F. R. Leavis 편, *Mill on Bentham and Coleridge*(London, 1950) 참조. 에릭 홉스봄(Eric Hobsbawm)은 '순수한' 공리주의의 이데올로기적 한계점, 즉 '천부적인 권리들'에 대한 공리주의의 탈신비화가 재산권을 옹호하여 어떻게 '형이상학적' 제재력을 약화시킬 수 있으며, 그 형이상학적 제재력을 '공리'라는 상당히 허약하면서도 정치적으로는 더 변화무쌍한 범주로 대치할 수 있는가 하는 문제를 언급하였다[*The Age of Revolution : Europe 1789—1848*(London, 1964), 236쪽].
3. *Selections from the Prison Notebooks*, Quintin Horace and Geoffrey Nowell Smith 공편(London, 1971), 18쪽.
4. 내가 사용하는 '유기적', '유기(체)론'은 자연적인 삶의 형태들의 자연발생적인 통합성을 지니고 있는 사회구성체와 미학적 구성체를 의미한다. 더 일반적으로는 구성요소들 간의 조화로운 상호 의존성이라는 특징을 지닌 대칭적으로 통합된 체제들을 지칭한다.
5. 그러나 유기적인 형식으로서의 소설의 개념은 단순히 '상부구조적'인 문제만은 아니다. 제임스 시대에 이르러서는 물질적인 문학생산 양식에 있어서의 변화는 산만하고 복잡한 플롯을 지닌 빽빽한 내용의 '3부작'에서

좀 더 '유기적'인 한 권의 책으로 변화하는 것을 의미했다. 실제로 우리는 여기에서 일반적인 자본주의 생산양식, 문학 생산양식, '미학적' 이데올로기, 그리고 지배적인 이데올로기의 요구사항들 사이의 상당히 복합적인 결합의 실례를 볼 수 있다.

6. 이 장에서 검토되고 있는 요소들은 사회비평, 소설, 시, 그리고 영국 사회와 거의 무관한 관계에 있는 듯이 보이는 것이 당연한 그런 작가들까지 망라하고 있다. 그래서 그 요소들의 다소 이질적인 특성에 대해서 변명이라도 해야 하지만 내가 명백하게 드러나기를 바라듯이 그런 무관계성이 나의 논점의 일부이다. 여기서 연구되는 요소들의 통합은 근본적으로 유기론의 '주제'와 일치하는 것이다. 한두 가지 논의에서 문학의 시대순을 거꾸로 한 것—예를 들어 제임스와 콘래드의 경우인데, 나로서는 제임스가 유기론의 개념을 새로운 방향으로 전개시킨 작가로 보였기 때문이다—은 바로 이러한 주제적 일관성을 유지하기 위해서이다.

7. *Culture and Anarchy*, Ian Gregor 편(Indianapolis and New York, 1971), 56쪽.

8. 아놀드는 사실상 어떤 계급이 실질적으로 영국에서 정치적 헤게모니를 행사하는지에 대해서 상당히 일관성 없는 태도를 보였다. 그의 일반적인 입장—이는 실제적인 헤게모니와 국가기관의 행정을 구별하지 못한 결과에서 나타난 것이다—은 귀족계급이 아직도 지배적인 계급이라는 것이다. 실제로 1879년까지도 그는 "중산계급은 현재로서는 지도력을 발휘할 수 없으며, 또 불가능한 일이다"라고 하였다["Ecce, Convertimur and Gentes", *Matthew Arnold : English Literature and Irish Politics*, R. H. Super 편(Ann Arbor, 1973, 17쪽]. 한편 Friendship's Garland에서 아놀드는 귀족계급이 행정을 처리하고 중산계급이 통치를 한다고 언급하

였다.

9. *Selections from the Prison Notebooks*.

10. *The Popular Education of France*, in *Democartic Education*, R. H. Super 편(Ann Arbor, 1962), 22쪽.

11. 같은 책, 23쪽.

12. 같은 책, 26쪽.

13. 같은 책, 322, 324쪽.

14. 이러한 이데올로기 개념에 대한 비판은 Nicos Poulantzas의 *Political Power and Social Classes*(London, 1973), 195–224쪽 참조.

15. *The Study of Celtic Literature*, in *Lectures and Essays in Criticism*, R. H. Super 편(Ann Arbor, 1962), 348쪽.

16. *Culture and Anarchy*, 60쪽.

17. *Democratic Education*, 4쪽.

18. 자기 자신의 스스로에 대한 언급임. "The Future of Liberalism", *English Literature and Irish Politics*, 138쪽.

19. *Culture and Anarchy*, 38쪽. 아놀드의 영국 계급구조에 관한 설명—Barbarians, Philistines, Populace—자체는 근본적으로 귀족적 개념인 '신분'에 의거한 것이며, 본질적으로 '상관적'인 현실로서의 사회계급에 대한 개념은 갖고 있지 못하다.

20. *Culture and Anarchy*, 54쪽.

21. "The Study of Poetry", *English Literature and Irish Politics*, 161–2쪽.

22. "Culture : A Dialogue", *Fortnightly Review*, November 1867.

23. *Matthew Arnold*(New York, 1949), 211쪽.

24. "The Bishop and the Philosopher", *Macmillan's Magazine*, January

1863.

25. *On The Classical Tradition*, R. H. Super 편(Ann Arbor, 1960), 4쪽.

26. 19세기 중반 이후부터 증가하기 시작한 조합주의의 형태는 다음과 같이 잘 알려진 것들이다. 즉 산업체들의 대규모 팽창, 확대 조직된 농업의 '집약농업' 시기의 도래, 자본주의적인 합자회사나 합자주식회사들의 성장, 철도산업의 합병, 교육과 공공위생과 같은 분야에서의 중앙집권적인 국가 관료정책의 출현 등이 그것이다. 이런 발전에 부응하여 부르주아 이데올로기가 취하는 조합주의적 형태들(실증주의, 기독사회주의, 신봉건주의, 신헤겔주의)과 노동운동의 전반적인 분야에 의해 취해진 형태들(타협적인 노동조합, 협동적이고 우호적인 친목회, 저축은행 등)이 존재하게 되었다.

27. 계급투쟁에서의 이러한 변화와 특정의 문학적 발전 사이에 전형적이지는 않지만 밀접한 상관관계가 존재하는데, 가령 가스켈(Gaskell) 여사의 『매리 바튼』(*Mary Barton,* 1848)의 이데올로기와 그녀의 『북과 남』(*North and South*, 1855)의 이데올로기를 분리시키는 거리가 바로 그것이다. 바로 이러한 거리감 속에서 역사적 변화의 계기가 드러난다.

28. *Critical Essays on George Eliot*, Barbara Hardy 편(London, 1970), 20쪽.

29. 예술이 가르침의 가장 고결한 형태이기는 하지만 '그림'(picture)으로부터 '도식'(diagram)으로 퇴보해서는 결코 안 된다고 한 엘리엇의 유명한 말이 프레드릭 해리슨(Frederic Harrison)에게 보낸 편지에서 나타나는데, 그 편지에서 순수한 실증주의적 소설을 만들어내라는 해리슨의 제안을 엘리엇이 거절하고 있다는 사실은 중요한 일이다(George Eliot, *Letters*, Gordon S. Haight 편(London, 1956), 4권, 300쪽.

30. *Romola*(London, 1883), 2권, 332−3쪽.
31. Francis Mulhern이 "Ideology and Literary from a comment", *New Left Review* 91, 5/6, 1975에서 언급함.
32. 소설에서의 이런 일반적인 구별을 위해서는 Francis Mulhern의 앞에서 인용된 글을 참조하라.
33. 이것이 디킨즈의 몇몇 초기 소설에서의 구조적 부조화의 한 이유가 된다. 『니콜라스 니클비』(*Nicholas Nickleby*)와 『마틴 처즐위트』(*Martin Chuzzlewit*)와 같은 소설들은 전통적이고 부르주아적 취향의 주인공들의 모습에서 텅 빈 부재의 중심을 보여주며, 그 소설들의 진정한 생명은 이 부재의 중심 주변에서 소용돌이치는 구석과 주변에서 발견될 수 있다.
34. *The Violent Effigy : a study of Dickens' imagination*(London, 1974), 26쪽에서 John Carey가 지적함.
35. 이러한 복합적인 총체성들은 일원적인 산업체제, 즉 그 체제와 '삶' 사이의 노골적인 이원적 대립을 담고 있는 밀폐되고 정체된 소설인 『고난의 시대』에서 제시된 단일 산업체제와 대조될 수 있다. 이런 의미에서 『고난의 시대』는 시기상조의 과도한 총체성을 그린 작품으로 간주될 수 있다.
36. 물론 이것은 그런 도식적인 설명이 암시할 수도 있는 문학적 체계와 역사적 체계들 사이의 단순한 동질성의 문제가 아니다. 오히려 문제가 되는 것은 상대적으로 비체계적인 낭만주의적 휴머니즘에 의해 이데올로기적으로 다중규정된 초기의 '순수하지 못한' 언술들의 결합과 점차적으로 증대되는 조합주의적인 이데올로기적 요소들의 우세함에 의해 다중규정된, '상대적으로' 더 응집력 있는 후기 소설의 약호들 사이의 차이점이다.

37. Florence Hardy, *The Life of Thomas Hardy*(London, 1962), 177쪽.
38. Joseph Conrad, *Notes on Life and Letters*(London, 1921), 157쪽.
39. Joseph Conrad, *A Personal Record*(London, 1921), xii쪽.
40. 콘래드, 헨리 제임스, T. S. 엘리엇을 논할 때 중요하게 언급되는 영국으로의 보수적 '백인의 귀화'에 관한 분석은 Perry Anderson, "Components of the National Culture", *New Left Review* 50, 7/8, 1968년 참조. 또한 본인의 *Exiles and Emigrés*(London, 1970) 참조.
41. G. J. Aubry 편, *Life and Letters*(New York, 1927), 84쪽.
42. 같은 책, 269쪽.
43. *Conrad's Politics*(Baltimore, 1967), 3장.
44. *The Nigger of the Narcissus* 서문(London, 1921), 8쪽.
45. *Writing Degree Zero*(London, 1967) 참조. 이러한 모순은 '모더니즘'에서 절정에 이르는데, 모더니즘에서는 (조이스의 경우에서처럼) 극도로 정확한 의미의 세련성이 역설적으로는 의미를 더 정확하게 전달하려는 과정에서 독자들을 무시하면서 독자들에게는 근본적으로 배타적인 주관적인 언어학적 대상으로 그 작품을 변형시켜 나간다.
46. *The Great Tradition*(Harmondsworth, 1962), 198쪽.
47. Edward Garnett 편, *Letters from Conrad*(London, 1927), 153쪽.
48. 중심 부재의 작품으로서 가장 인상적인 빅토리아조 문학의 예가 *In Memoriam*이라는 사실을 삽입시킬 필요가 있다. 그 시의 둘레를 싸고 맴돌고 있는 중심 부재는 아서 할램(Arthur Hallam)의 죽음 뒤에 남겨진 공허다. 그것이 그 시를 형식적으로 일련의 짤막한 명상들로 분리시킨다. 그러나 그러한 부재가 이데올로기적으로는 결정적인 것이다. 왜냐하면 그 시는 근본적으로 할램의 죽음에 관한 것이 아니라 그 부재로 초점이

흐려진 이데올로기적 불안과 불확실성, 즉 과학, 합리주의, 신념의 상실, 혁명에 대한 두려움 등에 관한 전체적인 조망이기 때문이다. 할램은 거의 분별할 수 없는 이와 같은 불안들로 가득한 텅 빈 공간이다. 그 시에 나타난 우울(프로이트 참고 : 우울은 대상이 없는 슬픔이다)은 그것이 왜 슬픈 것인지를 이데올로기적으로는 정확하게 알 수 없다는 사실을 반영해 주고 있다. 즉 그 작품은 그러한 불안을 할램이라는 개인적 인물에게 전위시킴으로써 그 불안을 단지 간접적으로나마 알 수 있게 해주는 부르주아 계급의 이데올로기적 불확실성에 대한 고전적 문헌이다.

49. *Letters to Garnett*, 94쪽.

50. *Notes on Life and Letters*.

51. '그것을 항상 전체적으로 보려는 것이 우리의 현명하고 고결한 노력이며, 우리가 명심하고 있듯이 최고 예술의 선결조건이다. [⋯] 예술 그 자체 속에서 함께 만들어져야 할 일군의 주제 자료들의 통합이 어디에서 이루어져야 하는가에 대한 문제, 즉 다시 말해서 다양한 중요한 함축성들이 그것이 아무리 수가 많다고 해도 '반드시' 집필되고 혼합되어야 할 바로 그 장소의 문제가 나의 상황판단 감각에 비추어 볼 때 항상 우선적으로 해결되어야 할 문제가 된다"[*Notes on Novelists*(London, 1914), 100쪽].

52. *The American Scene*(London, 1907), 273쪽.

53. John Goode 편, *The Air of Reality : new essays on Henry James*(London, 1972), 255쪽. 제임스가 1883년 미국을 방문한 것과 그로부터 20년 후에 미국으로 돌아간 것과의 사이의 중간 기간은 법인회사들의 부흥, 실업계 거물들과 악덕자본가들의 부흥, 전적으로 부(富)에 기반을 둔 새로운 '귀족계급'의 탄생을 보여주는 미국 자본주의가 극도로 팽창

하던 시기였다.

54. F. W. Dupec 편, *Autobiography*(London, 1956), 278쪽.
55. Percy Lubbock 편, *Letters of Henry James*(London, 1920), 1권, 72쪽.
56. 같은 책, 113쪽.
57. *Letters*, 1권, 122쪽.
58. "실제로도, 그리고 일반적으로도 그 관계성들은 어느 곳에서도 끊어지지 않는다. 그리고 예술가의 까다로운 문제는 그 자신의 기하학에 의해 끊임없이 원을 그리는 것이다. 그리고 그 원 속에서 관계성들은 다행히도 끊어지지 않는 것처럼 '보일' 것이다." R. P. Blackmur 편, *The Art of the Novel*(New York, 1962), 5쪽. 제임스의 소설에서 형식의 '원호화'와 대등한 것으로 나오는 것이 '정사각형'이다. 따라서 '정사각형적' 인물들, 상황들, 관계들은 의식의 외교적 교섭에 의해 조화롭게 통합되어 나감으로써 제임스의 소설에서 계속해서 나타나는 하나의 메타포가 된다.
59. F. O. Mattthiessen and K. B. Murdock 편, *The Notebooks of Henry James*(New York, 1947), 409쪽.
60. Gabriel Pearson, "Eliot : an American Use of Symbolism", *Eliot in Perspective*, Graham Martin 편(London, 1970), 98쪽 참조. 여기에서 내가 소설에서 시로 방향을 돌린 것은 그 자체로서 역사적으로 중대한 전환을 반영한다. 즉 앞으로 우리가 보게 되겠지만 엘리엇에 있어서 시란 그 자체로서 하나의 매우 풍부하고 적절한 '이데올로기적' 매체이다. 그것이 예이츠의 방식과는 다른 점이다.
61. *The Use of Poetry and the Use of Criticism*(London, 1933), 108쪽.
62. *Eliot in Persepective*, 22쪽.
63. 다소 유사한 방식으로 '객관적 상관물'의 원리는 주관적인 경험을 그 경

험에 대해 일관되게 동일시할 수 있는 상징들, 즉 단지 '객관적'인 것들이라고 '주장될' 수 있는 공식 속으로 임의적으로 투영시킴으로써 결정된다.

64. *The Idea of a Christian Society*(London, 1939)와 *Notes towards the Definition of Culture*(1948) 참조. *The Idea of a Christian Society*의 역행적인 사회적 이상주의가 제2차 세계대전 바로 직전에 세상에 발표되었다는 것은 엘리엇의 정치적 안목을 나타내 주는 사실이다.
65. 그것은 우연하게도 제임스와 콘래드 두 사람에게 중대한 관심을 유발시켜 준 제도였다.
66. *Autobiographies*(London, 1966), 194쪽.
67. Richard Ellmann, *James Joyce*(London, 1966), 248쪽에서 인용.
68. Ellmann의 같은 책 204쪽에서 인용.
69. 게오르그 루카치는 그의 『소설의 이론』(*The Theory of the Novel*)에서 호머의 신화를 객체와 의미가 자발적으로 통합되는, 즉 형식과 내용이 일치하는 세계라고 말하고 있다. 조이스의 경우에 그 자발적인 통합은 단지 이따금씩, 그리고 예측할 수 없는 방식으로 성취될 뿐이다. 그리고 이것이 바로 그의 현현(顯現) 이론의 기초가 된다.
70. "The Novel", *Phoenix II*(London, 1968) 참조.
71. "Blessed are the Powerful", *Phoenix II*.
72. *St. Mawr*에서의 그의 평을 참조. "파시즘을 시도하라. 파시즘은 생활의 외면을 본래대로 유지시켜 줄 것이며, 침식되어 가는 사업을 훨씬 좋게 이끌어 나갈 것이다." 로렌스는 동성연애자가 아니었다는 의미에서와 마찬가지로 파시스트가 아니었다. 그는 파시즘과 동성애가 비도덕적이라고 생각했지만 잠재의식 속에서는 그 둘에 매료되었었다.

73. *Fantasia of the Unconscious*(London, 1961), 84쪽.
74. 이런 양면성은 로렌스 작품 속에서 전반적인 모순이라는 이미지로 묘사되고 있다. 즉 사랑/법, 빛/어둠, 사자/유니콘, 태양/달, 아들/아버지, 정신/영혼, 하늘/땅 등등이다.
75. 로렌스의 몇몇 상징적 모순의 '반전'에 나타난 명백한 왜곡현상, 즉 육욕적 남근의식의 상징인 아버지는 '여성적인 것'과 동일시될 수 있으며, 사자는 적극적인 힘과 관능을 동시에 나타내고 있고, 태양은 때로는 남성적 지성을 때로는 감각적인 여성적 온화함을 묘사하기도 한다. 반면 달은 여성적 수동성 혹은 남성의 냉철한 추상적 의식을 나타내고 있다.
76. "Brecht Against Lukács", *New Left Review* 84, 3/4월, 1974 참조.

5장

1. "Brecht Against Lukács", *New Left Review* 84, 3/4월, 1974.
2. *Class and Art : Problems of Culture under the Dictatorship of the Proletariat*(London, 1974), 7–8쪽.
3. 같은 책, 17쪽.
4. *Literature and Revolution*(Ann Arbor, 1971), 175쪽.
5. 같은 책, 159쪽.
6. 같은 책, 63쪽.
7. 같은 책, 67–8쪽.
8. 같은 책, 139쪽. 다시 말하면 "예술로서의 척도감각은 정치에서 리얼리즘의 감각을 지니는 것과 같다."

9. *Class and Art*, 8쪽.

10. *Literature and Revolution*, 147쪽.

11. *Class and Art*, 8쪽.

12. '전통적'인 도덕성들에 관한 이 짧은 논의는 Denys Turner의 논문인 "Morality is Marxism"(*New Blackfriars*, 2/3월, 1973)에서 많은 도움을 얻었다.

13. 루시오 콜레티(Lucio Colletti)는 루소가 도덕성과 정치의 동일화를 위해 '덕행 있는 자'와 '훌륭한 시민' 사이의 차이를 어떻게 거부했는가를 지적해 준다[*From Rousseau to Lenin*(London, 1972), 144–5쪽].

14. "Considerations on Materialism", *New left Review* 85(5/6월, 1974).

15. 내가 이데올로기론자로서 검토했던 작가인 매슈 아놀드는 여기서 언급하지 않았는데, 그의 자리는 브론테 자매들에 의해 채워질 수 있다. 나는 브론테 자매들의 작품을 이와 같은 견지에서 나의 책인 *Myths of Power : a Marxist Study of the Brontës*(London, 1975)에서 개별적으로 다루었다.

16. 제인 오스틴의 경우에서 알 수 있듯이 문학적 가치가 그와 같은 거의 무관한 관계들에 '의해서만' 생산된다는 것을 제시하려는 것은 아니다. 오히려 그것은 어떤 이데올로기적 복합성, 범위, 왜곡, 모호성의 문제이며, 그러한 문제 내에서 지배적 이데올로기의 특성과 그 이데올로기 속으로의 텍스트의 삽입에서 나타나는 특성은 반드시 동시에 검토되어져야 한다.

17. *The Eighteenth Brumaire of Louis Bonaparte*, in *Marx and Engels : Selected Works*(London, 1968), 97–9쪽.

옮긴이 주

1. 『네 개의 사중주』는 T. S. 엘리엇이 1942년에 완결한 *Burnt Norton*, *East Coker*, *The Dry Salvages*, *Little Gidding*으로 이루어진 네 편의 시들을 말하며, 'prevents it everywhere'는 *East Coker* 중 'prevents us everywhere'에서 빌려온 말임.
2. B. C. 84–54년경 로마의 서정시인
3. George Crabbe(1754–1832) 영국의 시인
4. W. B. Yeats(1865–1939) 영국의 시인
5. F. R. Leavis(1905–) 영국의 비평가. 앞으로 자주 언급되는 『스쿠르티니』(*Scrutiny*)지의 발간에 주도적 역할을 함.
6. 1932년에서 1953년까지 F. R. 리비스가 중심이 되어 발간한 계간비평지
7. (1822–1888) 영국 시인이자 비평가
8. (1935–1979) 그리스 태생의 마르크스주의 사회학자

9. (1921–) 영국의 비평가
10. 필립 시드니 경은 영국 엘리자베스조 시대의 유명한 소네트 작가로, 그의 『시의 옹호』는 당시 스티븐 고슨(Stephen Gosson)이라는 사람이 편협한 청교도적 관점에서 당대의 시인들과 극작가들을 공격하면서 쓴 「The School of Abuse」라는 글을 반박한 평론. 사후에 출판되었으며, 때로는 The Defense of Poesy라고 제목을 붙이기도 하는데 시드니 경의 '시의 옹호'는 대체로 '문학의 옹호'라고 보아야 한다.
11. 17세기 중반의 영국의 청교도 혁명
12. Samuel Taylor Coleridge(1722–1834) 낭만주의의 대표적 시인. 후기에는 철학 연구와 문예비평 쪽으로 기울었다.
13. William Cobbett(1763–1835) 영국의 언론인이자 정치가
14. (1711–1776) 영국의 경험주의 철학자
15. 찰스 디킨스(Charles Dickens)가 1852–1853에 쓴 소설
16. Koba는 스탈린의 다른 이름이며, 이 작품은 윌리엄스의 1959년도 작품
17. 단지 읽히기 위해서 쓰인 희곡
18. 1960년에 창간된 프랑스의 주요 문학비평지
19. 고대 아일랜드에서 음영시인보다 높은 지위에 있었던 고위층 시인
20. 기독교 이전의 고대 골(Gaul) 족 및 켈트(Celt) 족의 종교단체로 예언자, 승려, 시인, 재판관, 요술쟁이 등을 포함.
21. 통속적이며 선정적인 싸구려 소설들에 노란 표지를 붙였다는 데서 연유함.
22. 영국의 보수적인 자유당으로 지금의 자유당(Liberal Party)의 전신
23. 켈트어에 속하는 고대 아일랜드의 언어. 현재의 아일랜드 · 스코틀랜드 방언의 기본이 됨.
24. 옛날 영국 빅토리아조 시대 런던에 있었던 유명한 도서대본 가게

25. 1840－1928 영국의 소설가이자 시인. 『귀향』(*The Return of the Native*), 『테스』(*Tess of the D'Urbervilles*)와 같은 유명한 작품이 있음.
26. 1066년 노르만인의 영국 정복 후에 영국의 공용어가 되었던 노르만인의 프랑스어
27. 고대 아일랜드에서 독립을 목적으로 조직된 전설적인 군사영웅들의 모임 단체
28. (1608－1674) 17세기 중엽 영국의 대표적인 서사시인. 대표작으로 『리시더스』(*Lycidas*, 1637), 『실락원』(*Paradise Lost*, 1667) 등이 있다.
29. Daniel Defoe(1659－1731) 헨리 필딩(Henry Fielding), 사무엘 리차드슨(Samuel Richardson)과 더불어 영국 소설발달에 선구자적 역할을 함. 대표작으로 『로빈슨 크루소』(*Robinson Crusoe*), 『몰 플랜더스』(*Moll Flanders*) 등이 있음.
30. Henry Fielding(1707－1754) 영국 소설 발달에 결정적 역할을 함. 대표작으로 『조셉 앤드류스』(*Joseph Andrews*), 『톰 존스』(*Tom Jones*) 등이 있음.
31. (1628－1688) 영국의 설교사로 『천로역정』(*Pilgrim's Progress*)의 작가
32. (1815－1882) 영국의 소설가
33. (1834－1896) 영국이 공예가이자 시인. 그의 유미주의적 경향은 그가 공예가로서 중세 예찬에 몰두하면서 점차 19세기 문명에 대한 비판으로 바뀌게 되었다.
34. (1688－1744) 영국의 시인
35. 극의 텍스트를 '대본'이라고 번역할 수도 있으나 여기서는 논의의 편의상 '텍스트'로 옮겼다.
36. 저자는 극의 '연출'과 문학 텍스트의 '생산'을 같은 맥락에서 설명하고 있

으며, 여기서는 구체적으로 'a dramatic production'이라고 명시된 경우를 제외하고는 'production'을 모두 '생산'이라고 옮겼다.

37. (1898−1956) 독일의 극작가
38. 1838−1848년 사이에 일어났던 영국의 급진적인 정치개혁 운동. 인민헌장 운동이라고도 한다.
39. (1775−1817) 영국의 여류 소설가. 대표작으로 『오만과 편견』(*Pride and Prejudice*), 『엠마』(*Emma*) 등이 있음.
40. 오스틴과 동시대의 풍자작가인 토마스 러브 피콕(Thomas Love Peacock, 1785−1866)의 1859년도 작품
41. 영국의 철학자이자 소설가인 윌리엄 고드윈(William Godwin, 1756−1836)의 1794년도 작품. 전제정부와 맹목적 잔인성을 지닌 법률을 공격한 프롤레타리아 소설의 전형
42. 포프가 1733년과 1734년에 쓴 이론시(verse−essay)
43. (1759−1796) 영국 낭만주의의 선구자적 시인
44. 에드먼드 스펜서(Edmund Spenser, 1552?−1599)의 미완성 장편 서사시
45. 제임스 조이스(James Joyce, 1882−1941)의 1939년도 소설로 그의 마지막 작품
46. (1893−1930) 러시아의 미래주의 시인
47. T. S. 엘리엇이 1922년에 쓴 대표적인 현대시
48. 1910년대 조지 5세 치세 초기에 활약한 존 매스필드(John Masefield), 로버트 그레이브즈(Robert Graves)와 같은 시인들의 시
49. 헨리 필딩의 1749년도 작. 소설 원제는 *The History of Tom Jones, a Foundling*이다.
50. 윌리엄 워즈워드(William Wordsworth)가 1799년부터 쓰기 시작한 시

로 1850년 그의 사후에 출판된 장시(長詩). 흔히 워즈워드의 정신적 자서전이라 일컬음.

51. 워즈워드가 1797년부터 발표한 5편의 단시(短詩)들의 모음
52. (1640?—1716) 영국 왕정복고 시대의 풍습주의 대표적 작가
53. (1635—1691) 위철리와 동시대의 극작가로 풍습희극의 선구자
54. 위철리가 1663년에 쓴 희극
55. 위철리가 1676년에 쓴 인간의 추행에 대해 분개를 나타낸 일종의 비극
56. (1795—1881) 영국 빅토리아 시대의 사상가이자 평론가
57. (1804—1881) 영국 빅토리아 시대의 정치가이자 소설가
58. (1819—1900) 영국 빅토리아 시대의 미술평론가
59. (1729—1797) 영국의 정치철학자로 영국 경험론의 선구자
60. (1891—1937) 이탈리아 사회주의자. 1926년 이탈리아 공산당 설립. 그러나 1926년 파시스트들에 의해 수감된 후 정치에서 철학 연구로 전향
61. (1748—1832) 영국의 철학자이자 경제학자로 '최대 다수의 최대 행복'의 공리주의 제창자
62. (1843—1916) 미국 출신의 영국 소설가. 『여인의 초상』(*The Portrait of a Lady*), 『황금 주발』(*The Golden Bowl*) 등과 같은 걸작소설도 있지만, 소설이 단순히 '이야기 전개'(story—telling)가 아니라 인간 내면을 촬영하는 다중의 렌즈 역할을 해야 한다는 그의 소설미학 또한 후세의 작가들에게 큰 영향을 미쳤다.
63. 'culture'를 포괄적인 의미로 '문화'라고 보지만 아놀드를 이해하는 데 있어서는 '교양'이라는 단어가 더 적절하다. 맥락에 따라 '문화', '교양' 두 가지 다 혼용했다.
64. 해리슨은 교양을 말한 것이나 저자는 그것을 시에 대한 패러디로 봄.

65. 신을 세계의 근원으로 인정하나 세계가 창조된 후로는 신의 지배를 떠나서 스스로의 법칙을 따라서 움직인다는 사상으로 18세기 영국 · 유럽 대륙의 자유사상가들의 주장이다.
66. 초자연적인 것을 배격하고 개인의 존엄성과 가치 및 인간의 안녕, 행복 등을 근본취지로 하는 교리
67. (1792-1822) 영국 낭만주의 시인
68. 수속만 번거롭고 사무능력은 조금도 오르지 않는 관청을 두고 디킨즈가 『리틀 도리트』(*Little Dorrit*, 1857)에서 풍자한 말
69. 빅토리아 시대 초기의 토리(Tory)당의 일파
70. 미국의 프랑크 부크만(Frank Buchman)의 주창으로 시작된 종교운동. 영국에서는 1921년 옥스퍼드 공명자(共鳴者)들이 이 운동을 일으켰다.
71. 디킨즈의 『골동품상』(*The Old Curiosity Shop*, 1841)의 등장인물
72. 역시 『골동품상』에 나오는 등장인물
73. 콘래드의 『로드 짐』(*Lord Jim*, 1900)에서 주인공 짐의 행적과 과거를 추적하며 모든 사건을 목격하는 화자로서의 등장인물
74. 엠마누엘 스베덴보리(Emanuel Swedenborg, 1688-1722)는 스웨덴의 신비주의 철학가
75. (1573-1631) 영국 형이상학파 시의 대표 시인
76. 그리스 신화에 나오는 테베(Thebes)의 눈먼 예언자로 『황무지』의 '불의 설교'(The Fire Sermon) 중에 나오는 등장인물
77. 아일랜드 독립을 목적으로 하여 미국 뉴욕에서 1858년에 결성된 결사단체
78. 아일랜드 정치지도자 파넬(C. S. Parnell, 1846-1891)이 제창한 아일랜드 자치정책 사건
79. 아일랜드 독립을 쟁취하기 위해 결성된 당으로 1916년 부활절 봉기를

주도했다.

80. 프롤레타리아 문화 건설을 주장하는 프롤레타리아 작가군
81. 1910년경 이탈리아, 러시아에서 일어난 전위적인 예술운동으로서 동적 표현에 의한 리얼리즘을 주장했다.
82. 8세기 초의 고대 영어의 서사시
83. Fran ois Villon(1431－1463?) 프랑스 시인
84. 14－16세기 영국에서 존 위클리프(John Wycliffe)의 혁신적 종교사상을 신봉하는 사람들
85. 영국의 산업혁명 당시(1811－1816) 실직을 두려워하여 기계파괴 운동을 일으켰던 직공단원들
86. Anthony Trollope(1815－1882) 영국 빅토리아조의 소설가
87. 구약성서에 나오는 히브리의 예언자
88. (1573－1637) 셰익스피어와 동시대의 영국 극작가
89. (1755－1864) 영국 19세기의 시인이자 수필가